人力资源管理师操作实务

员工培训与开发实务

第2版

主编◎葛玉辉　副主编◎顾增旺

Staff Training and Devel ctices

清华大学出版社
北京

内 容 简 介

本书从员工培训与开发实务的主体角度出发，根据企业培训与开发流程的框架，从战略的视角概述相关理念，以大量实用的图表介绍具体操作细节，提供精选的案例作为实操参考，是一本指导员工培训与开发活动的工具书。

本书共八章，包括培训与开发概述、基于绩效的培训与开发需求分析、基于学习的培训与开发对象分类及对策、培训与开发的方法及技术、三个层次培训与开发规划制定、培训与开发项目的设计、培训与开发的课程设计和实施、结果导向的培训与开发效果评估，从细节上帮助读者从战略契合出发做规划，以结果导向来规范管理员工培训与开发活动。

本书适合作为高校经济管理类相关专业的本科生、MBA、研究生教材，也适合企事业单位培训与开发人员、专业培训师、人力资源咨询人员和一般人力资源管理人员以及各高校相关专业的师生阅读和使用。

图书在版编目（CIP）数据

员工培训与开发实务/葛玉辉主编. —2 版. —北京：清华大学出版社，2020.4（2021.8 重印）
（人力资源管理师操作实务）
ISBN 978-7-302-53279-8

I. ①员… II. ①葛… III. ①企业管理–职工培训 IV. ①F272.921

中国版本图书馆 CIP 数据核字（2019）第 138229 号

责任编辑：邓　婷
封面设计：刘　超
版式设计：楠竹文化
责任校对：马军令
责任印制：宋　林

出版发行：清华大学出版社
网　　址：http://www.tup.com.cn，http://www.wqbook.com
地　　址：北京清华大学学研大厦 A 座　　邮　　编：100084
社 总 机：010-62770175　　邮　　购：010-62786544
投稿与读者服务：010-62776969，c-service@tup.tsinghua.edu.cn
质量反馈：010-62772015，zhiliang@tup.tsinghua.edu.cn
印 装 者：北京国马印刷厂
经　　销：全国新华书店
开　　本：185mm×260mm　　印　　张：14　　字　　数：340 千字
版　　次：2011 年 1 月第 1 版　　2020 年 4 月第 2 版　　印　　次：2021 年 8 月第 2 次印刷
定　　价：45.00 元

产品编号：081389-01

编 委 会

丛书主编

葛玉辉，男，1964 年出生，华中科技大学管理学博士，上海理工大学管理学院教授、博士生导师、工商管理系主任、工商管理一流学科带头人，国内著名的管理咨询专家，中国管理学网名师，上海交通大学海外教育学院特聘教授，复旦大学特聘教授，同济大学特聘教授，慧泉（中国）国际教育集团高级教练、精品课程“人力资源管理”主讲教授，上海解放教育传媒·学网特聘教师，上海博示企业管理咨询有限公司技术总监，中国人力资源开发与管理委员会委员，上海人才学会理事，上海市系统工程学会会员，上海社会科学联合会会员，湖北省社会科学联合会会员，中国管理研究国际学会理事。葛玉辉在 *African Journal of Business Management*、*Journal of Grey System*、*Journal of Computational Information Systems* 等国外期刊，以及《预测》《管理工程学报》《科学学与科学技术管理》等国内期刊上公开发表学术论文 260 余篇。2000 —2018 年主持企业策划、人力资源开发与管理研究等科技项目 40 余项，其中国家级项目 4 项，省部级 6 项，横向课题 31 项， 4 项科研成果分获国家优秀成果二等奖、湖北省重大科技成果奖、湖北省科技进步三等奖。

丛书编委（排名不分先后）

宋　美　宋志强　张玉玲　孟陈莉　赵晓青　郭亮亮
高　雪　顾增旺　蔡弘毅　葛玉辉　焦忆雷　蔺思雨

总序

P. R. E. F. A. C. E

本套“人力资源管理师操作实务”丛书第2版，是在丛书第1版的基础上结合新时代前沿理论和最新的行业实践要求，从人力资源工作实务的角度进行编写的。本丛书注重理论与实践平衡，强化实操，汲取了人力资源管理经典理论和新观点并融入了编者多年在管理咨询实践中的许多心得体会与经验，形成“理论—实战—工具—操作”的全新撰写思路。本书实操性强，注重理论、工具方法和实际操作的有机联系，充分利用丰富的图表来形象地表达和说明问题并结合案例进行分析，帮助读者尽快掌握人力资源管理实务操作技能。本丛书是人力资源管理者进行人力资源规范化管理、提高工作效率必备的实用工作手册和常用工具书。同时，本丛书构建了一个集“阅读—下载—互动”为一体的教学资源平台，读者可以从这个平台上下载工作中实用的表格或者文件的模板，也可以延伸阅读一些案例。

1. 丛书（第2版）构成：一套6本

（1）《工作分析与工作设计实务（第2版）》

（2）《招聘与录用管理实务（第2版）》

（3）《员工培训与开发实务（第2版）》

（4）《绩效管理实务（第2版）》

（5）《薪酬管理实务（第2版）》

（6）《职业生涯规划管理实务（第2版）》

2. 丛书特色：理论—实战—工具—操作—下载—互动

（1）“人力资源管理师操作实务”丛书第2版立足于中国情境，并结合新时代特色将前沿理论融入丛书中，比如《绩效管理实务（第2版）》一书中编者增加了最新的绩效考核工具目标—结果考核法（Objectives and Key Results，OKR）和经济增加值考核法（Economic Value Added，EVA）。

（2）从人力资源管理工作实务的角度出发，按照实际工作流程中的相应环节进行内容框架设计；内容丰富，与实际工作结合紧密，具有工具性特色。在每章的开头以案例导入，每章的正文适当穿插案例，每章的结尾再设置案例，便于读者结合理论进行分析和讨论。

（3）从实用性的角度出发，采取图和表等直观形式来进行理论讲解；在教学资源平台上集合了常用的工作文本、工具表格，方便读者下载使用（下载地址：http：//www.boshizixun.cn）。

（4）对一些不容易用图和表呈现的内容，利用实例加以说明；突出方法与技巧，帮助读者理解和掌握相关知识点；示例新、有代表性，完美地展现了人力资源管理的成功经验和实用技巧。

（5）形式活泼，书中增加了一些小案例、小测试或相关知识阅读之类的小板块，使读者阅读起来更轻松。

（6）网络与丛书的互动。我们在互联网上搭建了一个编者与读者教与学的互动平台，将本丛书最新的理论成果、策划案例分析、图形、表格、工作文本等相关资料展现在这个平台上（http：//www.boshizixun.cn），形成教与学互动，实现丛书资源共享。

3. 作者团队：学术界+企业界

本套丛书的作者既有来自高校管理学院的教授、博士，又有来自管理咨询公司的资深高级咨询师，更有来自企业的人力资源总监、高层管理者，体现了理论与实践的完美结合、学术与应用的并重、操作与理念的相互渗透。

本套丛书从调研、策划、构思、撰写到出版，前后历时两年。丛书第 2 版的出版，既是作者辛勤工作的成果，更是“产学研”团队合作的成功。在此衷心感谢团队成员付出的大量心血，感谢清华大学出版社对本丛书出版给予的支持和帮助。

本套丛书适合作为经济管理类专业的本科生、研究生和 MBA 教材，也可供研究人员及各类组织的管理人员自学和培训使用。

在编写本套丛书的过程中，我们参阅和借鉴了大量的相关书籍与论文，在此谨向这些书籍和论文的作者表示最诚挚的谢意。限于编者的水平和经验，书中难免存在不足之处，恳请广大读者予以批评指正。

葛玉辉于上海

2019 年 9 月

前言

F.O.R.E.W.O.R.D

科学管理之父弗雷德里克·泰勒（Frederick Taylor）在20世纪初提出了通过对工人进行作业培训来提高劳动生产率的理念。培训作为企业必不可少的一项管理活动，已走过了一个世纪的旅程，培训的内容也已经由最初的流水线上的机器操作技能扩展到脑力工作者的能力开发和组织发展等方面。培训与开发活动在企业内部日益发挥着人力资源开发的战略功能，在企业外部更是形成了一个知识密集型的产业。我国改革开放40年来的成就也同样验证了培训与开发对经济发展和社会就业的贡献，而这一切都离不开先进的理念和实用的技术为培训与开发实践者提供的科学和有效的指导。

但是，在篇幅和作者背景的限制条件下，既要阐述先进的理念，又要介绍实用的技术并不是一件容易的事。本书是作者试图突破"无实务理论则空，无理论实务则盲"的两难境地，以理论概述为铺垫，以实务细节为主体来进行编写的。因此，《员工培训与开发实务（第2版）》是一本关于企业员工培训与开发理念概述（做正确的事："为什么做"及"做什么"）和实务细节（正确地做事："如何做"及"做得如何"）相结合的实用工具手册，旨在为培训与开发实践者提供以"战略契合、结果导向"为主线贯穿全书的员工培训与开发操作指南。

本书具有以下几个特点。

（一）理论概述通俗易懂

书中对培训与开发的重要理念采用图表、形象比喻或"业务化语言"来解释。例如，用飞行器的两翼说明职业教育与基础教育同等重要的理念；将培训与开发的流程形象地比喻为"预备—瞄准—射击—报靶"的射击流程；培训与开发作为企业的业务活动应该界定"谁是培训与开发产品或服务的客户/用户""客户/用户需要什么""什么时候需要""在哪里需要""客户/用户的要求是否得到满足""如何衡量"等问题。

（二）操作工具全面实用

书中对培训与开发流程的每个环节和步骤都尽可能配有具体的工作图表，对有些工作图表还提供相应的应用范例以供参考。工作图表主要来源于著名企业的真实培训与开发活动，如"三个层次的培训与开发规划""新员工培训五步法""员工通用技能培训的三大成效系列""结构化的四级领导力开发体系""培训与开发的成果区""经营战略全景图分析法”“结果导向的培训与开发效果评估流程”，读者在查阅感兴趣的章节后，能够拿来即用、用之有效。

（三）重点和难点突出

本书在覆盖培训与开发实务整体流程的同时，避免了面面俱到的泛泛而论，对培训与开发的重点（如“基于绩效的培训与开发需求分析”）和难点（如“培训与开发效果评估”）不惜浓墨重彩地详细讲述，力求基本理念简明清晰、操作工具精准实用。

值得一提的是，本书作者分别来自于企业和大学，在设计写作大纲时产生过“碰撞”；在企业实务和理论资料收集和筛选时各展所长；在撰写书稿时相互取长补短，最终目的是希望呈现给读者一本有用、实用和好用的工具性书籍。当然，对书中存在的不足之处，编者真诚地希望得到读者和同行的批评指正，以期进一步改进。

编 者

2019年9月

目录

C.O.N.T.E.N.T.S

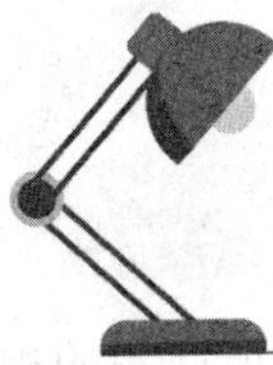

第一章 培训与开发概述

学习目标：

- 了解培训与开发、教育等概念的区别和联系
- 了解为什么要建立培训制度
- 了解培训制度包括哪几部分
- 掌握如何建立培训与开发制度
- 熟悉培训与开发的基本流程

第一节　培训与开发及相关概念辨析

培训与开发在不同的教材或企业实践中，有不同的名称，例如训练、发展、开发、继续教育、成人教育等。因此，在进行培训与开发之前，首先需要厘清培训与开发的概念和相关概念间的区别和联系。

一、培训与开发的概念

培训就是向新员工或现有员工传授其完成本职工作所必需的相关知识、技能、价值观念、行为规范的过程，侧重于满足企业现有的业务以及员工现在的岗位需求。开发则是增加和提高员工的知识和能力，侧重于满足企业未来的业务以及员工未来的职业发展需求。培训更多的是一种具有短期目标的组织学习活动，目的是使员工掌握目前所需要的知识和技能；而开发则更多的是一种具有长期目标的组织学习互动，目的是使员工掌握未来所需要的知识和技能，以应对将来工作所提出的要求。本书将培训与开发结合起来，既着眼于组织当下绩效的改进，又在战略角度上关注组织及个人的长远发展。培训与开发的异同点如表 1-1 所示。

表1-1　培训与开发的异同点

项　　目		培　　训	开　　发
相　同　点		• 根本目的在于提高人力资源质量和工作绩效水平 • 对象是企业所有员工 • 是有计划、连续的实践工作	
不同点	目标	着眼于短期技能和知识的提高，强调短期目标	着眼于未来知识和能力的提高，强调长期目标
	关注焦点	当下	未来
	与当前工作的相关性	高	低
	持续时间	短，具有集中性和阶段性	长，具有分散性和长期性
	传授内容范围	窄，注重深度	宽，注重广度
	工作经验的运用程度	高	低
	收益	近期内见效	是人力资本投资，在未来取得收益

培训与开发的实质是一样的，都是要通过改善员工的工作业绩来提高企业的整体绩效，只是关注点有所不同：一个更关注现在，而另一个更关注将来。在此，我们把它们当作一个概念来理解：培训与开发是指企业通过各种方式使员工具备完成现在或者将来

工作所需要的知识、技能，并改变他们的工作态度，以改善员工在现在或将来职位上的工作业绩，并最终实现企业整体绩效提升的一种计划性和连续性的活动。

二、培训与教育的比较

美国教育家杜威说“教育即生活”。教育是一种以促进人的发展、社会的进步为目的，以传授知识和经验为手段，培养人的社会活动；是培养新生一代为从事社会生活做好准备的整个过程，主要是指学校对儿童、少年、青年进行培养的过程。

广义上讲，凡是能增进人们的知识和技能、提高人们的思想品德水平的活动，都是教育。狭义的教育，主要指学校教育，其含义是教育者根据一定社会（或阶级）的要求，有目的、有计划、有组织地对受教育者的身心施加影响，把他们培养成为一定社会（或阶级）所需要的人的活动。

培训与教育的区别具体有以下三个方面，如表 1-2 所示。

表1-2 培训与教育的区别

项　目	培　训	教　育
内容侧重点	实践性、操作性	基础性、理论性
活动的主角	培训师和学员的互动	教师
方法	演示、教习、指导	演示（教）

总的来说，培训是试图使现有生产力激增或倍增，而教育是培养基础生产力；培训是对现有人力资源进行调整、提升与优化，而教育是培养人力资源的过程；培训是满足“员工”发展和提高工作技能的专业性要求，教育则着眼于满足“学生”的基础性和广泛性要求。因此，现代培训越来越从一般的知识、技能等传授性活动转变为对人力资源进行深度开发的创造性活动。

第二节 培训与开发制度的建立

一、培训与开发过程中的常见误区

培训与开发作为培育企业文化、打造领导力、提高工作效率和员工敬业度的组织发展职能之一，随着企业发展的成熟度不断提高，企业高层重视培训与开发已经是不争的事实。大多数企业的经营者都在预算中列支了相应的培训与开发预算，希望培训与开发工作能够有足够的资金支撑，为企业的经营活动提供充分的支持。尽管国内的培训与开发实践在过去十多年快速发展，在量的方面与西方发达国家企业相比也已不相上下，但是，由于我国的培训与开发市场仍然处于发展时期，其在质的方面还很不健全和成熟，如企业的培训与开发机制照搬国外模式，导致企业培训与开发很难达到预期效果，最明显的莫过于前些年一窝蜂地创办的各类企业大学，现在大多数面临进退维谷的处境。培训与开发目前存在着多个误区，常见的有以下几个。

误区一：忽视团队协作与学习

与国外相比，目前国内市场的培训费用仍然比较低，而且这些钱大都是被培训讲师个人赚了，他们的工资可能比一个 CEO 的收入还要高，有的培训师甚至喊出了“不当 CEO，就做培训师”的口号。导致这种现象的主要原因是：大家都把培训的价值体现在一个培训师的身上，而忽视了一次成功的培训应该是由一个团队共同来完成的。

一些培训公司经常是这样做的：请个老师，找间教室，就完成了一次培训，根本不管有几个模块对客户有用，所以他们对培训师的依赖程度很高。而专业的培训机构有科学的培训方法论，给客户提供培训的框架，内容则会根据客户的具体需求和现实情况设计出来，培训之前进行设计乃至定制，确保培训只做正确的事。培训师在这里只是作为培训交付的一个部分，把事情做正确。要完成一次科学和专业的培训，设计和交付是团队完成的工作，需要注重的是整个培训团队的协作。

误区二：培训缺乏系统性，全盘引进国外流行课程

没有一个培训课程适合所有的企业，因为课程是要针对企业的实际情况、人员素质和企业目标而制订的。同样，引进国外的培训课程时也不应该照本宣科。

目前国内很多培训课程大多是从国外引进，国外流行什么就引进什么，十几年过去了，该引进的都引进了。拿 MBA 课程来说，MBA 课程在国外主要是用于个人的素质能力、思想方法的提升培训，但企业培训针对的不是个人，而是整个公司，所以应该致力于企业团队整体素质的提高。企业培训系统主要由三个要素构成：培训课程、培训师和培训流程，最重要的是培训流程。通过培训流程把培训课程与培训师进行整合，通过对客户需求的了解、对课程的个性化定制和对课程培训后的效果评估与跟踪，以达到培训的最佳效果。

误区三：培训不是救火

一般企业与优秀企业的显著差别在于：一般企业的培训往往是为了培训而培训，带有一定的突发性和随意性，或者像救火一样，出了问题才想起培训；而优秀企业的培训则带有很强的计划性与前瞻性，与企业的战略文化相结合。

优秀企业是怎样来做培训的呢？基本上，他们做培训的目的比较明确，公司有一定的理念和操作的方法，他们希望通过培训能把这些内容统一确定下来，使公司的每一名员工都有一个统一的价值方向。每年，优秀的企业都会制订出比较完整的培训计划，如

今年要提高全体销售人员在顾问式销售方面的能力，改进与客户的关系……这些内容在年初的培训计划中会清楚地罗列出来。

培训不是救火，不能够等到火烧起来了才想起救火来。要把培训当成一个长期的组织发展项目，并根据企业自身特点确定培训的课程和流程。

误区四：培训不是治病

许多企业喜欢把培训师比作医生，实际上，培训师更像是球队教练，因为在某种程度上，病人很被动，而球队队员则有很大的主观能动性，毕竟教练不可能代替队员上场踢球。高水平的培训专家并不能取代客户的日常管理责任，而是以事实为基础，为企业人员进行深入分析并提出具有说服力的具体建议和培训计划，协助企业人员去实施。

目前，企业对于培训重要性的认识越来越清晰，但在价值的认识上还是存在一些误区。如国内企业一般都能够理解并会积极配合培训前期的工作，但在看到培训项目报价的时候往往会觉得很贵，不太能接受这个价格。

好的培训是一个团队共同去完成的一整套服务，它包含的内容比较多，因此成本和价格自然会是性价比的体现。在效果评估上，要坚持从不同的层面来检查培训的效果，避开培训的雷区，找到培训的重心（如学员的知识面是否被拓宽，学员是否能将学到的知识恰当地运用在工作中），这样，企业培训才能少走弯路，获得实际效果。

要走出这些误区，设立完善、合理的公司内部培训制度，是势在必行的第一件事。

二、企业培训与开发制度的建立

（一）企业培训制度

企业培训制度是能够直接影响与作用于培训系统及其活动的各种规章、制度及政策的总和，包含培训的具体制度和政策两个方面。

企业培训的具体制度和政策是企业员工培训工作健康发展的根本保证，是企业在发展培训工作时，要求人们共同遵守并按一定程序实施的规定、规则和规范，为培训活动提供一种制度性框架和依据，促使培训沿着法制化、规范化轨道运行。通过企业培训制度可以确立企业培训的主体——企业和员工，调动员工参与培训的积极性，同时也使企业的培训活动系统化、规范化、制度化。

（二）企业培训制度的具体内容

企业培训制度的具体内容包括培训服务制度、入职培训制度、培训激励制度、培训考核评估制度、培训奖惩制度，以及培训风险管理制度，具体如图 1-1 所示。

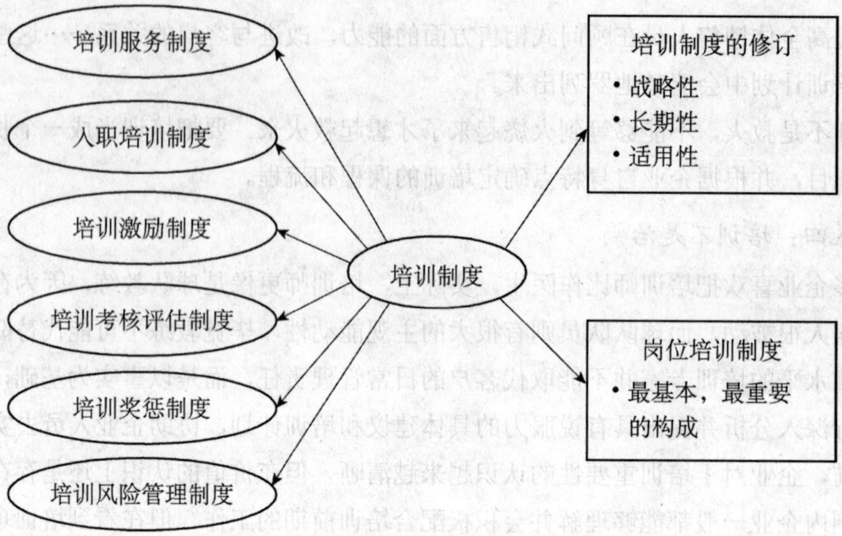

图 1-1　培训制度的内容

1. 培训服务制度

1）内容

（1）培训服务制度条款。

① 员工正式参加培训前，根据个人和组织需要向培训管理部门或部门经理提出的申请。

② 在培训申请被批准后，办理需要履行的培训服务协议的签订手续。

③ 培训服务协议签订后方可参加培训。

（2）培训服务协议条款。

① 参加培训的申请人。

② 参加培训的项目和目的。

③ 参加培训的时间、地点、费用和形式。

④ 参加培训后要达到的技术或能力水平。

⑤ 参加培训后要在企业服务的时间和岗位。

⑥ 参加培训后如果出现违约的补偿。

⑦ 部门经理人员的意见。

⑧ 参加人与培训批准人的有效法律签署。

2）建立培训服务制度的目的

（1）规避有关风险：员工参加培训是需要企业预先投入一定资金的，有时企业不仅要承担员工参加培训所需费用，还要支付员工培训期间的工资。待员工完成培训后，企业还有可能面临因员工离职导致的机会成本增加等损失，因此企业应采取措施约束员工学成后“跳槽”。

（2）培训服务制度是培训管理的首要制度，主要是符合企业和员工的利益并符合国家法律法规的有关规定。

2. 入职培训制度

1）内容

（1）培训的意义和目的。

（2）界定需要参加的人员。

（3）特殊情况不能参加入职培训的解决措施。

（4）入职培训的主要责任区（部门经理还是培训管理者）。

（5）入职培训的基本要求标准（内容、时间、考核等）。

（6）入职培训的方法。

2）入职培训制度的解释

（1）入职培训制度就是规定员工上岗前和任职前必须经过全面的培训，没有经过全面培训的员工不得上岗和任职。

（2）制度的制定要与人力资源部有关人员配合进行，争取与其他各部门经理共同商讨。

3）意义

入职培训制度应体现“先培训，后上岗”“先培训，后任职”的原则，适应企业培训的实际需要，有利于提高员工队伍的素质及工作效率。

3. 培训激励制度

1）内容

（1）完善的岗位任职资格要求。

（2）公平、公正、客观的业绩考核标准。

（3）公平竞争的晋升规定。

（4）以能力和业绩为导向的分配原则。

2）企业培训制度的主要目的

企业培训制度的主要目的是激发各个利益主体参加培训的积极性。

3）企业培训激励制度的内容

企业培训激励制度的内容主要包括：对员工的激励，对部门及主管的激励，以及对企业本身的激励。

（1）通过对员工的激励营造前有引力、后有推力、自身有动力的“三力”机制，建立“培训—使用—考核—奖惩”的配套制度，形成以目标激励为先导、竞争激励为核心、利益激励为后盾的人才培训激励机制。

（2）通过对部门及主管的激励，建立岗位培训责任制，把培训任务完成的情况与各级领导的责、权、利挂钩，使培训通过责任制的形式，渗透到领导的目标管理中，使培训不再只是培训部门的事，而是每一个部门、每一级领导、每一位管理人员的事。

（3）培训制度实际上也是对企业有效开展培训活动的一种约束。企业培训的目的就是要提高员工的工作能力，改变员工的工作方式，提高企业的经营业绩。因此，要制定合理的制度并严格实施，激发企业的培训积极性，使培训真正满足企业生产和发展的需要。

4. 培训考核评估制度

1）内容

（1）被考核评估的对象。

（2）考核评估的执行组织（培训管理者或部门经理）。

（3）考核的标准区分。

（4）考核的主要方式。

（5）考核的评分标准。

（6）考核结果的签署确认。

（7）考核结果的备案。

（8）考核结果的证明（发放证书等）。

（9）考核结果的使用。

2）培训考核评估制度的目的

评估是培训发展闭环的联结点，设立培训考核评估制度的目的，既是检验培训的最终效果，也是为培训奖惩制度的确立提供依据，这也是规范培训相关人员行为的重要途径。培训考核评估必须做到万无一失，并且要标准一致，考核评估过程要开放、公平。

5. 培训奖惩制度

1）内容

（1）制度制定的目的。

（2）制度执行组织和程序。

（3）奖惩对象说明。

（4）奖惩标准。

（5）奖惩的执行方式和方法。

2）培训奖惩制度的意义

培训奖惩制度是保障前几项培训管理制度能够得以顺利执行的关键。为防止出现“参不参加培训一个样”“培训评估考核好与不好一个样”的现象，在制定培训奖惩制度时一定要明确培训可能出现的各种优劣结果的奖惩标准。

6. 培训风险管理制度

1）内容

（1）通过制度规避培训风险需考虑两点：一是企业根据《中华人民共和国劳动法》

与员工建立相对稳定的劳动关系；二是根据具体的培训活动情况考虑与受训者签订培训合同，从而明确双方的权利和违约责任。

（2）签订培训合同，明确企业和受训者各自负担的成本，受训者的服务期限、保密协议和违约补偿。

（3）根据“利益获得原则”，即“谁投资谁受益”，投资与受益成正比关系，因此应考虑培训成本的分摊与补偿问题。

2）建立培训风险管理制度的原因

（1）培训风险主要有：人才流失及其带来的经济损失，培养竞争对手，培训没有取得预期的效果，培训对象选拔失当，专业技术保密难度增大。

（2）若企业培训风险较大且找不到合适的防范手段时，就会对培训投资持有不积极的态度。培训风险只有通过做好培训实施工作来尽量降低，如积极性维持和培训质量保证。

企业培训的其他具体制度还包括培训实施管理制度、培训档案管理制度、培训资金管理制度等。

（三）培训制度的基本要求

1. 培训制度的战略性

从战略角度考虑，以战略目光组织培训，建立指导性框架，使培训与开发活动走向制度化和规范化。

2. 培训制度的长期性

正确认识人力资本投资与人才开发的长期性和持久性；要用“以人为本”的指导思想和管理理念制定培训制度，保证制度的稳定性和连贯性。

3. 培训制度的适用性

培训制度是开展培训工作的指导方针，应有明确、具体的内容或条款，充分体现管理与实施的需要。

（四）岗位培训制度

岗位培训是企业员工培训的一种基本学习形式和工作重点，强调紧密结合岗位职责，实行按需施教的原则，按职务或岗位需要进行培训，以确保劳动者上岗、任职的资格和能力为出发点，提高从业人员整体素质。岗位培训制度是企业培训制度最基本和最重要的组成部分，包括培训相关制度的制定，也包括岗位培训各个环节的规范化，其核心是培训、考核、使用、待遇一体化的配套措施的实行。

岗位培训制度的作用：将人才资格、人才培训、人才使用有机地结合起来，为实现培训与用人在制度上衔接配套创造了有利条件。

表1-3为某公司员工培训管理制度，表1-4为员工培训合同样本。

表1-3　某公司员工培训管理制度

第一章　总　则

第一条　为满足公司发展需要，提高员工思想观念、道德品质、业务知识和工作技能，充分发挥员工潜力，不断为公司培养输送德才兼备的优秀人才，特制定本制度。

第二条　培训内容应与员工本岗位工作密切相关。

第三条　自学与公司有组织培训相结合，培训与考核相结合，因地制宜，注重效果。

第二章　培训内容和形式

第四条　培训内容包括：企业文化、管理理念、品德修养、业务知识及技能培训。

培训形式：听讲座、学习分析资料、讨论、录音、录像播放、示范演练、图片展览、实地参观、案例研究、会议、上岗实习、拓展训练等。

企业文化培训包括：

一、公司的基本情况：公司的发展史、公司的核心价值观、公司的发展战略、经营规划及公司经营状况；

二、公司的机构设置、人员配备及职责范围；

三、公司的各项管理制度；

四、公司的各项行政管理和业务工作程序。

管理理念培训包括：

一、现代管理知识和管理理念；

二、成功企业及成功人物的先进经验；

三、当今国内外同行业先进的学术科技成果。

品德修养培训包括：

一、礼仪知识（服饰、形体、待人接物）；

二、心理素质（心理承受能力和观察、判断、解决问题的能力）；

三、品德素质（责任感、工作态度）。

业务知识及技能培训包括：

一、公司业务涉及的专业知识及相关知识；

二、公司业务所涉及专业的发展前景及预测；

三、当今国内外同行业相关的先进学术成果；

四、专业技能。

第五条　培训形式分为岗前培训、在岗培训两种。在岗培训分为脱产培训和不脱产培训两种。

第六条　岗前培训。

一、被公司录取试用的员工上岗前必须接受公司组织的岗前培训；

二、岗前培训包括企业文化培训和业务知识及技能培训两部分。

第七条　在岗培训。

公司根据工作需要对在职员工组织不定期的不脱产培训。在岗培训包括：企业文化、管理理念、品德修养、业务知识及技能培训。

公司还将根据工作需要对部分优秀员工进行脱产培训。

第八条　公司鼓励员工参加与本职工作有关的业余培训，以提高员工的工作技能和水平。

续表

第三章　培训和考核

第九条　每年年初，各部门应将半年或全年部门员工培训计划报公司办公室，经总经理批准后实施。

第十条　参加培训的员工应接受公司的考核。

第十一条　员工的考核成绩将保存在本人的员工档案内，并作为绩效考核的内容之一。

第四章　培训效果评估

第十二条　培训效果评估要从有效性和效益性两方面进行：有效性是指培训工作对培训目标的实现程度；效益性是指培训给公司带来的社会效益和经济效益。

第十三条　评估方法：采取汇报、问卷调查及绩效评估的方式进行，以此检查员工掌握的新知识、新技能和工作态度的变化，员工对培训工作的意见或建议，以利于改进今后的培训工作。

第五章　员工培训合同

第十四条　经公司出资培训的员工，培训前应与公司签订《员工培训合同》。

第十五条　公司支付过培训费用的员工，由于本人原因，没有为公司服务满《员工培训合同》中规定的期限，应按合同要求向公司支付补偿费。公司支付过多次培训费用的员工，由于本人原因，解除劳动合同时，应分别计算每次培训所需补偿的费用后，按累计补偿费用额度向公司支付补偿费。

第六章　附　　则

第十六条　本制度自发布之日起实施。

表1-4　员工培训合同样本

________（以下简称甲方）与____________（以下简称乙方）经平等协商，签订如下条款。

一、甲方的权利和义务

1. 甲方同意乙方到　　　　　进行　　　　　　　培训，并为乙方提供相应的学习条件。

2. 依照《差旅管理制度》为乙方提供交通、食宿补贴。

3. 保证乙方在学习期间享受规定的工资待遇，并为乙方支付学费　　　　元、书费　　　　元。

4. 乙方在培训期间，因个人原因，发生任何有碍培训正常进行的行为时，甲方有权停付乙方学习期间的一切费用，并要求乙方赔偿甲方已支付的费用。

5. 乙方未按本合同规定履行义务时，甲方有权要求乙方按公司规定的比例赔偿费用。

二、乙方的权利和义务

1. 乙方有权根据自己的实际情况，向甲方提出培训申请。

2. 自觉遵守培训纪律，努力学习。

3. 从培训结束之日起，应为甲方服务满本合同规定的时间，否则按本合同规定向甲方支付补偿。

三、服务期限及补偿费

1. 培训费用在 5 000 元以下（含 5 000 元），乙方应为甲方服务满三年，不满三年的，按以下标准补偿甲方为乙方支付的培训费用。

（1）服务满两年、不满三年的，补偿 40%；

（2）服务满一年、不满两年的，补偿 70%；

（3）服务不满一年的，补偿 100%。

续表

2. 培训费用在 5 000 元以上的，乙方应为甲方服务满五年，不满五年的，按以下标准补偿甲方为乙方支付的培训费用。 （1）服务满四年、不满五年的，补偿20%； （2）服务满三年、不满四年的，补偿40%； （3）服务满两年、不满三年的，补偿60%； （4）服务满一年、不满两年的，补偿80%； （5）服务不满一年的，补偿100%。 **四、培训费用** 培训费用包括：学费、书费、培训期间差旅费（行、食、宿）共计　　　元。 脱产培训费用还包括：培训期间工资、社会保险，共计　　　元。 合计　　　元。 **五、培训起止时间** 本次培训开始之日为　　　年　　月　　日，结束之日为　　　年　　月　　日。 **六、其他** 1. 培训结束后，乙方应将培训成绩单、培训证书交甲方检验，复印件存入员工档案。 2. 由于甲方原因，甲方提出解除劳动合同时，乙方不补偿培训费用。 本合同作为甲、乙双方签订的劳动合同的补充合同，具有同等法律效力，双方应共同遵守。 甲方：　　　　　　　　　　　　乙方： 法定代表人： 　　年　　月　　日　　　　　　　　年　　月　　日

第三节　培训与开发流程简述

培训活动的整个过程按时间顺序可以大致分为培训需求分析、制订培训计划、设计培训内容、实施交付培训、培训效果评估反馈五个步骤，如图1-2所示。

本小节主要以上述五个步骤的培训流程为主线，介绍培训流程中的基本概念，在后面的章节中将对培训流程中涉及的各种技术和方法做详细的说明。

一、培训需求分析

培训需求分析的目的是确定“做正确的事”：是否需要培训，在哪方面需要培训。

培训需求分析一般包含以下两个方面。

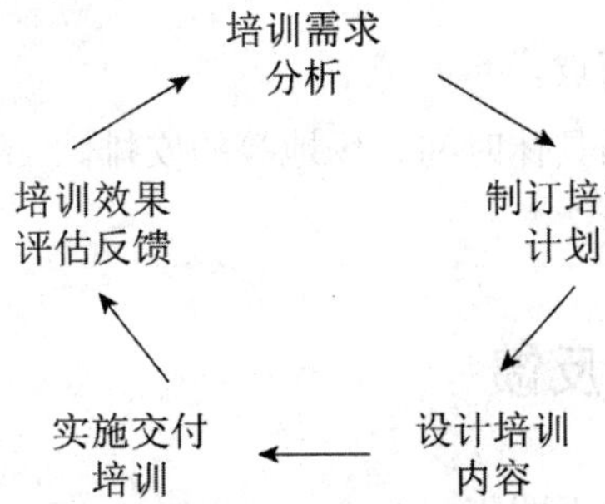

图 1-2 培训流程

（1）培训与开发管理者理解企业的战略规划，结合各业务及职能部门的需求，分析企业需求与现实的能力差距，提出培训需求意向。

（2）培训管理部门对培训需求做出评价和判断是否决定实施。

二、制订培训计划

在确认只要通过对现任人员进行培训就可消除或减少工作能力差距后，即可开始编制培训计划。

（1）根据培训需求分析确定培训内容。

（2）确定培训时间。

（3）确认培训方式，主要是指选择什么样的培训方式，是企业自己内部组织培训、外包培训，还是外派培训。

（4）确定受训人员，要考虑时间的安排、培训成本等因素。

（5）选择培训教师。

（6）预估培训费用。

三、设计培训内容

设计培训内容包括以下三点。

（1）授课内容的确定（根据培训需求分析）。

（2）培训课程的设计。

（3）选择合适的培训方法。

四、实施交付培训

实施交付培训包括以下两点。

（1）实施培训，注意培训具体时间、场地等的安排。

（2）对受训人员进行考核。

五、培训效果评估反馈

培训效果评估反馈包括以下四点。

（1）培训教师的考评。

（2）培训组织管理的考评。

（3）培训应用反馈，即在培训后，受训人员到工作岗位上工作一段时间，对其受训效果进行考查（通常采用问卷调研和访谈法）。

（4）培训资料的总结归档。

案例学习（一）

华为管理者如何完成从“士兵”到“将军”的进阶

一、管理者的成长阶段

任正非曾指出：

“我们正面临历史赋予的巨大的使命，但是我们缺乏大量经过正规训练、经过考验的干部。华为现在的塔山，就是后备干部的培养。”

“公司在发展过程中到处都缺干部，干部培养不起来，那我们就可能守不住阵地，可能要败退。”

华为管理者的成长大致遵循：

“‘士兵’（基层员工）——‘英雄’（骨干员工）——‘班长’（基层管理者）——‘将军’（中高层管理者）”的职业发展路径。

根据华为公司人才培养工作的实践特点，可将华为管理者的培养过程划分为三个阶段：

（一）基层历练阶段

“将军是打出来的！”

对于华为的基层员工，任正非强调：

“要在自己很狭窄的范围内，干一行、爱一行、专一行，而不再鼓励他们从这个岗位跳到另一个岗位。”

"士兵"要在本职岗位上不断提高业务水平和绩效产出。当然，公司也允许基层员工在很小的一个面上有弹性地流动和晋升。

1. 基层员工如何实现晋升

与其他企业的做法不同，华为对于干部只强调选拔，不主张培养和任命。

公司的干部不是培养出来的，而是选拔出来的，干部需要通过实际工作证明自己的能力。

2. 选拔的标准是什么

基层经验与成功的实践，每个人都应该从最基层的项目开始做起，将来才会长大。如果通过"烟囱"直接走到高层领导岗位，最大的缺点就是不知道基层具体的操作模式，很容易脱离实际。

因此，将军必须从实践中产生，而且是从成功的实践中产生。公司的组织建设也与军队的组织建设类似，先上战场，再建组织。

（二）训战结合阶段

干部的"之"字形成长。

任正非强调：

"证明是不是好'种子'，要看实践。实践好了再给他机会，循环做大项目，将来再担负更大的重任，十年下来就是将军了。人力资源管理部和华为大学要加强对'种子'的管理，'种子'到各地去干几年以后，不要沉淀下来了，把他忘记了。优秀'种子'回炉以后，可以往'上将'、'上校'上走。"

有管理潜力的人才，通过基层实践选拔出来后，将进入培训与实战相结合的阶段。此时，公司会提供跨部门跨区域的岗位轮换和相应的赋能培训。

自古以来，英雄往往是出自基层的士兵。那么英雄将来的出路是什么呢？英雄要善于学习、扩大视野、提升自己的能力。

人力资源部负责选拔优秀的管理型人才，进行循环轮换。训战结合阶段也加入组织层面的赋能培训任务，由华为大学承担。

1. 循环轮换

在训战结合中对于"战"的部分，华为学习美国航空母舰舰长的培养机制，关注干部的"之"字形成长。

因为"直线"成长起来的干部缺少担负全面发展和协调性强的事务的实践历练。

"过去我们的干部都是'直线'型成长，对于横向的业务什么都不明白，所以，现在我们要加快干部的'之'字形发展。"

"之"字成长意味着岗位循环与轮换。

华为基本法规定："没有周边工作经验的人，不能担任部门主管。没有基层工作经验的人，不能担任科级以上干部。"

各部门将负责帮助新流动进来的人员尽快融入和成长。循环流动的人员到了新部门，也要通过学习去适应新环境和新工作。

任正非同时也强调：干部的循环流动是根据业务需要，不是为了流动而流动。

比如搞概算、合同场景，只需要少部分人能跨全球使用，但要求多数人能跨区域使用。为了培养一支有实践能力的队伍，我们才会促进人员的流动。

我们只会给可能上航母当舰长的人循环流动的机会；其他职员不需要海外经验，也不需要流动。职员族固定下来，干一行、爱一行、专一行。

所以不是为了干部成长去流动，而是你成长了，就给你流动的机会。

2. 赋能

训战结合阶段“训”的部分主要由华为大学承担，华为大学通过短训赋能输出“能担当并愿意担当的人才”。

为此，华为大学教育学院基于“管事”和“管人”两个角度专门开发了相关培训项目：

（1）后备干部项目管理与经营短训项目（简称“青训班”）。

（2）一线管理者培训项目（First-Line Manager Leadership Program，“FLMP”）。

① 管事：项目管理——青训班。

项目管理是华为公司管理的基本细胞，被视为公司最重要的一种管理。

任正非说过：

“美军从士兵升到将军有一个资格条件——要曾做过班长。将来华为对干部的资格要求是一定要做过项目经理，有成功的项目实践经验。”

因此，华为以“项目管理”为主线去培养后备干部。

以拉通端到端项目管理和经营为主要培训目标的青训班，其覆盖人群是将来要成为一线干部的后备人才，旨在为公司未来以项目为中心的科学管理奠定基础。

青训班项目不仅包括课程讲授，而且包括网课自学、课堂演练等环节的系统赋能项目（见表1-5）。

表1-5 华为大学“青训班”项目

赋能环节	概　　述
网课自学	学员通过自学初步掌控项目管理的基本环节和理论知识点
课堂演练	5天实践，模拟组建项目管理团队，采用一线真实案例进行模拟训练，辅以讲师点评，以达到“训练完就能上前线打仗”的效果
项目实践	走上战场，“脱岗”到一线交付项目中实践2个月，承担项目管理过程中的一个关键角色，并尽量安排学员跨岗实践
结业答辩	学员参与答辩评估，结业成绩由人力资源部门备案，为其日后岗位晋升提供参考

② 管人：从骨干到管理者的转身——FLMP。

对于一个志在成为“将军”的华为人来说，仅靠业务的项目管理赋能是不够的。一名合格的基层管理者，不仅要会“管事”，还要会“管人”。

随着公司业务发展，新任干部持续上岗，如何使他们尽快完成“转身”，并帮助他们持续提升管理能力呢？

华为大学教育学院推出了专门为基层管理者设计的 FLMP 项目，旨在帮助学员完成从骨干（个人贡献者）到管理者的转身，并“点燃每个基层管理者的内心之火”。

作为基层管理者的“班长”，承上启下，在公司责任重大。正如 FLMP 项目负责人在 2014 年的“华为大学项目荣誉奖评选”宣讲会上讲道：“点燃这 1.5 万基层管理者的内心之火，就意味着通过他们可点燃所有一线员工！”

同青训班类似，FLMP 是一个集自学与考试、课堂教学、实践检验、述职答辩与持续学习于一体的系统性赋能项目（见表 1-6）。

表1-6　华为大学“FLMP”项目

赋能环节	概　　述
自学与考试	学员通过自学初步了解管理理论及相关知识点
课堂教学	基于公司对基层管理者的要求，培训课程包括基层管理者角色认知、团队管理、绩效管理、有效激励和公司人力资源管理政策，转换学员思想，为学员植入管理意识和观念
实践检验	任岗实践 5～6 个月，通过具体实践固化行为
述职答辩	“思想”和“业务”双重过硬的“班长”可通过考核答辩，成绩作为新任干部未来晋升的依据
持续学习	推送 FLMP 知识管理平台和学习地图，方便学员在岗学习

（三）理论收敛阶段

理念、文化与哲学的“发酵”。

“在金字塔尖这层人，最主要是抓住方向。”

走过训战结合阶段进入理论收敛阶段后，干部若想成长为真正的将军，进一步成为战略领袖和思想领袖，就要使“自己的视野宽广一些、思想活跃一些，要从‘术’上的先进，跨越到‘道’上的领路，进而在商业、技术模式上进行创造”。

为此，华为要求高层干部要学习公司文件，领会高层智慧精华。

任正非说：

“我们公司很多高级干部根本不学习公司文件，他们是凭着自己的经验在干活，这样的干部是一定会被淘汰掉的！”

为帮助中高级干部实现由“术”向“道”的转变，公司规定每位高级干部都必须参与华为大学的干部高级管理研讨项目（简称“高研班”）。

高研班的主要目标，不仅是让学员理解并应用干部管理的政策、制度和管理方法等工具，更重要的是组织学员研讨公司核心战略和管理理念，传递公司管理哲学和核心价值观（见表 1-7）。

表1-7　华为大学高研班项目

赋能环节	概　述
理论自学	“华为公司的核心管理理念及管理方法源于华为的核心价值观，承载了华为二十多年管理实践中的成功经验和失败教训”，是公司级的管理哲学和文化，学员在入学之前需自学其理论内容
课堂研讨	每位参训学员要经历 3 次研讨，分别围绕《人力资源管理纲要》《业务管理纲要》《财经管理纲要》三大教材，先组内讨论再全班讨论。课堂没有老师，只有引导员，引导员由公司高层担任，只点评不讲课
论文答辩	撰写至少一篇真实发生的案例作为结业论文，强化对理论学习的现实分析与应用
深度发酵	学员将自己的案例和心得，发布在华为大学建设的案例平台“管理视界”上，推送给全公司的管理者进行讨论

和一般企业大学的做法不同，华为大学的高研班向每位参训学员收取 20 000 元的学费，学费由学员个人承担。目的是让每位参训干部增强自主学习的意识，而且不经过高研班培训的干部不予提拔。

据华为大学相关人员介绍，华为公司核心管理理念及管理方法源于华为的核心价值观。承载了华为二十多年管理实践中的成功经验和失败教训，是干部保持正确的管理方向、带领团队走向成功的基础和前提。

干部参加高级管理研讨班，旨在促进干部对公司核心管理理念和管理方法的深入理解和综合运用，同时通过高层亲自授课和考察，识别可能进入公司关键管理岗位的优秀干部苗子。

目前，华为每年参加干部高级管理研讨项目的学员约有 1 000 人。

二、管理者的成长路径总结

（1）基层历练阶段，基层员工以技术技能开发为主。华为强调基层员工在本职岗位上“埋头苦干”，干一行爱一行，不提倡基层员工换岗。正如新员工培训班“领导座谈”课程环节中，某位高级干部在对刚入职的员工的寄语中提到：

“希望大家走上工作岗位之后，要踏踏实实地把业务基础打好。本职岗位前几年在扎根，一旦扎下之后，你会成长得很快。”

（2）训战结合阶段，成为“班长”后的干部以人际技能开发为主，技术技能开发与概念技能开发为辅，实现管理能力的全面提升。

青训班项目重在开发项目管理能力，拉通项目管理的全流程；使受训者从本职岗位的单一视角，扩展到项目管理全过程的整体视角，体现了技术技能的开发。

FLMP 项目对基层管理者在团队管理与激励等方面进行团队领导力赋能，实现“士兵”到“仕官”的角色转变，有效开发人际技能。

（3）理论收敛阶段，要想成为真正的“将军”，中高级干部需要“有大视野，大到天文地理，但更要能放能收”，实现由“术”向“道”的转变。

具体来说，学员通过干部高级管理研讨班系统研讨，把实践经验总结上升到理论高度，深度发酵。这一过程的重点是概念技能的开发，从组织层面出发，建构战略管理与公司文化管理思维。

根据上述分析，我们以重点开发的技能维度和不同培养阶段为坐标轴，可以建立“管理者成长路径模型”。

沿此路径，华为的管理者逐步完成从“士兵”到“将军”的进阶。

资料来源：https://www.sohu.com/a/149020672_205354.

案例学习（二）

西门子的多级培训制度

西门子公司是德国一家著名的电子产品公司，历史悠久，规模较大。它创建于1847 年，至今已有 170 多年的历史。西门子公司从创办时期只有两个员工发展到今天，已成为全球电子电气工程领域的领先企业。如今西门子的业务遍布世界 190 多个国家，涉及能源、通信、工业、交通、信息、医疗、电子元器件、工业自动化、家用电器等领域，成为当今全球电子电器行业中最大的综合型跨国公司之一。西门子在中国开展的业务领域包括：信息与通信、自动化与控制、电力、交通、医疗、照明、零部件和家用电器。如同其他大公司一样，基础设施建设是西门子主要的业务领域。西门子已在中国建立了 90 多家公司和 61 个地区办事处，为 21 000 多人提供了就业机会。

培训特色

西门子公司能发展成为全球电子电气工程领域的一颗璀璨明星，与西门子对人才的重视有很大的关系。一整套对人才的选拔、培养、造就办法，成了公司整体发展战略的重要组成部分。

西门子公司一贯奉行“人的能力是可以通过教育和不断的培训而提高的”，因此西门子坚持由公司自己来培养和造就人才。

庞大的企业教育系统

西门子早在 1910 年就为其内部人员开设了正式的培训课程。早期的培训是在车间进行的，后来建立了各类专门的培训学校，并有了专业的培训老师。

目前，整个公司拥有11个综合培训中心，700名专业教师和近3 000名兼职教师，在18个国家设有39个培训中心，形成了庞大的企业教育系统。

在中国，西门子与北京国际技术合作中心合作，共同建立了北京技术培训中心。西门子与北京技术培训中心签订的合同规定，北京技术培训中心在合同期内负责为西门子在华建立的合资企业提供人员培训，目前该中心每年可以对800人进行培训。

在西门子的全体员工中，每年参加各种定期和不定期培训学习的多达15万人。为此，公司每年都要投入巨资用于培训及购置最先进的培训实验设备。

包罗万象的培训内容

西门子公司的培训内容包罗万象，课题针对各个部门和员工的实际需要。为适应技术进步和管理方式的变化，课程内容每年都有20%以上的调整，大部分培训项目都是根据公司当前生产、经营和应用技术的需要设置的，很大一部分是在工作岗位上完成的。

在人才培训方面，西门子创造了独具特色的培训体系——多级培训制。

西门子的人才培训计划从新员工培训、大学精英培训到员工在职培训，涵盖了业务技能、交流能力和管理能力的培训。通过一系列的培训，使公司新员工具备了较高的业务能力，提高了员工的知识、技能、管理能力，并储备了大量的生产、技术和管理人才。因此，西门子公司的员工长年保持着高素。

新员工培训

新员工培训又称第一职业培训。在德国，一般15～20岁的年轻人，如果中学毕业后没有进入大学，要想工作，必须先在企业接受3年左右的第一职业培训。

在第一职业培训期间，学生要接受双轨制教育：一周工作5天，其中3天在企业接受工作培训，另外2天在职业学校学习知识。这样，学生不仅可以在工厂学到基本的技巧和技术，而且可以在职业学校接受相关基础知识教育。通过接近真刀实枪的作业，他们的职业能力及操作能力都会得到提高。

由于企业内部的培训设施基本上使用的是技术最先进的培训设施，保证了第一职业培训的高水平，因此第一职业教育证书在德国经济界享有很高的声誉。由于第一职业培训理论与实践结合，为年轻人进入企业提供了有效的保障，也深受年轻人欢迎。在德国，中学毕业生中有60%～70%选择接受第一职业培训，20%～30%选择上大学。

西门子早在1992年就拨专款设立了专门用于培训工人的“学徒基金”。这些基金用于吸纳部分15～20岁中学毕业后没有进入大学的年轻人，参加企业3年左右的第一职业培训。

现在西门子公司在全球拥有众多培训场所，如在公司总部慕尼黑设有维尔纳·冯·西门子学院，在爱尔兰设有技术助理学院，它们都配备了最先进的设备。目前共有10 000名学徒在西门子接受第一职业培训，大约占员工总数的5%，他们学习工商知识和技术，毕业后可以直接到生产一线工作。

第一职业培训（新员工培训）保证了员工一旦正式进入公司，就具有很高的技术水平和职业素养，为企业的长期发展奠定了坚实的基础。

大学精英培训

西门子计划每年在全球接收3 000名左右的大学生，为了用好这些宝贵的人才，西门子也制订了专门的计划。

西门子注意加强与大学生的沟通，增强对大学生的吸引力。公司同各国高校建立了密切联系，为学生和老师安排活动，并无偿提供实习场所和教学场所。

1995年4月，西门子在北京成立了"高校联络处"，开始与高校建立稳定而持久的伙伴关系，加强与高校教师、学生及各院系、研究所的联系和沟通。西门子每年在重点院校颁发300多项奖学金，并为优秀学生提供毕业后求职的指导和帮助，"高校联络处"也因此被称为西门子和高校沟通的桥梁。

进入西门子的大学毕业生首先要接受综合考核，考核内容既包括专业知识，也包括实际工作能力和团队精神，公司根据考核的结果安排适当的工作岗位。

此外，西门子还会从进入公司的大学生中选出30名尖子生进行专门培训，培养他们的领导能力，培训时间为10个月，分三个阶段进行。

第一阶段：让大学生全面熟悉企业的情况，学会从互联网上获取信息。

第二阶段：让大学生接触一些商务领域的工作，全面熟悉本企业的产品，并培养他们的团队精神。

第三阶段：将大学生安排到下属企业（包括境外企业）承担具体工作，使其在实际工作中获取实践经验和知识技能。

目前，西门子共有400多名通过这种方式培训出来的"精英"，其中1/4在接受海外培训或在国外工作。

大学精英培训计划为西门子储备了大量管理人员。

员工在职培训

西门子人才培训的第三个部分是员工在职培训。西门子公司认为，市场竞争日趋激烈，在颇具灵活性和长期性的商务活动中，知识和技术必须不断更新换代，才能跟上商业环境以及新兴技术的发展步伐，所以西门子特别重视员工的在职培训，在公司每年投入的培训费中，有60%用于员工在职培训。

西门子员工的在职培训主要有两种形式：西门子管理教程和在职培训员工再培

训计划，其中管理教程培训尤为独特和有效。

西门子员工管理教程分五个级别，各级培训分别以前一级别培训为基础，从第五级别到第一级别所获技能依次提高，其具体培训内容大致如下。

第五级别：管理理论教程。

培训对象：具有管理潜能的员工。

培训目的：提高参与者的自我管理能力和团队建设能力。

培训内容：西门子企业文化、自我管理能力、个人发展计划、项目管理、了解及满足客户需求的团队协调技能。

培训日程：与工作同步的1年培训；为期3天的2次研讨会和1次开课讨论会。

第四级别：基础管理教程。

培训对象：具有较高潜力的初级管理人员。

培训目的：让参与者准备好进行初级管理工作。

培训内容：综合项目的完成、质量及生产效率管理、财务管理、流程管理、组织建设及团队行为、有效的交流和网络化。

培训日程：与工作同步的1年培训；为期5天的研讨会2次和为期2天的开课讨论会1次。

第三级别：高级管理教程。

培训对象：负责核心流程或多项职能的管理人。

培训目的：开发参与者的企业家潜能。

培训内容：公司管理方法；业务拓展及市场发展策略、技术革新管理、西门子全球机构、多元文化间的交流、改革管理、企业家行为及责任感。

培训日程：1年半与工作同步的培训；为期5天的研讨会2次。

第二级别：总体管理教程。

培训对象：必须具备下列条件之一：①管理业务或项目并对其业绩全权负责者。②负责全球性、地区性的服务者。③至少负责两个职能部门者。④在某些产品、服务方面是全球性、地区性业务的管理人员。

培训目的：塑造领导能力。

培训内容：企业价值、前景与公司业绩之间的相互关系；高级战略管理技术、知识管理、识别全球趋势、调整公司业务，以及管理全球性合作。

培训日程：与工作同步的培训2年；每年为期6天的研讨会2次。

第一级别：西门子执行教程。

培训对象：已经或者有可能担任重要职位的管理人员。

培训目的：提高领导能力。

培训内容：根据管理学知识和西门子公司业务的需要而制定，随着两者的发展变化，培训内容需要不断更新。

培训日程：根据需要灵活掌握。

资料来源：张贵林. 西门子的多级培训制度[J]. 企业家信息，2003（2）：101-102.

第二章

基于绩效的培训与开发需求分析

学习目标：

◆ 了解培训与开发需求分析的目的和含义

◆ 熟悉培训与开发活动对企业绩效贡献的“成果区”

◆ 了解培训与开发需求的四种类型和三个重心

◆ 熟悉培训与开发需求分析过程模型

◆ 运用信息收集和分析方法进行以组织、以任务和以人员为重心的培训与开发需求分析

◆ 撰写培训与开发需求分析报告

员工培训与开发通过有计划地培育和释放员工的专业技能来提升企业业绩，是企业管理活动的重要组成部分之一，这已成为企业管理的一种共识。但企业培训与开发的现实状况往往是管理者“说起来重要，做起来次要，忙起来不要”；员工会告诉你参加培训后他们“第一天激动，第二天想动，第三天不动”。是什么原因造成了这种对培训和开发在认知和实践之间的巨大反差？究其原因，最重要的莫过于培训与开发对企业经济绩效的贡献不清晰甚至不作为。经济绩效是商业组织的首要职能，是其存在和发展的基石，因此，衡量企业的管理活动轻重缓急的首要标准就是每项管理活动对企业经济绩效的贡献，任何不能对企业经济目标做出贡献的活动都没有或将会失去其存在的合法性，对企业经济目标的贡献微不足道或不清晰的管理活动自然而然变得无足轻重。

不得不承认的现实是：企业的培训与开发活动恰恰就可能陷入了这一令人尴尬的境地。如何走出这一困境？答案就是重视和加强培训与开发需求分析，使培训与开发需求来源于企业提升经济绩效的需要，让培训与开发活动对企业战略的实施和绩效目标的达成发挥不可缺失的作用。

第一节 培训与开发需求分析概述

一、需求分析是连接培训与开发活动与企业绩效“成果区”的桥梁

如何才能改变培训与开发对企业经济目标作用不清晰乃至不作为的状况，进而解决培训和开发职能的生存和发展的问题呢？让我们借用彼得·德鲁克关于成果管理（Manage for Results）的理念和方法，来分析和挖掘企业培训与开发活动的“成果区”应该在哪里，是什么因素决定了培训与开发成果的方向和大小。要回答这两个问题，首先必须从培训与开发的起点开始。你是否认同表 2-1 中有关培训与开发起点的观点？思考一下你认同或不认同的理由是什么。

表2-1 关于培训与开发起点的观点

培训与开发的起点	你的选择		理　由
	同意	不同意	
某一培训项目目前正流行于各大公司中，该项目想必也会适合我们公司			
A 大师是当今非常著名的培训师，所以我们将邀请 A 大师来实施某项培训			

续表

培训与开发的起点	你的选择		理　由
	同意	不同意	
我们要求经理们列出他们想要的培训，大约三分之一的经理做了回答，然后我们照单接受			
市场部要在两周后举行管理培训，正好手头这家培训公司可以提供			
某家培训公司说他们具有多年成功运作该培训项目的经验			
有咨询公司说，如果时间和成本允许，他们可以根据我们企业的实际情况改变他们现有的培训项目，来达到我们的要求			

如果从上述某一点出发来发起某一培训项目，你觉得有不妥吗？令人吃惊的事实是，从上述起点出发的培训与开发项目在许多企业中大行其道，其原因不外乎有这样几种：①跟随行业领导者；②追逐流行课程；③崇拜明星讲师；④依赖外部培训供应商。

我们不禁要问：以这些作为出发点的培训和开发项目，契合组织提高个人、团队和组织能力的要求的可能性有多大？提升企业的绩效从何谈起？通过培训和开发来有效提升组织绩效的起点必然发起于企业的管理需求：企业的生存和发展。表 2-2 列出了培训与开发出发点及例子。

表2-2　培训与开发的出发点及例子

培训与开发的出发点	举　例
解决当前的问题	• 客户投诉率居高不下 • 销售人员缺乏大客户开发技巧 • 员工敬业度下降
预防可能发生的问题	• 开展新业务的人员技能储备 • 企业兼并后的文化整合 • 保证工作场所的环境、工作人员的健康和安全
兼顾个人和组织（绩效和学习的平衡）	• 员工个人发展计划 • 未来领导（力）开发

简而言之，有效地满足企业生存和发展中产生的需求并以此作为培训的出发点是培训取得成果的先决条件，这就是需求分析作为培训与开发流程的起点所产生的不可替代的作用。图 2-1 展示了培训与开发活动的流程。

一旦培训需求阶段产生偏差，自然就会造成培训的起点不正确，接下来不管培训设计和实施阶段多么正确、有效率，其结果都是“正确地做了不正确的事”。因此培训管理者首先要找出的不是“正确的培训与开发项目”，而是找出“正确的管理问题及其所衍生出来的培训与开发需求，包括组织、工作和个人在知识、技术、能力、态度和行为等方面的培训与开发需求”，这就是培训与开发活动对企业绩效贡献的“成果区”（见

图 2-2）。

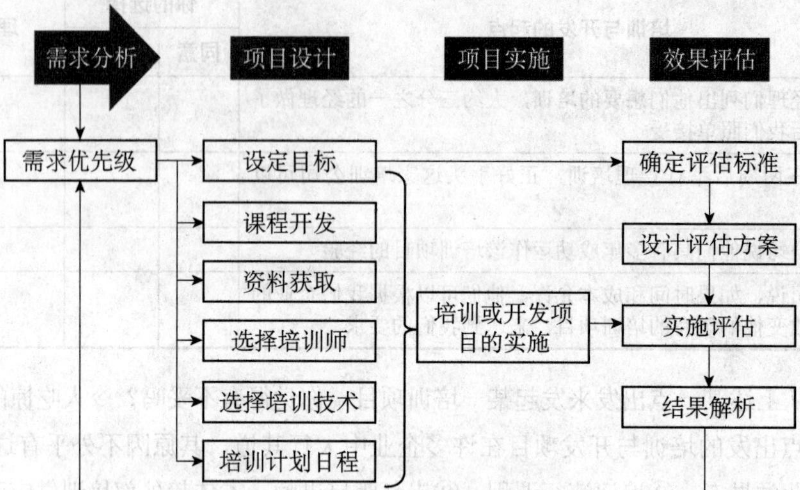

图 2-1　培训与开发流程图

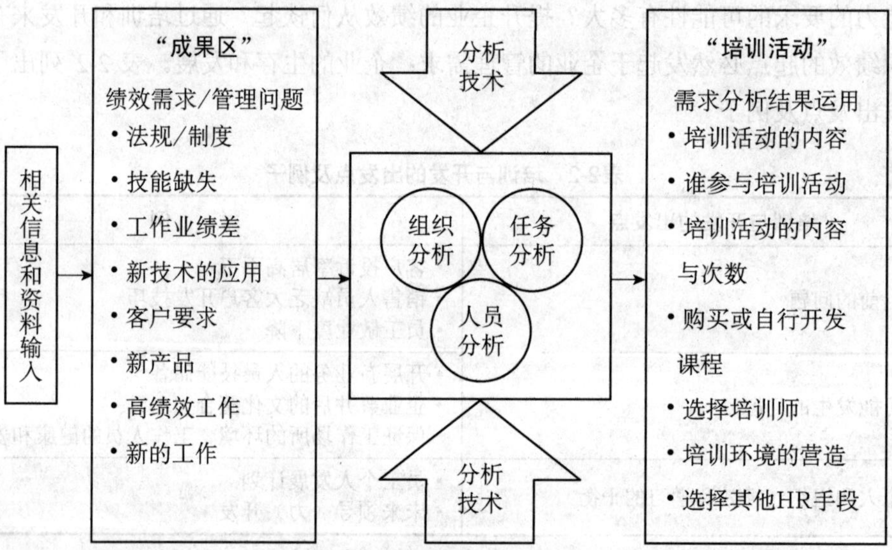

图 2-2　培训需求分析的桥梁作用

从图 2-1 和图 2-2 中可以看出，需求分析产生的目标直接影响对培训与开发效果的评估。事实上，长期困扰培训管理者有关培训效果难以评估的问题，并不是不知道怎么评估（工具的缺失），而是不知道评估什么（评估目标的缺失），或者说评估得到的结果无关乎企业的绩效（评估目标的偏差），培训与开发活动的结果落在企业绩效的"成果区"外，这样的评估只能自欺欺人，企业白白浪费资源，培训与开发职能也会被边缘化，最终失去其存在的理由。

综上所述，培训与开发的起点应该是影响企业绩效的管理问题，界定和聚焦于正确的问题而不是答案，才能保证培训与开发的“成果区”落在企业的经济方向和绩效目标内，培训与开发才能变被动为主动，真正成为企业经营中不可缺失的管理手段，同时解决自身生存和发展的问题。这一切，都将起始于培训与开发需求分析。

二、培训与开发需求分析的含义

培训与开发需求分析是企业通过界定绩效差距，分析差距背后的具体影响因素，从而进一步揭示组织及其成员在知识、技术和能力方面的差距，为培训和开发活动提供依据的管理过程。通过需求分析可以发掘以下信息。

（1）企业的目标以及达成目标的战略。

（2）实现当前目标绩效所需要的工作技能及其差距。

（3）分析未来期望绩效所需要的工作技能及其差距。

（4）培训与开发活动所处的组织环境。

有了这些信息，培训管理者就能够了解到企业为什么培训（why），需要什么样的培训（what），什么时候实施培训（when），哪些人需要参加培训（who），培训项目的阻碍在哪里（where），培训评估流程的标准是什么（how to measure），也就具备了通常所说的进行一项活动所必需的“5W1H”。

尽管需求分析对培训与开发如此重要，但是许多企业在人员培训与开发中并没有做到需求分析经常化和标准化，到底是什么因素导致需求分析的缺失或无效呢？原因如表 2-3 所示。

表2-3　需求分析缺失的原因

错误观念	原　因
需求分析是一项难度高、耗时长的流程	完成一项需求分析需要全方位、多角度地对企业进行调查和研究
行动比研究更有价值	培训经理们通常更愿意把有限的资源直接投入到开发、购买和实施培训项目上，而不愿意耗费在事先需求分析的调查研究中
企业培训需求显而易见，无须需求分析	市场上时髦的培训项目、高层管理者的直接要求、复制优秀同行或竞争者的培训项目是举手之劳之事
缺少管理层对需求分析的支持	培训管理者缺少必要的战略思维能力来显示需求分析的战略功能，或者缺少向管理层分享需求分析的技巧
根据常规经验培训效果也不错	在相对稳定的商业环境中，有可能在没有获得准确的需求分析时，培训与开发活动能够侥幸地使企业的绩效得到提升

三、培训与开发需求与企业管理需求的关系

企业培训与开发需求来源于企业的一般管理需求，是一种派生需求，因此不能把一般管理需求等同于培训与开发需求。企业管理需求起源于企业对某一工作现实绩效与目标绩效差距的不满意，如家电维修经理要确保维修人员在接到用户报修电话后 8 小时内到达维修现场，但现实是维修人员往往需要在 12 小时内才能到达现场，这 4 小时的滞后就产生了绩效差距。再比如企业在金融危机时往往会通过裁员来降低成本，但由此必然会影响员工的士气，造成员工敬业度的急剧下降。这些绩效差距都会产生相应的管理需求，企业需要通过相应的管理策略来加以“纠正”。企业可以通过人力资源开发策略，如技能培训或在职辅导等方法来提高员工的知识、技术或能力，从而改善绩效，也可以通过人力资源管理策略，如提高薪酬水平或改变雇佣条件来激励员工，还可以通过其他管理策略，如更新设备等硬件条件来改善工作环境。由此可见，并不是所有的管理需求都能够或者必须转换为培训与开发需求。

四、培训与开发需求的四种类型

绩效差距引起的培训与开发需求是企业管理需求派生出的最基本的需求，由企业的一般管理需求还可以派生出另外三种培训与开发需求：员工 KSA 差距需求（K——Knowledge 知识；S——Skill 技术；A——Ability 能力）、合规强制性需求和员工偏好需求（见表 2-4）。

表2-4　培训与开发需求的四种类型

需求类型	描　述	时效性
绩效差距需求	当前绩效与目标绩效之间的差距	当前
KSA 差距需求	人员实际知识、技术和能力与工作胜任能力的差距	当前和未来
合规强制性需求	健康和安全、环境保护、知识产权、社会责任等法规要求	当前和未来
员工偏好需求	鼓励人员参与、获得培训和开发活动的支持	当前

（一）绩效差距需求

企业常规绩效评估为绩效差距分析提供了可靠的信息，为采取培训干预提供了目标性依据。但是，绩效差距分析并不能直接指出是什么原因造成绩效的差距，因而其分析结果和资料不能为培训与开发操作直接提供指导，对绩效差距分析的信息进行“深加工”后得到的 KSA 差距，才能揭示隐藏在绩效差距中的原因，从而为培训与开发操作所利用。

要注意的是，绩效差距分析着眼于当前的业务职能，有利于当前工作绩效的提升，

但也可能使需求分析过于顾及短期效用而忽视长期的利益。

（二）KSA 差距需求

KSA 差距分析是培训与开发需求分析中最有价值的方法。该方法通过直接对员工在实际工作中表现出的 KSA 的细致分析，对照职位的 KSA 标准，找出员工的实际 KSA 与当前期望或未来理想的 KSA 的差距，为培训与开发提供第一手操作性支持。

（三）合规强制性需求

该类需求来源于企业对国际和国内法律和制度的遵守。企业在一定的国家和地区内从事经营活动，就必然受到当地法规的约束，随着经济全球化的深入发展，国际通行的对健康和安全、环境保护、知识产权、新能源政策，特别是 21 世纪初的全球金融危机引发的国际社会对投资和风险的监管无不对企业提出了相应强制性的培训要求。

（四）员工偏好需求

在企业所提供的培训和开发项目中，普通员工和管理者有时会特别喜爱或不喜爱某些项目，表现出一定的偏好。虽然说企业的培训与开发管理是对企业的战略支持，应集中于企业绩效和组织能力的提升，但培训和开发活动同样离不开所有员工的参与和支持，具有“民主性”的一面，必须充分考虑员工职业化和专业化发展的需求。

五、培训与开发需求的三个层面

企业培训与开发需求产生于组织、任务和人员三个层面，因此培训与开发需求分析也应该在相应的层面上展开。表 2-5 详细列出了三个层面的分析内容及其分析结果。

表2-5　培训与开发需求分析的三个层面

分析层面	分析内容	分 析 结 果
组织层面	组织战略	揭示企业中哪个职能或部门需要培训与开发以及在何种战略背景下进行培训与开发
任务层面	工作任务	揭示为了有效地完成工作任务，必须做什么以及如何做，需要什么样的知识和技能
人员层面	人员 KSA	揭示对谁进行培训与开发，培训与开发什么，采取何种培训与开发对策

第二节　培训与开发需求分析技术

一、培训与开发需求分析模型

如前所述，在企业培训与开发活动中，培训管理者首先要找出的不是“正确的培训项目”，而是找出“正确的管理问题所衍生的培训需求”。正如医生在对患者采取某一治疗方案之前，需要对患者进行诊断，借助必要的技术手段，如测量体温、化验血液等找出病因，培训管理者也需要采用相应的技术方法去界定影响企业绩效的管理问题，得出是否需要培训与开发干预的判断，进而采取相应的培训与开发方案，做到有的放矢。如果把整个培训与开发活动比喻为“预备—瞄准—射击—报靶”的实弹射击，如图2-3所示，培训与开发需求分析过程构成前两个阶段——“预备”和“瞄准”，这两个阶段又可以分成5个步骤——组织支持、组织分析、确定目标、界定KSA、分析KSA要素差距。

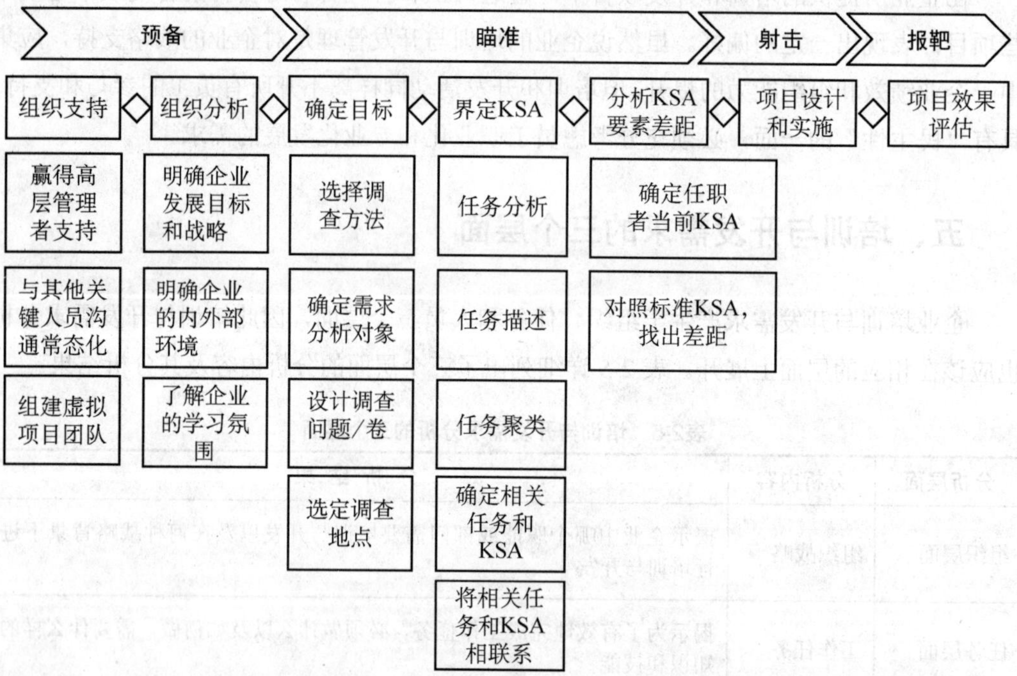

图2-3　培训与开发需求分析过程模型

（一）“预备”阶段

1. 获得组织支持

培训与开发需求分析涉及企业经营环节的方方面面，如企业环境、目标和战略、运营计划、操作流程、组织架构、人力资源等，是一项企业全范围的管理干预措施，因而不可能仅仅由培训管理者或培训部门独立完成。为了获得准确的第一手培训与开发需求信息，需要所有利益相关者的理解和支持，因此，如何赢得组织的支持成为培训与开发需求分析过程的首要任务。

首先，要赢得高层管理者的支持。企业高层管理者由于处在战略功能的顶端，对企业所面临的环境挑战、企业发展大方向和总目标、战略意图和优先顺序、资源配置等方面都具有高屋建瓴的把握，能够从战略高度对培训需求分析提供方向性建议，因此，离开高层管理者的指导，培训与开发需求分析就可能面临方向性问题。同样重要的是，高层管理者对培训与开发需求分析活动是否支持，在企业中还具有示范作用，如果高层管理者不认可培训需求分析的重要性，对需求分析做出消极反应哪怕是中性反应，肯定会影响到其他管理者和所有员工对需求分析的态度和反应，需求分析活动所遭受的阻力将会无法克服，最终导致需求分析的失败。

要赢得高层管理者对培训与开发需求分析的支持，可以从以下三个方面做起。

（1）突破传统培训观念的禁锢。现代培训与开发的功能已完全不同于工业革命所引发的仅仅是对失去土地的农民进行机器操作技能的培训，其范围也从单纯的流水线操作技能扩大到个人效率、人际沟通和团队合作等个人潜能的开发，并朝着职业开发和组织开发的方向发展，培训与开发的管理者应当顺应这一发展趋势，积极调整自己的观念，站在高层管理者的角度想问题，坚信培训与开发活动是对企业人力资本进行投资，以此为己任并积极地影响他人。

（2）从培训的被动执行者向战略的主动参与者角色转变。对一个组织而言，真正具有价值的培训与开发活动是对组织战略形成和实施过程发挥赋有预见性和创造性的积极干预，传统的技能培训者的被动角色显然不能适应这一要求。培训与开发的管理者只有成为组织变革的促进者和变革的代理人，才能体现出培训与开发对组织的战略价值，具体可从以下三个方面做起。

① 聚焦于以绩效为基础的需要和成果驱动。

② 通过展示战略能力而赢得主要利益攸关方的信赖和重视。

③ 积极应对战略的随机应变性。

（3）提高影响力，增加信任度。企业培训与开发人员作为知识工作者，其工作的专业性是其最大的优势，但也可能带来致命弱点：曲高和寡。培训管理者在致力于项目高质量的同时，更应注重项目的接受度。如果有一个完美的项目，但高层管理者的接受度为零，最终成果自然为零，更不存在下一次的可能性；一个并不完善的项目，如果得到高层管理者的坚定支持和热情参与，其效果即使开始时可能不理想，但也会得到不断完善的机会，最终成效显著。要增加高层领导的信任度，就要在提高自己对高层管理者的影响力方面采取有效的策略和行动，具体可从以下四方面做起。

① 确认决策参与者。

② 勾画决策参与者相互影响关系图。图 2-4 勾画了 5 个决策参与者相互影响的方向和强度。

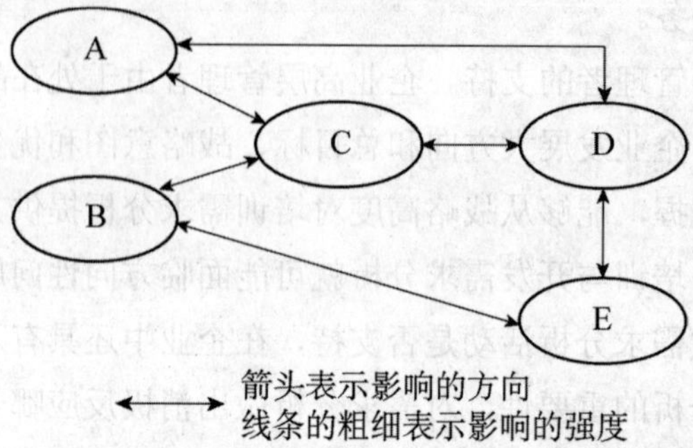

图 2-4 决策参与者相互影响关系图

其中：A 为部分反对者，B 为中立者，C 为全面支持者，D 为全面反对者，E 为中立者。

③ 将高层管理者分类：全面支持者，部分支持者，中立者，部分反对者和全面反对者。表 2-6 假设了 A、B、C、D、E 这 5 个决策参与者的态度。

表2-6 决策参与者态度分析工作表

姓 名	态度分析				
	全面反对	部分反对	中立	部分支持	全面支持
A		√			
B			√		
C					√
D	√				
E			√		

④ 使用有效的影响策略：根据决策参与者相互影响关系图，利用支持者影响中立者（变成支持，至少不倒退成反对者）和反对者（向中立转变）。由于 C 是全面支持者，并且能够强烈影响 A、B 和 D，应充分发挥其作用，促使 A 向中立态度靠近，B 向支持态度发展，D 放弃全面反对的态度。如表 2-7 所示为决策参与者的影响策略。

表2-7 决策参与者的影响策略

决策者姓名	态 度	影 响 策 略
A	部分反对	用 C 说服 A 向中立态度靠近，同时防止 D 对 A 的负面影响
B	中立	用 C 说服 B 向支持态度发展，同时防止 D 和 E 对 A 的负面影响
C	全面支持	加强沟通，保持 C 的全面支持态度

续表

决策者姓名	态　度	影 响 策 略
D	全面反对	重点在C说服D放弃全面反对的态度；B和E虽然有影响，但中立态度没有帮助；A有负面影响，但强度不大
E	中立	B和D对E都有影响，主要防止D的负面影响可能使E倒退至反对态度

其次，与组织内其他关键人员的沟通成为常态。现代组织是一个高度分工但又密切协调的有机整体，企业中不同层级的管理者基于各自部门的利益，对培训与开发需求分析的关注重点可能会有所不同（见表 2-8）。培训与开发作为具有高度专一性的职能活动，必然离不开组织内其他关键成员的理解和支持，因此保持与组织内各个层级管理者的沟通联系成为必不可少的活动。俗话说得好："平时不烧香，临时抱佛脚。"这种沟通给人的感觉往往不是惊喜，而是诧异，其负面效应甚至超过了沟通事件本身，给人留下难以消除的消极印象。因此，培训管理者要注重与相关人员的日常沟通，不要自以为是地认为其他人时时刻刻了解你在做什么和为什么做，更不要主观臆测他们的想法，定期做正式或非正式通报，有问题就提出来征求他们的意见，做到与相关关键人员沟通常态化。

表2-8　不同层级管理者在培训需求中关注的重点

需求分析层次	高层管理者	中层管理者	基层管理者
组织分析	● 培训对实现经营目标重要吗 ● 培训会如何支持战略的实施 ● 哪些职能和部门需要培训	● 企业愿意在培训上投资吗 ● 培训项目要花多少钱	● 我有钱来购买培训产品和服务吗 ● 部门管理者支持培训吗
任务分析		● 哪些领域的工作可以通过培训来提高产品和服务质量	● 哪些任务需要培训 ● 该任务需要具备哪些KSA
人员分析	● 公司具备一定知识、技术、能力、可参与市场竞争的人员吗	● 哪些人需要接受培训，管理者、专业人员还是一线人员	● 怎样确定需要培训的人员

资料来源：徐芳. 培训与开发理论及技术. 上海：复旦大学出版社，2010.

最后，组建虚拟项目团队。培训与开发需求分析是涉及整个企业范围的活动，需要的信息面广、量大，如果建立实体项目团队将是一件效率低、耗时长的举措，互联网时代的社交即时通信技术使组建虚拟团队实现跨部门、跨地区、跨时差的合作成为现实，建立虚拟团队来实施培训与开发需求分析成为培训管理者的优先选择。对虚拟团队成员的选择应遵循以下原则。

（1）从组织中有代表性的部门中选择合适的人员。

（2）被选择的人员在该部门具有很大的影响力，很了解所在部门各方面的情况，掌握相应的信息资料，并且能与该部门的人员进行有效沟通。

（3）被选择的人员必须具备一定的分析和解决问题的能力，具有强烈的责任心。

2. 对组织进行分析

在战略层面对组织中可能影响培训与开发的系统因素进行分析，有利于培训与开发管理者了解企业经营的内外部环境，通晓组织的使命、愿景和价值观，明确组织的战略导向和核心竞争力，熟知组织的学习文化，并根据组织目标和战略形成培训与开发策略，决定哪些职能或部门需要培训与开发的干预，如何有效利用组织现有的培训与开发资源，如何创造培训与开发成果转化为组织绩效的氛围和条件。

（二）“瞄准”阶段

1. 确定目标（工作任务）

通过对组织目标和战略的分析，培训与开发管理者将企业目标和战略进行分解，得到了有关任务层面及职能或部门需要培训与开发的干预信息，接下来要做的事就是将需要干预的职能或部门具体到某一职位，选择收集目标职位的相关信息的方法。收集资料的方法可以采用访谈法、问卷调查法、工作说明书分析法和观察法等。

2. 界定目标职位的知识、技术和能力（KSA）要素

该步骤主要是对目标职位必需的KSA要素进行分析，明确KSA要素内容及其与完成工作任务、达到目标绩效的关系，明确说明每项工作的任务及相应的最低KSA要素要求。具体方法包括通过填写任务清单对职位进行描述，然后对任务进行聚类分析，在此基础上分析该职位应该具备的KSA要素。需要注意的是，职务分析是针对工作任务而不是任务执行者（任职者）。

3. 分析任职者KSA要素差距

分析KSA要素差距，是指对目标职位所需的理想KSA要素和现有的KSA要素进行对照，发现理想与现实之间的差距。任职者KSA要素差距对培训与开发具有两方面的实践指导意义，既可能反映该职位能力的现状与当前期望能力的差距，也可能反映该职位能力的现状与未来发展所需能力的差距。前一种差距产生培训需求，后一种差距产生开发需求，如图2-5所示。

通过以上两个阶段层层推进和紧密相连的五个步骤，可以有效地实施培训与开发需求分析，为接下来培训与开发项目的投资、设计、执行和评估提供了正确的方向和精确的起点。

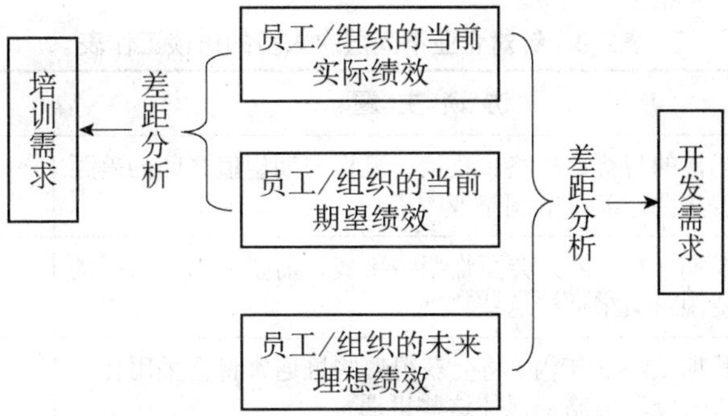

图 2-5 两种 KSA 差距及其产生的需求

资料来源：谢晋宇. 企业培训管理. 成都：四川人民出版社，2008.

二、培训与开发需求信息的收集和分析方法

培训与开发需求分析的实施过程包含了对信息和数据的收集、加工和分析。因此，培训与开发管理者必须借助科学的收集方法和加工分析技术，做到对信息和数据的收集客观、全面，分析过程科学和结果可靠。常用的培训与开发需求分析技术有访谈法、关键人物咨询法、关键事件法、问卷调查法、头脑风暴法、现场观察法、绩效管理资料研究法和评价中心法 8 种方法。

（一）访谈法

访谈法是通过与被访谈人面对面交流来获得培训与开发需求信息的方法。可供选择的访谈对象有高层管理人员、有关部门负责人和一线员工。对高层管理者的访谈可以获得组织从战略高度对相关职位和任职者的工作要求，为培训与开发需求分析提供方向性的指导。对有关部门负责人的访谈可以获得对岗位及在岗者知识、技术和能力的标准及实际状况的信息，这部分信息经直接加工后就成为培训和开发的项目，因此，对部门负责人的访谈是培训与开发需求分析中最常用也是最有效的方法。对一般员工的访谈所得到的信息有时带有相当大的争议，虽然一般来说，一线员工最应该了解自己的知识、技术和能力及与职位标准的差距，但实际情况却可能由于长年从事某种工作，他们对自己的知识、技术和能力已习以为常，乃至安于现状，更说不上差距在哪里；还有一种可能情况是，一线员工担心访谈的结果会影响到其绩效评估和升职加薪，不愿意说出真实情况，加上人数众多，即使采用抽样方法，也会耗时过长。由此可以看出，对一线员工的访谈用于培训与开发需求信息的收集具有相当大的风险，宜采用另外的方法如观察法或测验法，获得的信息会更为准确可靠。

因此，对企业高层管理者、中层管理者和基层员工的访谈内容应具有明显的针对性，表 2-9 提供了一份针对企业不同层次人员的访谈工作表。

表2-9　针对企业不同层次人员的访谈工作表

被访人	访谈主题	回　答
高层管理者	企业当前的目标、战略、政策、流程与期望值之间的差距怎样？将会做怎样的调整或改进	
	企业短期（1 年内）会面临哪些挑战？需要采用什么样的人力资源对策来迎接这些挑战	
	企业长期（3～5 年内）将会获得哪些机遇？将会采用什么样的人力资源战略来抓住这些机遇	
	你对培训与开发活动有哪些总的看法和建议	
中层及基层管理者	本部门/团队在理解和执行企业的战略、政策、流程等方面存在哪些差距？将采取什么措施来改进或提高	
	哪些因素阻碍了本部门/团队完成当前计划的工作？计划采取哪些对策克服这些障碍	
	部门/团队在企业未来发展中的战略角色是什么？胜任这一角色对知识、技术和能力有哪些新的要求	
	你希望培训与开发活动在哪些方面可以更好地帮助你的部门/团队	
一线员工	在本职工作的流程和质量标准方面还有哪些不清楚的地方？原因何在	
	哪些因素阻碍了你顺利完成当前本职工作？你有什么计划克服这些阻碍因素	
	作为专业工作者，你对自身专业技能的开发有哪些计划？如何实施	
	你希望增加哪些培训项目？你希望减少哪些培训项目	

访谈中应注意提问的技巧，根据需要采用封闭式提问或开放式提问。封闭式提问容易得到答案且答案容易分析整理；开放式提问能激发被访谈者思考，了解更多、更深层次的事实和信息。

访谈的模式可以是结构化的，也可以是非结构化的。结构化访谈以预先设定好的一系列标准问题，按一定的逻辑顺序向被访谈者提问，能保证访谈过程的一致性和结果的完整性，如表 2-9 所列出的一系列问题。非结构化访谈会针对不同被访谈对象提出不同的开放性问题，给被访谈者留有足够的发挥空间，从而获得对某一问题的深度信息。实际使用过程中，两种方法应相互结合，主要使用结构化访谈，根据需要辅以非结构化访谈。

（二）关键人物咨询法

关键人物咨询法是指通过询问特定的关键人物来了解关于培训与开发需求的信息，

咨询对象一经确认即可采用面谈法或问卷法收集信息。关键人物咨询法特别适用于培训与开发对企业突发性战略支持的需求。在大多数企业 CEO 或重要部门负责人出现更替时，企业或部门的战略会相应发生变化，这时新任 CEO 或部门负责人成为新战略的发起人和驱动者，如果需要培训与开发干预来支持战略形成和实施，他们对干预的需求则会更加清晰而强烈，如对变革管理的干预，从公司最高执行层如何领导变革，中层管理者如何管理变革，到基层管理者及广大员工如何执行变革，新任 CEO 和重要部门负责人必然成为培训与开发需求分析的来源。

（三）关键事件法

关键事件法用以考察企业经营管理活动中对组织目标具有关键影响特别是有消极作用的事件，例如重大安全责任事故、市场占有率的急剧下降、销售成本突然提高等。对造成这些关键事件背后原因的分析，可以揭示当事人行为、知识、技术和能力的缺陷，从而获得培训与开发需求的信息。

（四）问卷调查法

问卷调查法是企业中广泛使用的一种收集第一手资料的技术，与通过信件或直接发放问卷和收集答卷的传统方法相比，在现代 IT 技术的支持下，在线调查有效地克服了调查规模大、时间紧、资金少的不利因素，成为仅次于访谈法的培训与开发需求信息收集的方法。

一般来说，调查表是由向被调查者提问并征求回答的一系列标准提问所组成的。调查表是非常灵活的，它有许多提问的方式。调查表需要认真仔细地设计、测试和调整，然后才可大规模使用。在设计调查表时，培训管理者必须精心地挑选要问的问题、提问的形式、提问的用词和提问的次序。首先，所提的问题都必须直接与目标相关，同时不应遗漏应该问的问题。其次，提问的形式也会对回答者造成影响，例如封闭式提问包括所有可能的回答，规定了回答提问的方式，被调查者只要做出选择即可，调查者易于统计和分析收集到的答案；开放式提问允许被调查人不受限制地用自己的话来回答提问，常常能提供更多的信息，可以洞察人们内心怎么想。最后，提问的措辞和次序也应充分考虑，调查应使用简单、直接、无倾向性的词汇。所提的问题一定要合乎逻辑次序，可能的话，引起被调查人兴趣的提问应安排在调查的开始部分，回答困难或涉及私人的问题应放在调查表的最后，这样不会引起被调查人的戒备心理。

表 2-10 列出了调查表设计中要问的问题、提问的形式、提问用词的范例。表 2-11 是一份培训与开发需求调查表的样本。

表2-10　调查表设计中要问的问题、提问的形式、提问用词的范例

名　称	内　容	范　例
A. 封闭式提问		
双向选择	一个提问有两个答案供选择	“计划工作日程时，你会将培训项目预先安排在内吗？” 是（　　）　否（　　）
多项选择	一个提问有三个或三个以上的答案供选择	“你喜欢培训项目安排在哪些时间？” 工作时间（　　）　晚上（　　）　周末（　） 节假日（　　）　都可以（　　）
喜欢程度	被访问人对一种看法表示同意或不同意	“在职培训比脱产培训效果好” 1.（　　）非常不同意 2.（　　）不同意 3.（　　）不置可否 4.（　　）同意 5.（　　）非常同意
语意差别	两个词代表两个极端，被调查人选择适合自己的一端并在填空中标明	“本企业培训与开发部门” 规模：大______、______、______、小 经验：非常丰富______、______、______、______、无经验 风格：现代______、______、______、______、传统
重要程度	表示某种事情的重要程度，从“非常不重要”到“非常重要”	“制订培训后行动计划对我来说” 1.（　　）非常重要 2.（　　）很重要 3.（　　）有点重要 4.（　　）不重要 5.（　　）非常不重要
优劣差别	衡量“好”与“不好”之间的差别	“本次培训的后勤服务” 1.（　　）非常好 2.（　　）很好 3.（　　）一般 4.（　　）不好 5.（　　）很不好
参加倾向	衡量被调查人的参加倾向	“如果进一步提供进阶培训的话，我______” 1.（　　）肯定参加 2.（　　）大概会参加 3.（　　）不一定会参加 4.（　　）可能不参加 5.（　　）肯定不参加
B. 开放式提问		
随意提问	被访者几乎可以随意回答的问题	“你怎样看待培训与开发部门？” ____________
文字联想	提供几个词，被访者说出首先出现在脑子里的词	“当你听到下面的词时，你最先想到的词是什么？” 领导力______ “飞龙计划”______ 培训与开发______

续表

名　　称	内　　容	范　　例
完成句子	提供未完成的句子，由被访人来完成它	“当我选择参加培训项目时，我主要考虑______________________________。”
完成故事	提供一个未完成的故事，由被访人来完成它	“几天前我参加了销售技巧培训，我注意到处理客户异议的技巧很实用，这引发了我的一些感想：（继续完成故事）______________________________。”
完成插图	提供画有两个人的图片，其中一个人在提问，另一个人的回答空着，由被访人填上自己的回答	“好了，现在我们开始练习聆听的技巧。” “______________________________”
主题联想	提供一幅图，被访人按所看到的图讲一个故事，描述他们认为将要发生的事	（此处提供一幅培训师授课时观察学员角色扮演的图片）

表2-11　××公司2017年员工培训与发展需求调查问卷（范例）

说明：由培训与开发部门发起的本次调查的目的在于：

（1）了解你的工作重点以及完成这些工作所需的关键知识和技能。在此基础上，帮助你制订相应的培训与开发计划来提高这些关键知识和技能。

（2）得到你关于现行的培训与开发活动的反馈，使培训与开发活动能够更好地服务于公司业务目标和员工职业发展。

（3）请你在 2017 年 12 月 31 日之前完成此问卷，通过电子邮件将答卷发送至培训与开发部，同时抄送您的直接主管。

<table>
<tr><td colspan="5">一、个人信息</td></tr>
<tr><td colspan="2">姓名：</td><td colspan="2">部门：</td><td>职务：</td></tr>
<tr><td colspan="2">直接主管：</td><td colspan="2">加入公司时间：</td><td>本职位开始时间：</td></tr>
<tr><td colspan="5">二、工作与所需知识和技能</td></tr>
<tr><td rowspan="2">当前需求和未来发展</td><td rowspan="2">岗位任务和工作取向</td><td colspan="2">差距</td><td rowspan="2">培训与开发需求</td></tr>
<tr><td>知识</td><td>技能</td></tr>
<tr><td rowspan="3">本职工作的困难和挑战</td><td>任务 1</td><td></td><td></td><td></td></tr>
<tr><td>任务 2</td><td></td><td></td><td></td></tr>
<tr><td>……</td><td>……</td><td>……</td><td>……</td></tr>
<tr><td rowspan="3">个人职业规划</td><td>工作 1</td><td></td><td></td><td></td></tr>
<tr><td>工作 2</td><td></td><td></td><td></td></tr>
<tr><td>……</td><td>……</td><td>……</td><td>……</td></tr>
<tr><td colspan="5">三、对培训与开发的意见或建议</td></tr>
<tr><td rowspan="4">对过去的意见</td><td colspan="2">1. 去年是否针对个人做过培训需求调查</td><td colspan="2">□ 是　□ 否</td></tr>
<tr><td colspan="2">2. 去年的培训是否与绩效管理相联系</td><td colspan="2">□ 是　□ 否</td></tr>
<tr><td colspan="2">3. 上年度培训后技能、绩效提升的程度</td><td colspan="2">□ 明显提升　□ 稍有提升　□ 没有提升</td></tr>
<tr><td colspan="2">4. 以往采用的培训形式（可多选）</td><td colspan="2">□ 课堂讲授　□ 角色扮演　□ 案例分析
□ 小组讨论　□ 拓展游戏　□ 其他（请说明______________________）</td></tr>
</table>

续表

对过去的意见	5. 以往参加培训的原因（可多选）	□ 自己要求 □ 主管指派 □ 公司规定 □ 自费进修
	6. 以上未列出，但需要说明的事项	
对未来的建议	1. 目前急需参加的培训（至少列出两项）	- -
	2. 希望获得提高的知识和技能（至少列出两项）	- -
	3. 你最希望采用的培训方式	□ 课堂讲授 □ 角色扮演 □ 案例分析 □ 小组讨论 □ 拓展游戏 □ 其他（请说明__________）
	4. 你最能够接受的培训时间安排是	□ 上班时间 □ 下班时间 □ 周末 □ 节假日 □ 都可以
	5. 你最想要接受的培训类型	□ 专业技能 □ 管理和领导技能 □ 通用知识/技能（如财务知识、沟通技巧）
	6. 你认为合适的培训频率	□ 每月一次 □ 两月一次 □ 每季度一次 □ 半年一次
	7. 你认为合适的培训时间长度	□ 1天以内 □ 1～2天 □ 3～4天 □ 5天以内
	8. 以上未列出，但需要说明的事项	

（五）头脑风暴法

头脑风暴又称为小组深度会谈，是指召集相关人员，围绕某一特定问题，在自由和轻松的氛围中，进行开放的交流，坦诚自己的想法，以期小组的群体思维能带来深刻的感知和思考。会议的成果是大量的意见和建议，这些意见和建议或许不具有可行性，但会上不做任何结论，会后将对各种意见和建议进行分析、比较、论证以发现真正的需求。头脑风暴通常还是大规模调查前的一个有用步骤，能够缩小调查的范围，提高提问的针对性。表2-12给出了头脑风暴工作表。

表2-12 头脑风暴工作表

目的：____________________			
时间：__________	地点：________________		主持人：__________
参加人员			
姓名	职位	部门	联系方法

续表

提问清单	想法、意见或建议
提问 1	I.
	II.
	……
提问 2	I.
	II.
	……
……	……

（六）现场观察法

现场观察法是通过到工作现场观察员工的工作行为，对照行为标准，寻找差距，从而发现培训与开发需求。现场观察法对观察者的技巧要求很高，运用观察技巧的第一步是明确所需要观察的行为，然后决定观察对象。还要尽可能避免或减少被观察者意识到自己被观察，否则，被观察者的行为会与平时不同，使观察结果可信度降低，最终影响到行为差距分析，从而产生不可靠的培训与开发需求。预先设计工作观察表可以帮助观察者全面、系统和准确地观察目标行为的状况（见表 2-13）。

表2-13　现场观察工作表

目的：＿＿＿＿＿＿＿＿					
被观察对象：＿＿＿＿　观察人：＿＿＿＿　时间：＿＿＿＿　地点：＿＿＿＿					
观察记录					
观察内容	行为等级				备注
	完全错误	较少错误	合格	表现优异	
行为 1					
行为 2					
行为 3					
……	……	……	……	……	……

现场观察法的适用范围有限，只适用于能够通过直接观察加以了解的一般工作，不适用于那些复杂程度高的工作。

（七）绩效管理资料研究法

企业绩效管理档案资料记录了每个员工历年的绩效考核记录与培训的历史情况，既包括了员工绩效的评估结果，也记录了员工发展的方向，具有系统性和连续性。作为培训与开发需求分析最重要的第二手资料的来源，它所提供的信息和数据翔实而全面。通过对这些资料的分析，既可以根据员工当前绩效差距分析得到培训需求，又可以根据员工的将来职业发展方向设计个人开发计划。

（八）评价中心法

评价中心是企业招聘关键职位管理人员和核心人才开发的重要工具。企业在招聘关键管理岗位的人才时，大多采用评价中心对其知识、技术、能力和行为进行测评，在决定其是否达到任职资格的同时，对该候选人将来任职后需要改进和提高的方面给出建议；在进行核心人才的管理潜能开发时，评价中心采取360度反馈形式，通过本人、上司、下属、同事，有时还有客户或用户对被测评人在日常工作中所表现出来的行为，对照测试的"常模"，找出被测试人的强项和弱项，然后根据加强强项、改进弱项的原则，制订和采取相应的发展计划。

上述8种主要培训与开发需求信息的收集和分析方法都有其优缺点（见表2-14），在实际使用过程中也不是一成不变的，培训与开发管理者应根据实际情况需要，灵活运用某一种方法，有时需要几种方法配合使用。

表2-14 培训与开发需求信息收集和分析方法优缺点的比较

收集和分析方法	优 点	缺 点
访谈法	• 直接了解利益相关者的态度、问题的缘由和可能的解决方法	• 每次访谈加起来耗时较长 • 访谈结果不易进行量化分析 • 对访谈者的技巧要求高
关键人物咨询法	• 直截了当获得问题的根源和可能的解决方案 • 简单、成本低	• 取得的信息和资料只代表少数人的意见，可能具有片面性 • 对关键人物的确认至关重要
关键事件法	• 直截了当获得问题的根源和可能的解决方案 • 简单、成本低	• 取得的信息和资料只代表某一特殊事件，可能具有片面性 • 确认的关键事件应具有典型性
问卷调查法	• 在线调查成本低、到达率高 • 可以在短时间内对大量人员进行调查 • 被调查者能够独立、无干扰地回答问题 • 对标准问题的回答易于归纳整理和进行分析	• 问卷设计专业性要求高 • 问卷编制和准备时间周期长 • 被调查者的意见或建议受到限制 • 问卷回收率可能低 • 开放性问题的回答有效性差
头脑风暴法	• 可以当场获得不同的想法 • 尽可能获得全面和充分的信息 • 形成分享的氛围	• 比较耗费时间 • 获得的信息难以量化分析 • 可能出现大量无关信息 • 对主持人的技巧要求很高
现场观察法	• 可以获得有关工作环境的信息 • 有利于将来培训成果的转化	• 观察人员需要具备熟练的观察技巧 • 只能在观察的环境中收集信息 • 被观察者的工作行为可能会因为意识到被观察而受到影响

续表

收集和分析方法	优　点	缺　点
绩效管理资料研究法	• 通过对现有的资料进行分析，具有很强的逻辑性 • 资料翔实且容易获得 • 成本低	• 对问题的分析和得出的结论过于理论化，带有较强的主观性 • 二手资料，且时效上滞后
评价中心法	• 对人员发展潜力分析和初步确认的有效工具 • 全面而系统地测试，减少误差，人才测评的科学方法	• 需要外部咨询公司介入，成本高 • 评价的常模建立是关键的问题

三、确定培训与开发需求的优先顺序

培训与开发需求分析得出的不是单个需求，而是一份需求清单，这就要求培训与开发管理者对这份清单上的需求按轻重缓急，列出其优先级顺序。在企业中，培训与开发部门可以利用的资源总是有限的，有关实施某项培训与开发项目的决定还必须考虑所需要使用的资源，如培训设备、场地、培训材料、差旅费、外部供应商、咨询费用等。因此，在考虑培训与开发需求优先级顺序时，我们不得不回到企业作为经济组织这一本质上来，回答两个最基本的提问：投资这种培训或开发项目对企业绩效的贡献是什么（解决什么问题）？收益是多少（解决到什么程度）？对这两个提问的回答是确定培训与开发需求优先级的首要标准，也是将来进行培训与开发项目效果评估的基准点。培训管理者可以采取以下两项措施来有效回答这两个提问，以增加决策的有效性和加速决策过程，并获得广泛的理解和支持。

（1）提高培训与开发需求优先顺序决策的参与度。由于培训与开发项目往往都是对企业某一专门职能领域的干预，因此进行该项目的投资收益分析时，来自该职能领域的代表参与决策是必不可少的。如果培训与开发管理者在日常管理中定期积极主动听取员工对培训与开发的意见和建议，对当前项目进行完善，对将来项目进行展望，员工们会明显感觉到培训与开发活动与企业和自身息息相关，他们对培训与开发项目的支持就会成为自发的行为。

（2）成立培训与开发顾问小组。成立培训与开发顾问小组是随时反映员工需求及决定需求优先顺序的一种有效途径。顾问小组定期举行会议，讨论需求分析，检查项目评估结果，对培训与开发项目的类型和内容给出建议。顾问小组成员由来自企业不同部门的利益相关者组成，因而能够充分代表各方对培训与开发的需求，也能够使培训与开发活动得到企业方方面面的支持。

四、避免培训与开发需求分析的潜在误区

（一）为了需求分析而做需求分析，把手段当成目的

没有人会怀疑需求分析作为确定培训与开发活动起点和归宿的手段的重要性和必要性，但是在实际操作中可能会存在两种情况：一种情况是事前不做需求分析，培训与开发项目照样上马，等到要对项目进行评估或为了应付企业审计时，才为了自圆其说不得已而为之；另一种情况是在培训与开发需求已经十分明确时，仍然机械地照章行事。这两种需求分析的做法实际上都是错把手段当成目的，结果前者是自欺欺人之举，后者不免有画蛇添足之嫌。

（二）过分偏重个体需求而忽略了整体绩效

培训与开发是通过释放组织成员的专业技能来提升组织的整体业绩的，因此，任何需求分析的结果最终都会定格在个体的知识、技术、能力、态度和行为等要素上，这就可能导致注意力全部集中在个体的不同需求上，而忽视了培训与开发的整体目标。实际操作中，除对企业核心人员所必需的某些技能需求必须个别对待外，如对高管层面的管理者采用一对一的教练辅导，绝大多数的培训与开发活动必须面对某个群体的共同需求，只有这样，才能保持个体的需求与整体目标的统一。

（三）滥用问卷调查，提问泛泛走过场

问卷调查具有调查范围广、收集信息量大等优点，在互联网所提供的便利条件下，该方法已成为企业和咨询公司进行调查和信息收集首选的技术。但是，在问卷调查用于培训与开发需求分析时，大量的提问无法量化，描述性答案往往不着边际，有些甚至答非所问；面对林林总总的调查问卷，员工缺乏正确的引导，加之缺乏精心设计的问卷千篇一律，需求调查落得流于形式、走过场的结局。

（四）收集信息片面，缺少理性数据和感性想法的综合

需求信息包括理性信息和感性信息两大类。理性信息注重可量化和可测量，感性信息注重直觉和预见性，如果仅仅以任何一类信息进行分析，所得到的信息都会是片面的和不可靠的，此所谓“理性无感性则空，感性无理性则盲”。信息收集技术中有的偏重于理性信息，如绩效资料分析；有的偏重于感性信息，如360度反馈。因此，在需求调查中要结合使用不同的方法来相互补充，彼此印证，如对高潜力人才开发分析时，同时采用绩效资料调查法和360度反馈法。

第三节　培训与开发需求分析的应用

根据战略管理过程，企业经营管理活动可以划分为战略、战术和战斗三个层次，培训与开发作为企业战略的重要支持活动，必然也要相应地着眼于这三个层次的需求，以组织、任务和人员为重心进行需求分析。

一、以组织为重心的培训与开发需求分析

在组织层面，培训与开发所面对的是具有深远意义的系统需求，而不是单个员工、团队或工作流程中的问题，也就是说必须从系统的角度保证单个工作职能的知识、技术和能力得到有效的整合，产生协同效应。这就要求在企业整体经营的框架下，以一定的逻辑顺序分析每一个运营职能的需求。图 2-6 呈现了企业经营整体框架及其运营职能元素，

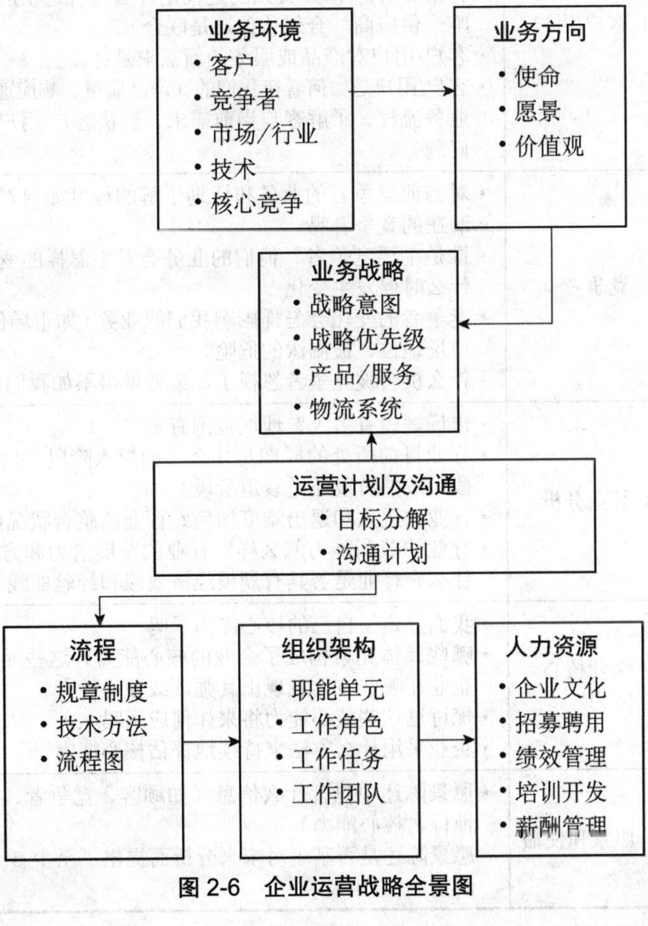

图 2-6　企业运营战略全景图

可用来指导组织层面的培训与开发需求分析。培训与开发管理者通过系统、全面地考察每一个运营元素，对没有开展的运营职能活动，从知识、技术和能力的角度分析如何建立该职能；对业已开始或正在进行的运营职能活动，从知识、技术和能力的角度分析差距，使培训与开发需求分析全面、系统地深入到组织的各个职能，这样获得的需求信息才能够在组织层面上支持战略的形成或实施。

（一）企业经营战略全景图分析法

企业经营战略全景图分析法由 8 个管理模块和 16 个运营职能元素构成，详细阐述如表 2-15 所示。

表2-15　企业经营战略全景图分析法

管理模块	业务元素	分 析 内 容	培训与开发需求
1. 业务环境	（1）客户/用户	• 谁是客户/用户？他们的业务将如何变化？为什么？具体如何变化？什么时候发生变化 • 客户/用户的潜在需求是什么？当前需求会怎样变化 • 将来和客户/用户关系的定位是什么（优选供应商、唯一供应商、合作伙伴还是联合） • 客户/用户对产品或服务的新需求是什么 • 客户/用户是如何看待我们的（产品质量、响应速度、业务流程、了解客户当前需求、解决客户/用户潜在问题）	
	（2）竞争者	• 对当前竞争者的业务和计划了解的程度如何？会有潜在的竞争者吗 • 谁是主要竞争者？他们的业务会发生怎样的变化？什么时候发生变化 • 竞争者的变化会怎样影响我们的业务（如市场份额、市场地位、被淘汰的危险） • 什么机会被竞争者忽视了，或者做得不如我们好	
	（3）行业分析	• 市场规模有多大？地域范围有多广 • 行业目前所处的周期是什么（如投入阶段、增长阶段、成熟阶段还是衰退阶段） • 行业的进入和退出难度如何？行业的整合状况如何 • 行业的获利能力怎么样？行业的发展潜力和方向是什么？行业是否具有规模经济效应和经验曲线效应	
	（4）企业核心能力	• 我们界定了自己的核心能力了吗 • 哪些具体元素构成了企业的核心能力？这些元素使企业在哪些方面表现出其强项或独特性 • 探讨过这些核心能力将来如何应用吗 • 企业采用什么方法来持续地评估核心能力	
2. 业务方向	（5）愿景和使命	• 愿景陈述中包含什么信息（如顾客、竞争者、市场地位、核心能力） • 愿景陈述是否基于对未来分析而提出了至少 3 年的展望	

续表

<table>
<tr><th>管理模块</th><th>业务元素</th><th>分 析 内 容</th><th>培训与开发需求</th></tr>
<tr><td rowspan="2">2. 业务方向</td><td>（5）愿景和使命</td><td>• 愿景陈述的形式和方式怎么样（如对未来展望的描述、服务的客户、选择的产品或服务、市场地位、保证企业实现目标的价值观）
• 使命陈述是否符合一般的标准要求（如简单、明了、指明了方向和手段）
• 企业员工通过使命陈述了解企业方向的程度如何</td><td></td></tr>
<tr><td>（6）价值观</td><td>• 是否指定了用来规范企业业务运营的价值观系统
• 价值观是否表达得很清晰？是否能够让员工理解什么行为是组织所期望的
• 员工相信管理层能够身体力行确保价值观的实现吗</td><td></td></tr>
<tr><td>3. 业务战略</td><td>（7）战略意图及其优先级</td><td>• 战略意图是来源于“差距”分析吗？这些差距体现了企业现实活动与期望活动之间的差距吗？弥补这些“差距”能够达到期望的市场地位、满足客户需求和提升核心能力吗
• 企业确定了几项关键战略吗？这几项战略能够实现企业的愿景、保持或增强企业成功率吗？它们的优先级顺序如何确定
• 战略形成过程中调查研究和讨论是否充分
• 是否设计了测量标准和测量方法来指导战略的实施</td><td></td></tr>
<tr><td rowspan="2">4. 运营计划及沟通</td><td>（8）运营计划</td><td>• 企业的战略如何“落地”
• 实现战略的相应的工作任务是什么
• 战略是否经过分解以确保每个工作单位和个人目标都能与战略挂钩
• 完成关键战略目标的权力和责任是否清晰界定
• 员工都参与了本部门目标设定的过程吗
• 每个员工都自己设定了与本部门和总体战略挂钩的目标吗</td><td></td></tr>
<tr><td>（9）沟通</td><td>• 是否设计了沟通计划以确保员工被充分告知企业的业务状况、面临的挑战及其相应的战略形成过程及进展
• 是否采用了多种沟通媒介（如会议、通信、告示板、电子邮件）
• 是否采用双向沟通的程序以确保员工的建议能够得到重视和采纳
• 员工是否确信他们所得到的信息是可信的和完整的</td><td></td></tr>
<tr><td>5. 工作流程</td><td>（10）规章制度、技术方法和流程图</td><td>• 企业是否制定了实现业务战略的关键工作程序
• 企业所有人员是否明白可以把企业看成是一个基于满足内外部客户需求的客户服务系统
• 有关工作程序的讨论有没有从客户对产品或服务的观点出发
• 企业是否通过流程改进来控制成本、提高质量和增加生产率
• 现有业务技术（如沟通、数据收集和跟踪、客户信息系统）是否通过有效性评估</td><td></td></tr>
</table>

续表

管理模块	业务元素	分析内容	培训与开发需求
6. 组织架构	（11）工作单元、工作任务和工作团队	• 组织架构是根据实施战略和完成目标的要求来设定的吗 • 企业实行集权化管理或分权化管理架构的理由是什么 • 组织架构有利于跨职能和跨团队的沟通吗 • 客户需求对组织架构有什么样的影响 • 组织架构能满足业务活动快速和精确地进行吗	
7. 人力资源	（12）企业文化	• 企业文化是通过明文规定的还是潜移默化来传播的 • 企业成员了解企业文化、支持提高生产率和质量的行为吗 • 企业领导者在发扬企业文化传统方面树立了模范作用吗 • 企业领导者相信员工具有才能和创造力吗	
	（13）招募和聘用	• 在企业中，处于“冬眠期”或“在岗退休”的员工占总数的百分比是多少 • 由于人员流失和工作转换造成的财务成本增加和生产率损失是多少 • 员工年资增长所带来的业务经验和知识的积累会成为公司宝贵的资产吗 • 在变革时期，员工是强烈抵制还是缓慢地适应呢	
	（14）绩效管理	• 员工知晓他们的工作目标和责任吗 • 管理者给下属提供诚实的绩效反馈吗 • 管理者能够成功地辅导和开发他们的下属吗 • 绩效管理中评估流程有效性如何 • 绩效管理中包括员工个人发展计划吗	
	（15）薪酬管理	• 员工认为报酬系统公平且具有激励作用吗 • 员工获得报酬的依据是实际贡献（绩效加薪）还是其他标准（年资加薪） • 贡献最大的员工能够得到相应的报酬吗 • 报酬系统对技术人员贡献的激励能够和管理职位的升迁相匹配吗	
8. 整合协调	（16）方向和战略的协调统一	• 企业经营框架中的每一元素间的契合度如何 • 管理者和计划人员是否讨论过业务元素的整合 • 员工是否学会协调个人行动与部门目标、企业战略和企业目标之间的一致性 • 在决定放弃旧流程或采用新流程时，依据是该流程与企业战略的契合程度吗 • 企业日常运营活动的重点与战略的一致性如何	

（二）组织分析的其他方法

组织层面的培训与开发需求分析常用方法还有四要素框架法和7-S模型法。

1. 四要素框架法

四要素框架法是在对组织目标、组织资源、组织氛围和组织环境这四个要素进行分析研究的基础上，聚焦在下列有关培训与开发需求的提问。

（1）在企业目标中，是否有不够具体的目标需要转化为培训与开发需求的任务？

（2）企业各个阶层的人员对培训与开发的目标都有承诺吗？

（3）企业中各阶层人员或部门从需求分析这一起始阶段就参与了培训与开发目标设定和项目设计吗？

（4）企业的管理者是否接受培训后员工行为的改变，并身体力行成为期望行为的楷模？

（5）接受培训的人员是否会因为在工作中使用学到的技能或行为而得到奖励？

（6）培训与开发是否被用来解决那些应该用其他方法解决的管理问题？

（7）企业高层管理者是否承诺在员工参加培训与开发项目时，会采取相应措施以保证该员工的工作不会被被中断？

2. 7-S 模型法

麦肯锡公司开发的 7-S 模型（见图 2-7）是著名的组织诊断工具，该模型由 7 个独立而又彼此相关的要素组成：共同价值观（Shared Value）、战略（Strategy）、组织架构（Structure）、系统（System）、管理风格（Style）、员工（Staff）和技能（Skill）。培训与开发需求分析可以借助该模型为分析框架，对每个因素进行差距分析，并注重 7 个因素的联系，在系统性的基础上发现真正的需求。

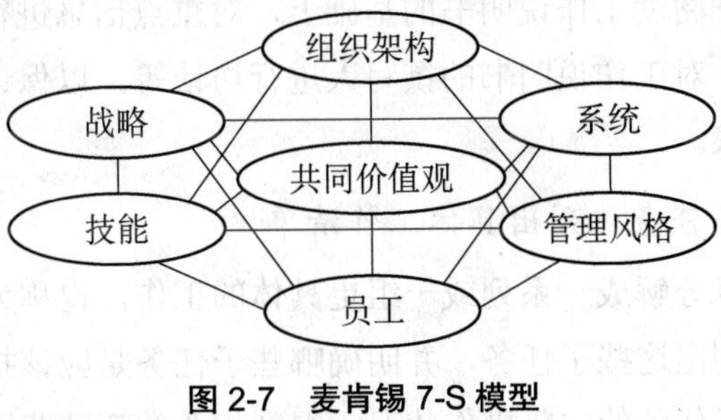

图 2-7　麦肯锡 7-S 模型

二、以任务为重心的培训与开发需求分析

以组织为重心的分析从组织目标和战略的视野解决了培训与开发出发点（方向）和归宿（目标）问题，接下来要解决的是要“做什么”的问题，即培训与开发需求分析进入以任务为重心的阶段。

（一）任务分析概述

以任务为重心的培训与开发需求分析简称任务分析，也称工作分析，是指系统收集关于某项工作或某类工作信息的方法，确定承担该项工作的人员完成期望工作所需要学习的知识、技术和能力。任务分析得到的信息通常包括工作绩效标准、完成工作所需要的方法、实施工作方法需要的相应知识、技术和能力，以及其他有助于完成工作的相关因素。这些信息揭示了员工工作的现状、存在的问题和问题的根源，以及能否通过培训与开发干预来解决这些问题。

（二）任务分析的方法和步骤

任务分析虽然方法很多，但着眼点各不相同，如工作说明书、绩效标准、高绩效因素、工作综述、任务陈述等，且每种方法都已经成熟，有共同的分析逻辑，归纳起来都遵循下列5个步骤。

步骤1　查阅工作说明书

组织由配备了人员的工作职位构成，每一职位的职责以及职位的任职人的特征和资格都有相应的规定或描述，这些规定或描述构成了工作说明书的内容。工作说明书包含的具体信息有工作任务、行为要求、工作辅助工具、绩效标准、工作环境，以及对任职人知识、技术和能力的要求。

大多数组织的每一个职位都有现成的工作说明书并保持定期更新，因此培训与开发管理者可以很方便地获取和查阅这些工作说明书，得到对培训与开发需求分析有用的信息。但是实践证明，一般的工作说明书中提供的信息很难满足培训专业性的要求，这就要求培训管理者在详细阅读工作说明书的基础上，对重点信息进行深入研究，如对实际的现场操作进行观察，对工作说明书的撰写人进行访谈等，以保证获得的信息能够符合培训与开发的专业要求。

步骤2　分解工作任务，列出具体工作清单

一项工作通常可以分解成一系列或一组更具体的工作，也称为子任务。在进行培训与开发需求分析时，列出这些子任务，并明确哪些子任务是应该执行的以及应该执行到何种程度；同时了解子任务的实际操作状况，得到相关的变动范围。只有在了解这些信息的基础上，培训与开发管理者才能确定哪些操作存在差距，需要通过培训与开发干预来改进，以及在培训与开发干预结束后应该达到的操作水平。

在分解工作任务、列出子任务的方法中，“工作—职责—任务”分析法（见表2-16）最为实用。该方法包括确认职位名称、工作职责以及完成每一项任务所需具备的知识、技术和能力。

表2-16 “工作—职责—任务”分析法

职位名称：人力资源培训与开发专员　　　　　　　　　　　　　　　　　　具体职责：任务分析

工 作 任 务	子 任 务	所需知识和技能
列出此项工作的任务	观察行为	·能够列出行为的四种特征 ·能够将行为加以分类
	选择动词	·具备关于行为动词的知识
		·符合语法规范
列出此项工作的任务	记录行为	·能够用通俗易懂的语言叙述行为 ·能够有条理地进行记录
列出子任务	观察行为	·能够列出除典型行为外所有其他行为 ·能够将行为加以分类
	选择动词	·能够正确地对行为加以描述 ·符合语法规范
	记录行为	·有条理、通俗易懂
列出所需知识	说明哪些是必须了解的知识 确定技能的复杂程度	·能够对所有的信息进行分类 ·能够确定某项技能是否代表了必须按一定顺序学习的系列行为

资料来源：徐芳. 培训与开发理论及技术. 上海：复旦大学出版社，2010.

步骤3　分析工作任务所需的知识、技术、能力和其他要素

员工必须具备专门的知识、技术和能力才可能胜任并完成本职工作，因此培训与开发管理者需要分析和界定每一项工作必须具备的知识、技术和能力等胜任力要素（见表2-17），并且确定通过培训与开发干预使该职位员工的这些胜任力要素得到提升。通过经验学习的能力是绝大多数员工都必须具备的，因此，培训与开发活动需要在尽可能大的范围内提供相应的培训或开发项目，但是像律师任职资格所需的特殊知识，必须参加专门的培训和认证机构提供的项目；高层管理者的媒体沟通技巧，就必须借助专业行为教练的辅导。

表2-17　知识、技术、能力和其他要素的定义

KSA要素	定　义
知识	对成功完成某项任务所需信息的掌握和了解，这些信息通常是陈述性的或结构性的
技术	个人在某项作业上的熟练程度或胜任力水平。胜任力水平通常可以用量化性的形式表达
能力	个人在执行任务之初就拥有的更一般化、更持久的特质或能力，如完成某项体力活动或脑力活动的能力
其他要素	包括人格、兴趣爱好和态度

步骤4　界定哪些任务以及相应的知识、技术和能力可以通过培训与开发获得提升

由审阅工作说明书得到工作任务及子任务清单，再经分析得到完成任务所必备的知识、技术和能力等要素，培训管理者获得了有待“加工的对象”，但这样的加工对象可能会数量众多、内容庞杂，容易使培训与开发需求分析陷入混乱。因此，培训管理者需要对完成任务必备的知识、技术和能力，哪些是通过培训与开发能够获得或提高的做出分析和界定，对不能通过培训与开发干预解决的任务及其所需要的知识、技术、能力和其他要素，建议采用其他人力资源管理方式来解决。

在界定哪些任务适合培训与开发干预时，需要通过给任务评定等级，按照得分高低来决定取舍。评定等级的考察关键维度有：①任务的重要性；②时间成本；③工作所需KSA获得的难易程度。如果一项任务具有战略价值，完成任务时间短，需要的KSA容易学习，该项任务的等级就会相应很高。在界定哪些知识、技术和能力可以通过培训与开发获得提升时，也可以采用上述等级评定的方法，考察的关键维度为：①重要性；②学习的难易程度；③在工作中获得的机会。如果某项技巧很通用，学起来很容易，在工作中随时可以获得，那这项技巧的获得和提高就不需要培训与开发的干预。

步骤5　确定培训与开发需求的优先级顺序

本步骤可以运用本章第二节中介绍的确定培训与开发需求优先顺序的方法，对步骤4界定出的需要通过培训与开发得到或提高的知识、技术和能力需求清单分出轻重缓急，列出其优先顺序。在此基础上，进一步考虑培训与开发部门可以利用的资源，如培训设备、场地、培训材料、差旅费、外部供应商、咨询费用等，对知识、技术和能力培训与开发需求优先级很高的项目，即使在资源缺乏的条件下，也要想方设法组织实施；对知识、技术和能力培训与开发需求排序靠后的项目，在现有的资源条件下，量力而行。这样才能保证培训与开发需求的优先级对培训与开发项目的设计和实施而言不仅准确可靠，而且切实可行。

三、以人员重心的培训与开发需求分析

以人员为重心的培训与开发需求分析又称人员分析，需要解决的问题是将培训需求落实到员工个人。通常采用的需求分析方法有两大类型：绩效差距分析法和360度反馈法。

（一）绩效差距分析法

进行人员分析时，绩效差距分析法是最基础实用，也是最容易实施的方法。企业常规绩效评估资料为绩效差距分析提供了可靠的信息。基于绩效评估的人员分析模型（见图2-8）遵循下列步骤：①查阅员工绩效评估资料；②确认员工行为、特质与期望绩效标准之间的差距；③确认差距根源，结合组织分析、任务分析和个人分析进行综合分析；④选择恰当的干预措施消除差距。

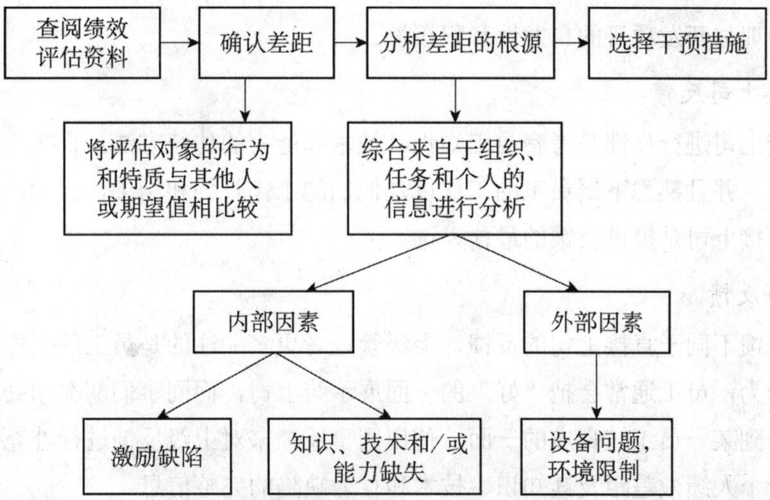

图 2-8　基于绩效评估的人员分析模型

需要引起注意的是，在使用上述绩效差距分析模型时存在着一定的风险，企业在绩效管理过程中可能由于目标设定、评估技术和工具、管理者评估技能等因素造成绩效评估资料的不准确，因此，为避免这一缺陷，应尽可能采用其他方法作为补充，360 度反馈法就是其中的方法之一。

（二）360 度反馈法

360 度反馈的信息提供者（见图 2-9）包括员工自己、直接上司、下属、同事，有时还包括客户和业务合作者。由于观察的角度不同，他们的反馈会形成关于知识、技术、技能和行为的全方位的评价和建议。

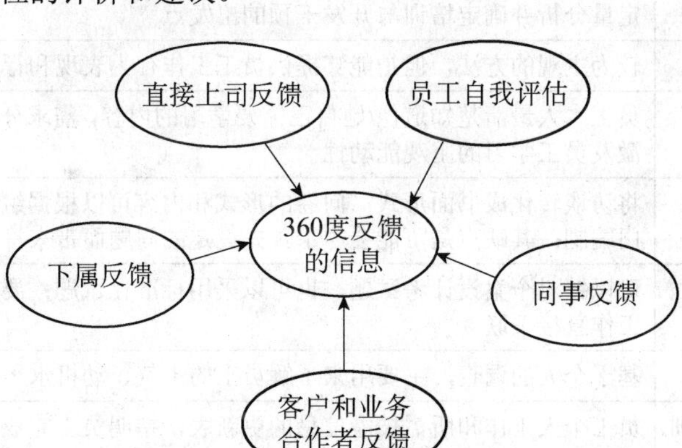

图 2-9　360 度反馈信息来源

1. 员工自我评估

自我评估给员工一个思考自己绩效差距的机会，并引发员工就有关阻碍高绩效形成的原因，如对知识、技术和能力等因素进行反省，找出培训与开发的需求点，同时增强员工参与培训与开发项目的自发性和积极性。

2. 直接上司反馈

由直接上司进行反馈是考察员工知识、技术和能力的传统方法。直接主管是观察员工最多的人，并且熟悉下属员工的工作以及他们的工作行为和结果，因此，在绝大多数情况下，直接上司是提供反馈的最佳人选。

3. 同事反馈

同事反馈不同于直接上司的反馈，上级管理者更多关注的是员工的工作绩效及其直接相关的行为，员工通常会把“好”的一面展示给上司，而同事们朝夕相处，以现实的眼光能够看到某一员工较真实的一面。使用同事反馈来对上级反馈进行补充，可以有助于形成关于个人绩效差距及其知识、技术和行为缺陷的完整信息。

4. 下属反馈

在评估经理人员时，员工是非常有资格发言的，因为他们经常与其上司接触，并能够站在一个独特的角度观察上司许多与工作有关的行为。因此，下属非常合适去评价其上司在某些方面的工作表现，如口头表达能力、团队协调能力等。

除了上述两种主要方法，培训与开发管理者在人员分析时所用的技术及资料，还有调查问卷、访谈记录、关键事件等，如表2-18所示。

表2-18　人员分析技术和信息来源

技术和信息	对培训与开发的启示
绩效评估数据	揭示了绩效方面存在的问题且亟须改进之处，指出员工的强项和弱项，易于定量分析并确定培训与开发干预的出发点
现场工作观察	较为主观的方法，但是能够提供员工工作行为表现和行为结果两方面的信息
访谈	员工本人最清楚知道他/她自己需要学习的内容，需求分析中员工的参与将会激发员工学习的主观能动性
调查问卷	将访谈转化成书面形式；问卷的形式和内容可以根据组织的具体情况进行专门编制；其缺点是可能会由于预先设定的问题而带来答案的倾向性
考试	可以针对个案设计考试题，也可以采用标准化试题；要确保所测试的内容与工作直接关联
态度调查	基于个人的调查，主要用来了解员工的士气、动机水平和工作满意度
工作技能清单及培训进度表	员工个人工作和所需技能信息的更新表，指明员工完成工作任务所需技能及其培训进展情况
测评量表	确保评定的相关性、可信性和客观性
关键事件	观察到使工作成功或失败的行为表现
工作日志	员工对自己工作的详细记录
情景模拟	相关知识、技能和态度会在特定的场景中表现出来

续表

技术和信息	对培训与开发的启示
诊断量表	对诊断量表中的要素逐项测评和分析
评价中心	整合多项技术形成一个综合性评价方案
辅导	类似于一对一的访谈
目标管理或述职系统	由组织发起和个人参与的常规性绩效反馈机制，参照员工的绩效目标，获取员工绩效提升和绩效偏差的信息并对其进行分析，这一机制确保了员工个人能力的发挥和组织整体目标的实现

第四节　培训与开发需求分析报告

培训与开发需求分析报告既是对数据收集、分析和得出结论的总结，为培训与开发的规划、项目设计、项目实施和效果评估提供依据，也是向管理层提出培训与开发建议、在组织内沟通培训与开发活动和获得资源的必要文件资料。

培训与开发需求分析报告没有固定的形式，但必须包含一定的项目和核心内容（见表 2-19）。

表2-19　培训与开发需求分析报告的结构和核心内容

项　　目	核 心 内 容	描　　述
一般信息	背景信息	通过对企业短期绩效提升派生的培训需求和长期发展潜在的开发需求分析，为培训与开发需求项目确定方向、目标和标准，有效地发挥培训与开发干预活动的战略性支持作用
	分析目的	• 培训成果与绩效差距的连接 • 培训目标的制定 • 培训项目设计及实施的依据 • 培训项目效果评估的基础
分析方法	技术模型	四个阶段："预备—瞄准—射击—报靶"
	数据收集	八种信息收集方法
	实施流程	• 组织分析：战略和绩效差距确认 • 工作分析：完成工作所需知识、技术、能力和行为标准的界定 • 人员分析：实际知识、技术、能力和行为与职位标准差距界定
分析结果	总体结论	决定是采用培训与开发干预还是其他管理手段解决绩效差距问题
	结论 1：培训项目	提升个人当前技能和绩效： • 专业技术类培训 • 通用技能类培训 • 强制性培训

续表

项　　目	核心内容	描　　述
分析结果	结论2：开发项目	开发个人未来专业能力： ·工作轮换 ·领导力开发 ·小组行动学习
	结论3：组织发展干预	促进组织变革： ·企业文化建设 ·员工敬业度调查 ·六西格玛
项目建议	项目设计	·课程设计要素：大纲、资源、考核时间表 ·项目实施方式：常用方法及选择标准 ·项目效果评估：项目进行中评估和项目完成后评估计划
	项目成本预算	项目成本分类及汇总
附录	补充资料	原始资料及相关图表，如调查问卷、访谈记录、绩效档案、行业标准、技术模型等

案例学习

销售人员培训需求分析报告

某外资保险公司在2017年年末对一线销售人员采用问卷调查法进行培训需求分析，发放给所有销售人员调查问卷1 072份，收回有效问卷982份。经过对这些答卷的统计和分析，形成了下述培训需求分析报告，作为2018年开展销售培训计划、实施和评估的依据。

一、背景信息

1. 销售人员的工作经验

公司现有的1 072名销售人员中，从来没有从事过保险销售的人员有457人，占销售总人数的42.6%。这一数据说明了自中国保险行业对外资开放后，由于大批外资保险企业的进入，造成对保险销售人员的需求量加大，而劳动力市场的现有存量不能满足这一需求。相当一部分没有保险销售背景的人员被招募进企业，带来普遍的销售行为不够专业的问题，导致老顾客投诉率上升甚至退保，而新客户开发成功率也远低于行业平均值。

对这些没有从事过保险销售的销售人员，公司应提供保险基础知识、有别于工业品和快速消费品的保险销售的技巧，制订培训后行动计划，促进培训成果加速转化成销售行为，从而提高销售业绩。

2. 销售人员的学历

982份有效调查答卷显示了目前公司销售人员的学历情况，如表2-20所示。

表2-20　公司销售人员的学历

学历 / 人数及所占比率	博士	硕士	本科	大专	职高	高中	初中	其他
人数	0	9	68	179	365	253	97	11
所占比率/%	0	0.9	6.9	18.2	37.2	25.8	9.9	1.1

由此可以看出，一线销售人员的学历主要集中在职高和高中两个层次，占总销售人数的 63%，面对这样低的学历水平，有必要进行系统的培训，提高他们的知识水平和销售技能。

3. 销售人员的职位分布

982 名一线销售人员如果按职位分类，其统计如表 2-21 所示。

表2-21　销售人员职位分布

职级 / 人数及所占比率	总监级	经理级	客户主任级	客户代表级
人数	23	132	256	571
所占比率/%	2.3	13.4	26.1	58.1

根据表中的职级分布，可以将销售人员划分为两大类：管理人员（总监+经理）和直接面对客户的销售人员（客户主任+客户代表），对两类人员的培训应有所区别。

二、分析方法

采用问卷调查方法。调查问卷的编制完全采用集团公司的标准模板，内容根据国内的实际情形组织和编排。

三、分析结果

在有关销售技巧培训的需求问题中，有 7 个比较突出的问题，如表 2-22 所示（按所占比率的大小排列）。

表2-22　销售技巧培训的需求

培训需求 / 人数及所占比率	如何促成客户签单	如何发现潜在客户	如何消除客户异议	如何接近客户	如何维护客户关系	如何介绍产品/服务	如何与客户沟通
人数	670	649	572	390	375	275	219
所占比率/%	68.2	66.1	58.2	39.7	38.2	28.0	22.3

四、结论和建议

1. 需求分析结论

根据本次需求分析，可以得出下列结论。

（1）一线销售人员学历普遍较低，需要补习相关基础知识。

（2）有42.6%的销售人员来自非保险行业，应对其进行保险行业基础知识的培训。

（3）36%的销售人员还在试用期内，应加强新员工的入职引导。

（4）有 43%的销售人员对完成销售指标没有信心，需要加强对管理者进行管理技能如目标设定、沟通和激励等技巧的培训。

（5）有 46%的销售人员认为公司的营运活动没有以客户和销售为中心，需要在公司战略和文化上进行变革。

2. 培训项目建议

（1）培训项目/课程建议。

根据上述调查、分析和结论，对一线销售人员的培训建议如下。

① 按照技能和态度进行两个类别的销售培训。

② 按照职级分两批分别进行管理技能（管理人员）和基础销售行为（一线销售人员）的培训。

具体培训项目/课程内容如表 2-23 所示。

表2-23　培训项目/课程内容

培训项目/课程名称	培训主要内容	参 加 对 象
销售的“临门一脚”	捕捉客户购买信号，及时获取保单	客户主任和客户代表
发现客户从身边开始	寻找和锁定目标客户的方法	客户主任和客户代表
如何消除客户异议	接受客户异议，发现异议背后的原因	客户主任和客户代表
接近客户的九大途径	用不同的方法接近不同的客户	客户主任和客户代表
产品/服务基础知识	以客户为中心的产品和服务价值介绍	客户主任和客户代表
卓越客户服务	用服务赢得客户的尊重和忠诚	所有销售人员
销售目标管理	目标设定的基本原则和测量方法	总监和经理
团队领导技能	领导、激励、人际关系等	总监和经理

（2）培训项目/课程费用预算（略）。

五、附件

培训需求分析调查问卷（略）。

第三章

基于学习的培训与开发对象分类及对策

学习目标：

◆ 了解培训与开发的绩效范式和学习范式

◆ 了解人口学意义上的培训与开发对象

◆ 掌握企业中培训与开发对象的分类模型

◆ 理解并掌握培训与开发对象的分类方法、类别定义及相关人员

◆ 了解普通基础教育和继续职业教育的概念

◆ 了解通用培训与专门培训的区别

◆ 熟练运用领导力开发和通用技能培训对策

在第二章中，培训与开发需求分析以提升企业绩效为出发点和归属，强调培训与开发活动必须满足企业的经济性目标，是典型的绩效范式，但是现代企业不再仅仅是一个经济组织，员工更不是单纯的经济人，员工和组织之间的契约关系必然要求现代企业满足员工自身职业化和专业化发展的需求。因此，企业的培训与开发在强调提升组织绩效的同时，还必须兼顾员工职业发展的需求，在培训与开发活动中做到绩效范式（组织）和学习范式（个人）的平衡（见表 3-1）。本章将从学习范式的视角出发，分析不同类型的人员对提高职业化和专业化知识及技术的需求，并在此基础上提供相应的培训与开发对策。

表3-1 学习范式与绩效范式

项目	学习范式			绩效范式	
	个人学习	以个人绩效为基础的学习	整个系统的学习	个人绩效的提高	整个系统绩效的提高
目的	提高个人的学习	提高个人绩效	通过学习提高多层次的绩效	提高个人绩效	提高组织的绩效
方法	个人的学习	·个人的学习 ·有组织的系统支持个人的学习	·个人、团队和组织的学习 ·有组织的系统支持多层次的学习	· 非学习化的个人绩效系统方法 ·针对性学习	·非学习化的层次绩效系统方法 ·针对性地多层次学习

第一节 培训与开发对象分类概述

一、从人口学的视角认识人力资源

根据人口学理论，可以将人口资源细分为劳动力资源、人力资源、人才资源和天才资源，这种划分和包含关系可以用图 3-1 来表示。

图 3-1 人口资源的划分和包含关系

资料来源：葛玉辉. 人力资源管理. 北京：清华大学出版社，2006.

人口资源是指一个国家或地区所拥有的人口总量，主要表现为人口的数量。人口资源的组成及定义如表 3-2 所示。

表3-2 人口资源的组成及定义

组成部分	定 义
劳动力资源	一个国家或地区具有的劳动力人口的总称，是人口资源中拥有劳动能力的那一部分人
人力资源	劳动力资源中具有对价值创造发挥贡献作用并且能够被组织利用的体力和脑力人口资源的总和
人才资源	具有较多科学知识、较强劳动技能，在价值创造过程中起关键或重要作用的那部分人
天才资源	在某一领域具有特殊才华的人，他们在自己的领域具有十分独特的创造发明能力，能在这一领域起领先作用，并具有攀登顶峰的能力

二、社会和企业对人口资源开发的角色定位

上述人口学划分及定义对人口资源开发角色的定位具有指导作用。现代社会提倡人的终身学习，在人的一生中，学习过程离不开他/她所生存和发展的环境——社会和组织。在人的不同年龄、智力和能力阶段，社会和组织在其学习活动的参与和学习结果的受益方面扮演着相应的角色。表 3-3 说明了人口资源开发中社会和企业的主体角色。

表3-3 人口资源开发的角色和直接受益者

人口资源组成部分	开发的主体	
	社会 （家庭、幼儿园、小学、中学、普通高校、老年大学）	组织 （企业、政府、培训机构）
劳动力资源	√	√
人力资源		√
人才资源		√
天才资源		√

因此，组织在一国人口资源的开发活动中主要承担着对人力资源、人才资源和天才资源的开发，同时与社会共同承担对劳动力资源的开发。企业培训与开发对象的界定正是建立在这一假设基础上，所有培训与开发活动都必须围绕着这些对象的学习需求，并做到“因材施教”。

第二节 培训与开发对象分类方法

一、传统分类方法的缺陷

对培训与开发对象进行分类的意义在于通过分类对不同类型的人员采取不同的培训与开发策略，使企业的培训与开发工作更有针对性，满足员工的个性化学习需求。通过查看企业培训与开发体系，很容易发现培训与发展对象的分类方法。比较常见的是按照员工在企业的职级进行划分（见图3-2），这也是大部分企业所采用的传统分类方法。

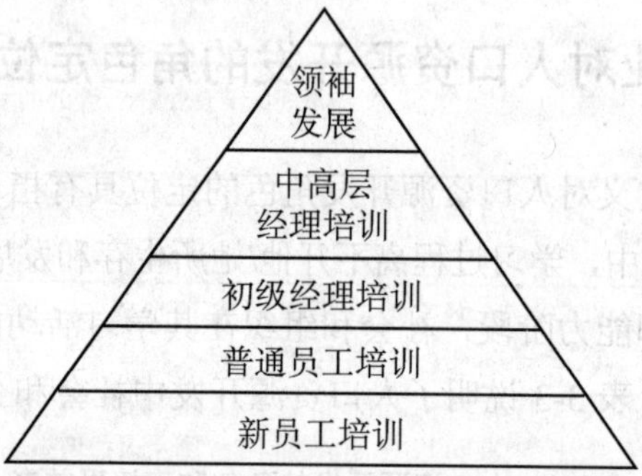

图3-2 传统的培训与开发对象的分类方法

这一传统分类方法的最根本缺陷表现在其赖以生存的传统狭长型组织结构已经不复存在，取而代之的现代组织结构更趋于扁平化，企业的职级日趋减少，职级的概念不断被弱化，更多强调的是成员的战略功能。这种趋势对培训与开发活动的影响体现在两方面。

1. 企业方面

培训与开发的目标是为了帮助员工更有效地将企业经营战略执行落地，实现公司的经营目标，而不是为了职务的提升。

2. 员工方面

特别是对于知识型员工，由于组织扁平化所带来企业内晋升机会的减少，员工在职业生涯中越来越减少对企业的依赖，而更多地忠诚于自己的专业。

综合两方面的影响，企业在对培训与开发的对象进行分类时，必须考虑从单一维度（传统的职级）转变成两个维度（企业战略和员工专业）。

二、战略功能—专业水平分类模型

如果综合人口学、企业战略和员工专业水平三方面的因素，企业培训与开发的对象可以形成一个全新而适用的模型，简称战略功能—专业水平分类模型（见图 3-3）。

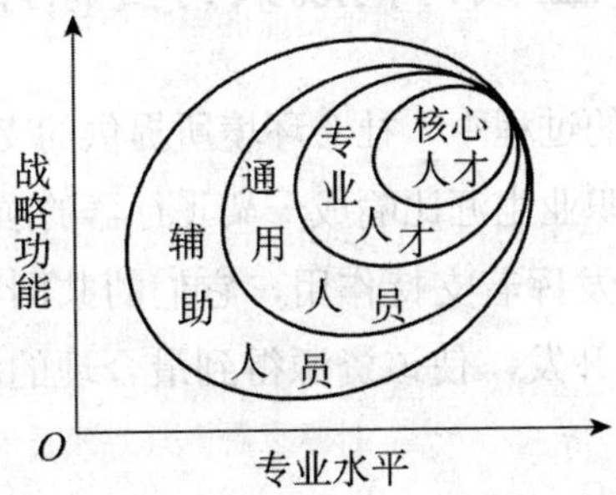

图 3-3　战略功能—专业水平分类模型

通过该模型对企业人力资源进行分类，可以将企业中的员工分为四种类型，按战略功能—专业水平由高到低的顺序排列依次为：核心人才、专业人才、通用人才和辅助人才。每一类人才的定义及包含的主要人员如表 3-4 所示。

表3-4　培训与开发对象的分类、定义及相关人员

分　类	定　义	企业中的相关人员
核心人才	企业中具有战略规划能力和相关领域最高专业水平的人员，属于人口资源中的“天才”资源	•现任高层管理人员 •未来高层管理人员（高潜力的高管候选人） •公司科学家和高级技术专家
专业人才	企业中具有企业战略分解、制订业务计划能力并能组织实施的专业人员，在某一特定领域具有突出的专业水平，属于人口学中的“人才”资源	•专业团队领导者 •专门职能部门负责人 •项目经理 •技术专家（市场营销、研发、生产、财务、人力资源、物流等）
通用人才	企业业务计划的执行者，具有相关领域的平均专业水平，属于人口学中的“人力”资源	•一线（业务）执行人员： 销售代表、客户服务代表、物流运输协调人员、财务协调人员等 •后台（参谋）支持人员： 人力资源专员、秘书和助理、前台接待员、公共关系专员、设备维修人员等
辅助人才	企业内或企业外从事辅助工作的人员，具有基本的劳动技能，属于人口学中的“劳动力”资源	•操作工人 •保洁人员 •保安人员 •其他劳务派遣人员

第三节　不同对象的培训与开发对策

一、基础教育和职业教育构成人力资源开发的“两翼”

在保证和促进个体学习的过程中，社会环境所提供的支持可以分为两大类：基础教育和职业教育，如果把人的职业生涯比喻成一架飞行器的航程，那么两种教育就像飞行器的两翼，对人的终身学习发挥着支持作用，它们的共同目标都是为了对人作为一种资源进行有目的的、系统的开发，使该资源得到最合理的利用，发挥最大的效用（见图 3-4）。

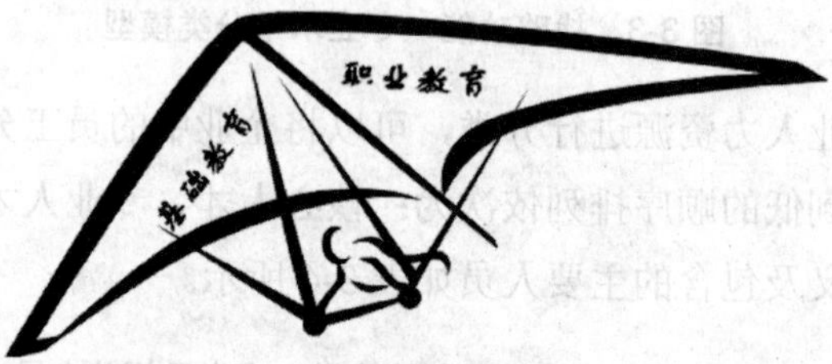

图 3-4　基础教育和职业教育构成终生学习的“两翼”

但是，作为教育的不同领域，在理论、方法和技术等方面，普通基础教育和继续职业教育也存在显著的差异（见表 3-5），从事培训与开发的专业人员只有清醒地认识到两种教育的不同点，才能深刻理解培训与开发作为职业教育最重要的手段，有其特有的规律，如教育对象、目的、内容和形式等，在培训与开发实务中把握正确的方向，使用合理的策略，发挥职业教育在人力资源开发中应有的作用。

表3-5　职业教育与基础教育的区别

区别点	职 业 教 育	基 础 教 育
宗旨	与工作相关的特定知识、技术和态度的改善	在各个领域丰富、提升或更新个人的知识
目的	较强的功利性，强调经济的投入和产出	非经济性，强调社会效益
目标	提高工作绩效，改善职业态度，融入团队，避免事故，完成转岗	综合与复合的社会标准
中心	以学员为中心	以教师为中心
情景	特定或非正式的学习情景	正式的结构化情景
内容	知识、技能、态度并重，尤以技能传授为主	以传授系统化知识为主
时间	无固定学制，阶段性学习，时间较短	有固定学制，周期较长，时间连续
形式	无定式，多元形式	程式化的课堂教学

续表

区别点	职 业 教 育	基 础 教 育
方法	方法多样、注重体验，强调参与和互动	讲授为主，辅之以实验等，学生参与少
重点	怎么做	是什么、为什么

资料来源：唐建光，刘怀忠. 企业培训师教程. 北京：北京大学出版社，2008.

二、通用培训和专门培训

企业所提供的在职培训有两种基本类型：通用培训和专门培训（见表 3-6）。

表3-6　通用培训和专门培训的经济性比较

培训类型	对企业的经济性	举　　例
通用培训	培训与开发所获得的技能对多个企业同样有用，具有外部经济性	• 一般管理类：听、说、写的技巧，项目管理等 • 职业技能资格类：工程师、会计师等
专门培训	培训与开发所获得的技能只能对提供培训的组织有用，不具有外部经济性	• 企业文化类：新员工培训，产品知识 • 企业经营哲学和战略开发类：领导力开发 • 特种职业类：宇航员培训，导弹发射员培训等

理论上讲，给员工提供专门培训对企业的经济性最有利，而提供适用性很强的通用培训却存在“为他人做嫁衣”的可能，通用类培训任务应该交给各类技术学院（校）完成。但现实情况是职业技术教育制度的不完善或课程设计的不合理造成了员工在进入企业前，并不能得到良好的通用技能类培训，是否提供通用培训成为企业的两难选择，这是所有企业都面临的难题。但是，从企业自身经济利益和员工职业生涯发展来看，企业应在正确认识这一客观事实的基础上，暂时搁置“为他人做嫁衣”的想法，尽可能为员工提供完成工作所急需的通用技能类培训，一方面通过开发员工技能提升企业绩效，另一方面也可以体现企业的社会公民责任，增加企业在人力资源市场的吸引力乃至赢得员工的敬业度。

三、不同对象的培训与开发对策

在对培训与开发对象清晰分类的基础上，针对不同类型的人员的战略功能和专业水平要求，相应的培训对策就应运而生（见图 3-5）。如对于企业的核心人才，他们是未来的领导人，需要全方位为他们制定个性化的开发方案，采用的对策以 360 度反馈和高管辅导为主。

以培训与开发对象的分类和针对性对策为基础，企业就可以构建培训与开发体系或框架，用来指导培训与开发的具体实践。如图3-6所示金字塔，可成为企业构建培训与开发体系框架的范例。

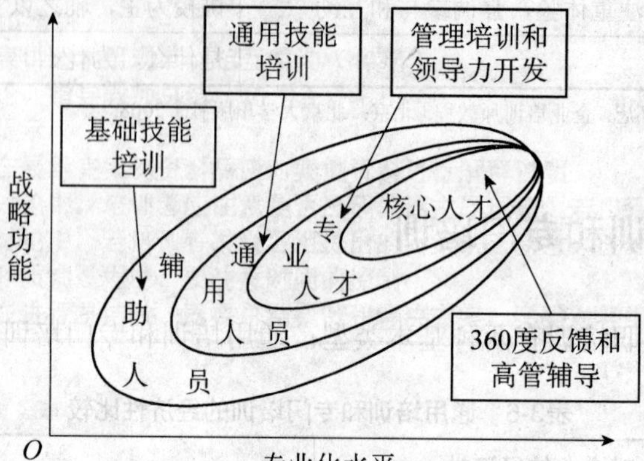

图3-5　针对不同对象的培训对策

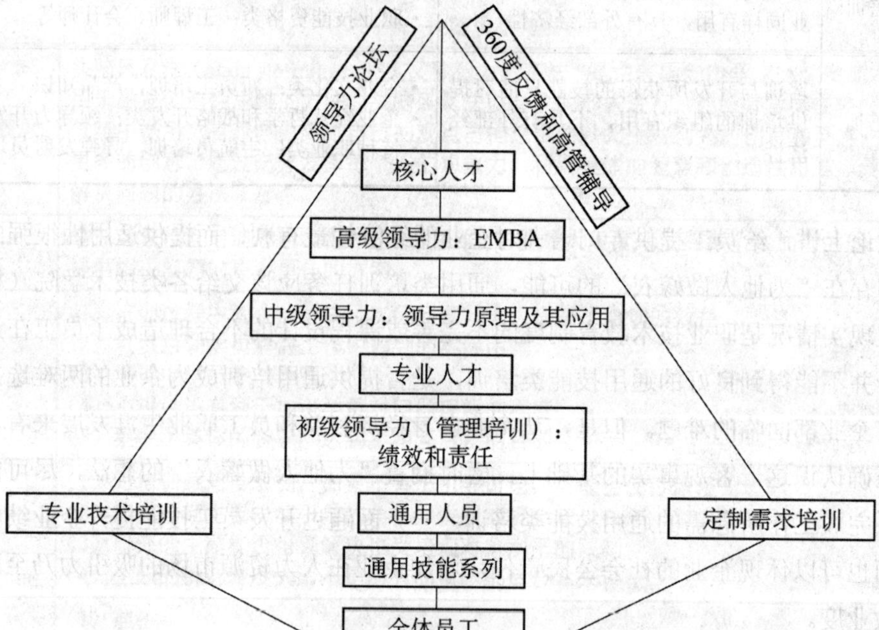

图3-6　基于战略功能—专业水平的培训与开发体系

（一）领导力开发

1. 领导力开发的结构化模式

领导学大师约翰·阿代尔指出："任何寻求开发领导者的组织，应该思考而且要从战略上思考'有效领导力开发的基本框架'。企业要永续经营，关键是要在团队、运营、战略三个层次上都有卓越的领导。团队的、业务的、战略的领导者要结成组织的领导团队，一起协调地合作。”这一原理对构建和实施领导力开发计划具有现实的指导意义，可以在三个层次上为企业培养胜任的领导团队，并提供相应平台实现领导团队的社会化。表3-7显示了结构化领导力开发的模型。

表3-7 结构化领导力开发模型

培训与开发对象	培训与开发项目	内容描述
专业人才	初级领导力	•责任心：角色的转变，成为公司的代理人 •绩效观：个人—团队—组织绩效观的转变 •管理技能：计划、沟通、激励、决策等
	中级领导力	•领导力原理：领导—管理—执行 •企业运营机制：模式和诊断 •战略理解和运营计划
核心人才	高级领导力	•高管开发项目（EMBA）：内部或外部360度反馈 •教练项目：外部专业教练行动学习小组

2. 领导力开发的方法

领导学大师沃伦·本尼斯在对全球350多家企业的领导力开发问题进行了研究后，在《领导力开发指南》的开篇中列出了领导力开发计划所共有的一些关键内容，这些内容是每个组织成功实施领导力开发的重要“原料”（见表3-8）。

表3-8 领导力开发计划共有的一些关键内容（按影响力大小排序）

序号	关键内容	序号	关键内容
1	行动学习	8	正式的导师制
2	跨职能的岗位轮换	9	非正式的导师制
3	360度反馈	10	企业内部的案例研究
4	接触高层管理者	11	高级管理人员工商管理硕士（EMBA）
5	外部辅导	12	快速晋升
6	全球范围岗位轮换	13	讨论会
7	参与企业的战略会议		

3. 领导力开发应用

1）初级领导力开发（管理培训）

绩效和责任是领导力的基石。绩效是公司生存和发展的理由，因此，每位领导作为公司的代理人，对绩效的理解必须从个人绩效延伸至团队绩效和组织绩效。对责任的理解必须从一般责任延伸至终极责任，也就是说，每位领导不仅要对过程负责，更要对结果负责。绩效和责任是设计初级领导培训项目的出发点。图3-7为初级领导力开发项目的框架举例。

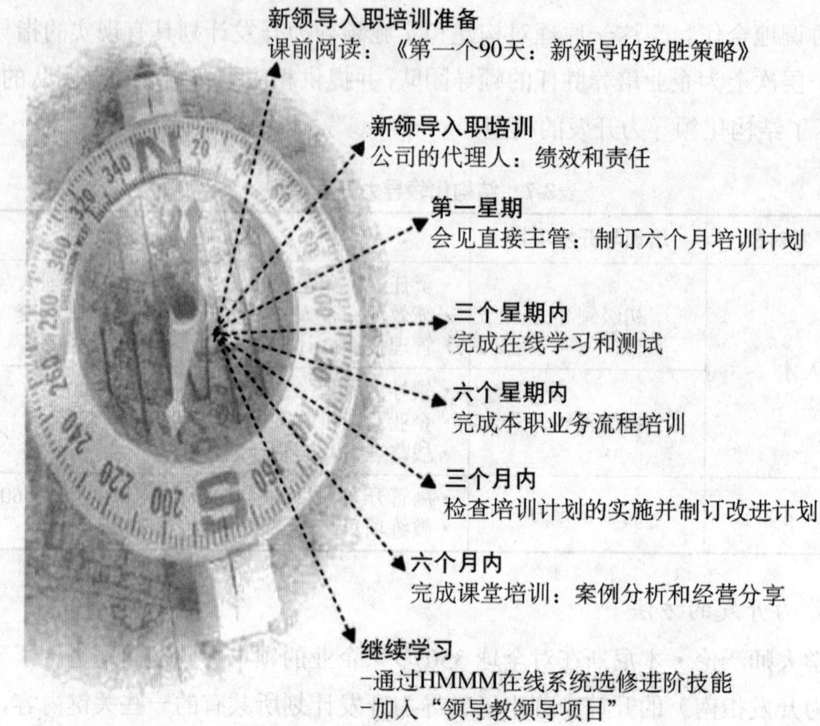

图 3-7　初级领导力开发项目框架

2）中级领导力开发

（1）领导力原理：在理论界和商业教育中，关于管理和领导孰轻孰重的问题至今尚无定论。但对于企业来讲，并不关心管理或领导“是什么”，而更关注“做什么”，并且用成果来衡量“做”得如何（有效性）。因此企业在构建和陈述领导力原理时，应当以“行动为中心，以目标为导向”。例如某公司的领导力原理由三部分组成：用愿景领导人（leading people by vision）；用程序管理事（managing thing by process）；用考核要结果（following results by measurement）。取每个短语的英文字首，简称 L-M-F 模型。

（2）企业运营机制：模式和诊断。领导力的作用对象是企业运营的具体环节中的事和人，离开企业具体的运营环境谈论领导力，无异于纸上谈兵。中级领导力项目旨在培养领导者在业务运营中胜任两种角色：一是“建筑师”，在开发和领导一个全新的业务时，能够构建该业务的框架并使其运作起来；二是“全科医生”，对现有业务全面诊断，找出“病兆”，对症下药，使业务能够良性可持续发展。图 3-8 展示了领导力原理应用于业务运营的模式。

3）高级领导力开发

高级领导力开发是为了培养公司未来的接班人，培训与开发高度上升到商业哲学和企业战略层次。这一层次的培训与开发以商业化高管开发项目（EMBA）占据主导地位，但是，世界上著名的大企业越来越认识到培养未来的领导人的责任不能交给其他人，而

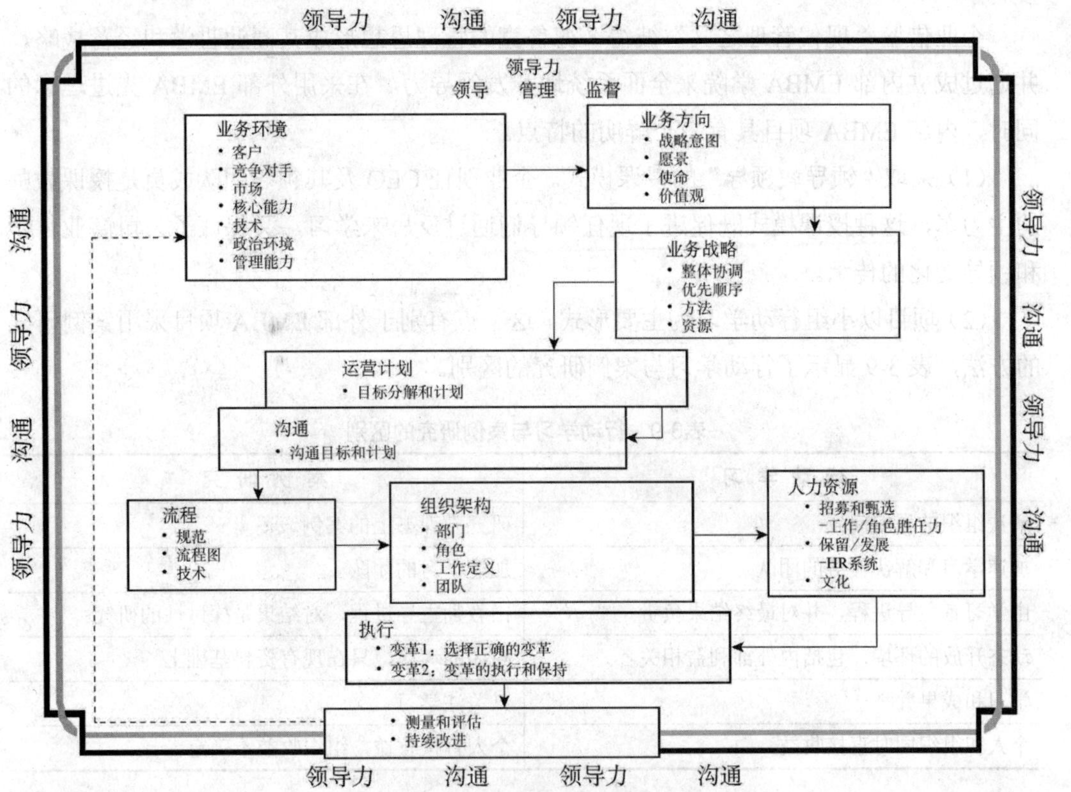

图 3-8　领导力原理在业务运营中的应用模式

应该由企业自己承担，于是纷纷建立起企业自己的领导力学院，通过与外部机构合作开发适合企业文化和发展战略的内部 EMBA 计划，如 3M—德鲁克学院（见图 3-9）。

（1）目的

① 高潜力领导 Mini-EMBA 项目

② 加强 3M 中国业务运营能力

（2）项目简介

① 彼得 · 德鲁克关于管理的观念

② 主题

• 战略思考方法

• 企业家精神和创新

• 兼并和收购

• 变革管理

③ 项目时间：4 个月

• 课堂讲座：4 次，每次 3 天

• 行动学习：3 次

④ 每期学员：18～25 人

图 3-9　3M—德鲁克学院

企业借鉴“现代管理之父”彼得·德鲁克的管理思想形成其商业哲学和经营战略，并通过成立内部EMBA学院来全面系统地开发领导力。在采用外部EMBA先进理念的同时，内部EMBA项目具有三个鲜明的特点。

（1）采取“领导教领导”的授课模式。企业现任CEO及其领导团队成员是授课教师的主力军，这种授课模式既促进了现任领导们通过反思来学习，又保证了公司商业哲学和领导文化的传承。

（2）项目以小组行动学习为主要形式。这一点有别于外部EMBA项目采用案例研究的方法，表3-9显示了行动学习与案例研究的区别。

表3-9　行动学习与案例研究的区别

行动学习	案例研究
解决组织的现实问题	研究教课书上的案例
加速学习和解决任务的团队	加速学习的团队
由学习者主导进程，并对最终结果负责	由教师主导进程，对结果是探讨性的研究
动态开放的环境，包括内外部利益相关者	封闭的环境，只在现有资料基础上
学习和成果并举	只关注学习
个人和组织同时直接收益	个人直接收益，组织收益不确定

（3）新战略的形成。不是采用外部案例，而是研究和解决企业的现实管理问题，新的战略或战术由此诞生。即使不能直接产生新的战略或战术，项目小组从不同的角度对问题的分析也会给管理层拓宽思路，为最终决策提供有益的信息。

4）领导（力）的社会化

针对不同对象的领导力开发还存在最后一个重要环节——如何加强领导（力）的社会化，使操作、运营、战略领导者以及高级技术职能专家之间进行面对面的沟通交流。激发团队精神和归属感，构建领导力学习、分享和借鉴的社会化平台，是组织学习行之有效的手段之一。典型的领导力论坛的议程由6个部分组成（见表3-10）。

表3-10　领导力论坛的主要议程

议　程	内　容
来自CEO的信息	即时沟通企业的业务和战略，使所有领导者面对现实，从更高的层次理解、管理和执行相应层次的业务
公司财务绩效沟通	增强绩效沟通的紧迫感和责任感，使增长战略的执行可以量化和管理
公司人力资源沟通	树立和不断强化人是公司第一资源的理念，每位领导者要面对激烈竞争的人力资源市场，主动承担起人力资源规划、管理和开发的责任
优秀团队领导力分享	构建“社会认同”：激励优秀团队，同时树立标杆供其他团队借鉴 展现“继任者计划”：使优秀团队的领导者的领导力在特定场合得到展现，也是公司领导者、继任者计划的一个重要部分

续表

议　程	内　容
与公司高级管理团队对话	一线管理人员针对公司管理中的任何问题，可以面对面地向高层管理团队提出，得到高层管理团队的回答；同时高层管理团队也可借此倾听来自各地区和各部门的建议
领导者之间的社会化活动	有利于在非正式的轻松氛围下建立良好的社会关系，提高领导者对团队和公司的归属感

（二）员工通用技能培训

普通员工是企业战略执行层面的大军，是企业的宝贵资源，他们的能力高低，决定了企业战略执行能力；普通员工也是企业人才库的重要来源，是企业长远发展的动力保障。一个好的普通员工发展体系能提升企业品牌和员工敬业度，从而提升企业的核心竞争力。

通常企业里普通员工与管理人员的比例为 7∶3，而在员工培训和开发投入比例上，企业通常的做法是将 70%的人力和财力投入到管理人员的培训与开发上，特别是对高潜力的领导人开发的投入。例如，提到管理人员的开发，一定会谈到丰富而“昂贵”的管理和领导力培训；那么占人员总数 70%的普通员工——“芸芸众生”该如何在剩余 30%的资源中求得发展呢？

1. 导入“70-20-10”混合式培养理念

“70-20-10”混合式培养理念最早是于 20 世纪 80 年代末由 Morgan McCall，Robert Eichinger 和 Michael Lombardo 在研究组织能力的时候提出来的，他们认为组织能力和领导力的培养模式是多样化的，不是仅通过常规的培训就可以培养出来的（见表 3-11）。

表3-11　“70-20-10”混合式培养理念

能 力 来 源	所 占 比 例
日常工作	70%
导师、企业教练、上级经理和同事的反馈和影响	20%
常规的课堂学习、研讨会、读书等	10%

该理念一经提出，就得到众多国际著名企业的广泛关注。经过二十多年的实践，证明了这一理念的有效性，该理念已经被称为企业员工发展的一般法则。

该理念尤其适用于普通员工的培训和开发，其最主要的原因是可以帮助企业很好地向普通员工介绍其自身发展的策略，即员工若需要得到成长和发展，应该把 70%的时间和精力放在做好本职工作或者找到适合自己的工作来发展自我，把 20%的时间和精力放在向同事或领域专家学习来发展自我，求助于培训的比例应该是 10%左右。而相应的企业在推行该策略的时候，员工开发的职责是由员工个人、员工的直接上司和人力资源部一起来承担的，即 70%由员工自己和直接上司来承担，20%由员工和导师等辅导人来承担，10%由员工和人力资源部或学习方案提供者来承担。具体而言，员工主要的职责是成为自我职业开发的主人，明确自己的职业发展方向和所需要的技能；直接上司是促进和推动者，帮助员工把握在企业里的职业发展方向，正确引导、辅导员工发展；人力资源部门创造有利于员工开发的学习环境并确保资源得到有效利用。“70-20-10”培训和开发模式可以用图 3-10 来表示。

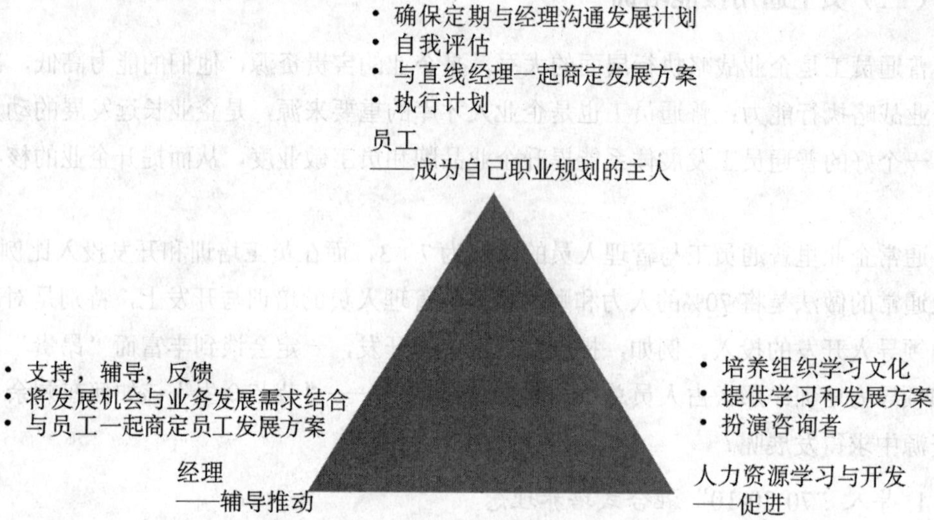

图 3-10 “7-20-10”培训开发模式

因此，导入“70-20-10”混合式培养法则对企业和员工而言，可以避免形成“员工发展就是培训”的误区，正确的解释是：“员工发展涵盖了包括培训在内的很多方式，员工发展是员工、直接上司、人力资源部门共同的事业。”这样，企业的普通员工不仅可以拥有多样化的培养方式，在发展员工的同时又培养了经理辅导下属的能力，做到组织学习，而且人力资源花在普通员工培训上的费用也可以更加有针对性地投入。

2. 实施员工自我职业发展规划（IDP）

员工自我职业生涯规划（individual development plan，IDP），是企业开展普通员工发展工作非常实用的一个工具和模型。企业实施 IDP 的好处是能够让员工自己掌管自己在企业里的职业生涯和发展。具体的做法是设计出一套 IDP，结合公司的胜任力模型和能力提升模型，帮助员工寻找自我绩效、行为和技能的缺陷（Gap），然后结合企业现有的“70-20-10”培养资源选择合适的自我发展方式。IDP 的制定是员工和直接主管一起来完成的，要求以一对一的面谈方式来完成，人力资源学习和发展部门负责监督和提供咨询服务。IDP 通常是年初制定，与员工的绩效管理系统一并执行，实施周期为一年，以确保 IDP 得到切实管理和有效执行。

推动IDP发展的前提是企业已经有很好的职业发展规划方针和学习发展体系，因此，IDP的实施也很好地验证了企业“70-20-10”混合发展模式的有效性。例如在金融危机发生时，大多数企业大幅度削减了人力资源成本，培训与开发支出首当其冲。在这个时期的IDP中，企业应强调和鼓励员工多尝试“70-20-10”培养方式，推出除培训之外的11种培养“菜单”供员工在制定和实施IDP时参考（见表3-12）。

表3-12　培训与开发“菜单”

发展方式	培养“菜单”
“70%”——通过工作任务学习	• 改善本职工作绩效 • 参与项目小组，承担某一专门任务 • 作为自己专业领域内的培训师 • 参与相应的决策流程 • 岗位轮换 • 在论坛上发表演讲
“20%”——通过社会化学习	• 教练辅导 • 改善在团队中的影响力 • 获得同事反馈
“10%”——通过教育和培训学习	• 阅读 • 课堂培训

3. 建立有效的通用员工培训与开发体系

由新员工培训和通用技能培训两大部分构成通用员工技能培训与开发框架（见图3-11）。

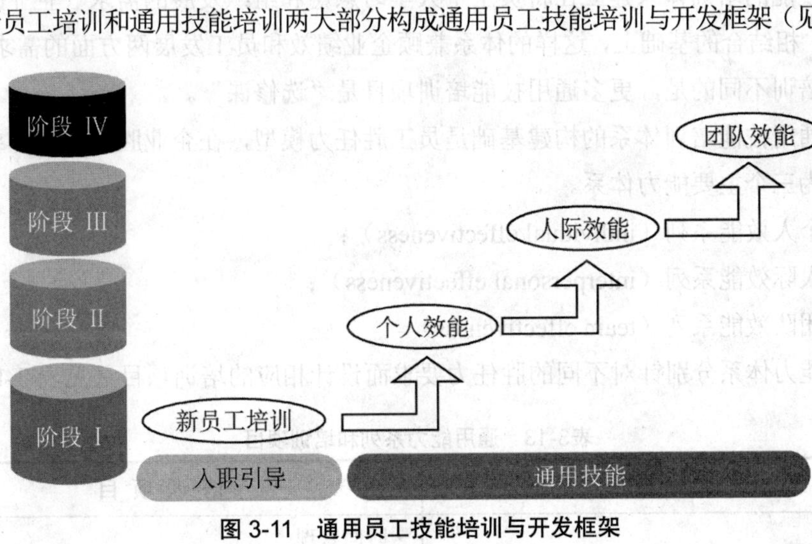

图3-11　通用员工技能培训与开发框架

1）新员工培训

新员工培训是每个企业必不可少的培训项目，是新员工进入企业的“第一课”，无论对员工还是对企业来说，其重要性都是后续其他培训所无法比拟和替代的。传统的做法是在新员工加入企业后立即用一到两个星期的时间进行准军事化的强化训练。但是，反思这种传统的做法，实际上只是将新员工“扶上马”，接下来就让新员工“信马由缰”了。根据新员工在企业社会化过程中的成长规律来看，仅仅“扶上马”是不够的，还必须“送上一程”。体现在时间周期上，包括员工试用期和试用期后的 4 个月，项目分为两个阶段和 5 个模块（见图 3-12）。

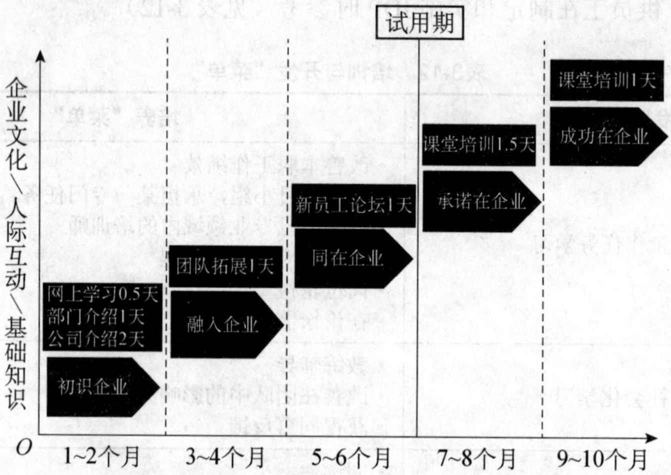

图 3-12　新员工培训框架

2）通用技能培训

通用技能的培训体系建立在将员工个人学习意愿和组织发展的需求（企业战略和胜任力模型）相结合的基础上，这样的体系兼顾企业绩效和员工发展两方面的需求，因此，与新员工培训不同的是，更多通用技能培训项目是“选修课”。

员工通用技能培训体系的构建基础是员工胜任力模型，在企业胜任力模型要求下，一般细分为三个主要能力体系。

（1）个人效能系列（individual effectiveness）；

（2）人际效能系列（interpersonal effectiveness）；

（3）团队效能系列（team effectiveness）。

每个能力体系分别针对不同的胜任力要求而设计相应的培训项目（见表 3-13）。

表3-13　通用能力系列和培训项目

通用能力系列	培 训 项 目
个人效能系列	• 时间管理 • 压力管理 • 设定目标技巧 • 市场营销基础
人际效能系列	• 倾听技巧 • 影响力基础 • 培训培训师（TTT）

续表

通用能力系列	培 训 项 目
团队效能系列	·项目管理 ·会议管理 ·建立高效团队

企业在实施相应培训项目时，应采用网上学习和课堂培训两种模式，同时根据企业战略的重点标明哪些培训是必须参加的，哪些培训是自由选择的。

案例学习

从人才开发看“三星”

从“质量经营”到“人才经营”

十年是短暂的。然而，三星正是利用了短短的十年时间一举跻身世界级跨国企业的行列。

而在实现这一目标的过程中，三星人才的开发与培养建设功不可没。

三星根据在21世纪国际竞争中“只有一流企业才能生存”的理念，把长期目标锁定在“世界一流企业”上。十年前，三星实行“新经营”，其核心可归结为“质量经营”；如今，三星提出了“人才经营”“天才经营”的新战略。如果说前十年三星是以产品质量取胜的话，那么今后十年乃至更长时间内，三星选择的是“人才制胜”的道路。

20世纪90年代，在公司创始人的倡导下，三星建立了“地域专家培训制度”，每年派出一定数量的员工到国外考察、研修，以扩展视野，增强国际经营能力。现在，三星已有2 500多名地域专家活跃在世界各地，成为开拓市场的主力军，他们个人素质的提高，最终转换成企业的竞争力。三星“人才经营”新战略遵循的正是“人才制胜”的基本法则。

追求天才　重视人才

三星的“人才经营”战略把掌握“天才”或“天才”级人才放在首位。公司创始人认为，每1万人、10万人当中可能选出一名“天才”，韩国最多能出四五百位“天才”。但是，一名“天才”能养活10万、20万人。“天才”开发出一个软件，一年轻而易举地就能赚几千亿美元，可以创造几十万个就业机会。“天才”级人才能够肩负企业的未来，能够使国家具有一流的国际竞争力。

公司创始人强调“天才”要拥有想象力和创造性。他说，“天才”不光是会读书、读书拿百分，还要使想象力达百分，既会潇洒地玩，又能高效地学习，或许会有点“狂劲”，但必须有杰出的创造才能。用一个生动的比喻来说明“天才”与“人才”的区别：“天才”看见马车就会萌发制造汽车的想法，而“人才”则能把这一想法同交易和经营联系起来。

千军易得，一将难求。“天才”毕竟是凤毛麟角。但是，三星并非把企业命运全部押在“天才”身上。“天才”是追求的目标，是要求的尺度；在“天才”出现之前，希望还是寄托在“准天才”和那些具有创造精神的优秀人才身上。三星靠不懈的努力，目前已拥有不少具有世界一流技术水平的“准天才”级人才和一大批企业首脑、技术专家和专业经营者，正是这些人支撑起了三星的大厦。

三星对“人才”的要求同样重视创造性。一个企业的经营者应该具备诚实、创意、负责、正直、专业五项素质，而其中最重要的是“创意”，即具有创新和开拓意识。作为人才，可能存在的四大毛病令人讨厌：撒谎、诡辩、死不认错和扯人后腿，因为它们扼杀了自己和团队的创造性，是创造性的大敌。

三星认为，担负企业未来的“人才”应该具有应对变化的洞察力、抢占先机的战略意识、革新和追求挑战的精神、高附加值信息的收集和传播观念，以及国际化的广阔视野。三星计划培养的人才包括 5 种类型：“天才”、理工科技术人才、妇女人才、有“特性”的人才及国际型人才。

求才若渴　育才有方

三星会长认为，吸引优秀人才是企业应对未来挑战的最重要战略，作为企业的经营者必须高度重视，亲自动手。他不间断地大量翻阅国外有关半导体、电子等科技杂志、书籍，同各国专家广泛交流，从中物色人才和获取人才信息，一有所获就马上指示用人部门进行考察。对职能部门推荐的重点人才，他坚持亲自面谈考察，一旦认定是所需要的人才，就不惜三顾茅庐，再三劝说，非挖到手不可。

三星能够促进内部人才世界化。三星派往海外研修的“地区专家”、派往国外攻读 MBA 课程的员工不断增加。2002 年建立的“李健熙讲学财团”也决定加强育才力度，对选拔的 100 名赴海外留学的“核心人才”培养对象，除原定提供学费和生活支援外，从 2006 年起再提供研究开发费支援，帮助其扩展研究领域。

三星能够吸引人才、留住人才，关键在于能够为人才提供一个良好的事业发展环境，使英雄有用武之地。三星不讲学缘、地缘，只看业绩、贡献，切实落实重奖人才的制度，在企业内部形成了“赶超先进，力争一流”的氛围。

资料来源：徐芳. 培训与开发理论及技术. 上海：复旦大学出版社，2010.

第四章

培训与开发的方法及技术

学习目标：

- ◆ 熟悉培训与开发的方法有哪些
- ◆ 了解不同培训方法在培训与开发过程中的应用
- ◆ 了解新员工培训的开发方法与技术
- ◆ 了解在职员工的培训与开发方法
- ◆ 对企业管理人员的培训与开发有初步了解

第一节　培训与开发的方法

一、适宜知识类培训的直接传授培训方法（课堂培训）

直接传授培训方法是指培训者直接通过一定途径向培训对象发送培训中的信息。这种方法的主要特征就是信息交流的单向性和培训对象的被动性。具体包括以下两种方法。

（一）讲授法

讲授法的具体内容如表 4-1 表示。

表4-1　讲授法

基本概念	讲授法即培训师按照准备好的讲稿系统地向受训者传授知识，它是最基本的培训方法
适用范围	1. 内容适用于各类学员对学科知识、前沿理论的系统了解 2. 受训人员较多的情况下
分　类	1. 灌输式讲授——培训师在讲台上按讲稿讲解，受训者在下面听讲、记笔记。信息完全从培训师一方传播，受训者只是被动地接受 2. 启发式讲授——培训师不是像灌输式讲授那样一开始就将问题、分析、结论等全盘托出，而是先有所保留，将保留部分以问题提出，让受训者思考和回答，然后进行总结。采用启发式讲授，培训师与受训者之间有一定的交流，受训者有一定的参与。 培训师常用的提问方式有两种：一是提出问题让受训者得出结论，“是什么（what）”；二是提供结论让受训者分析和论证，即“为什么（why）” 3. 画龙点睛式讲授——培训师将讲课用的讲义、辅导材料统统发给受训者，讲课前让受训者有充分的时间预习，上课时培训师只是针对重点、难点进行讲解，并回答受训者的问题
优　点	1. 传授内容多，知识比较系统、全面，有利于大面积培养人才 2. 对培训环境要求不高 3. 有利于培训师的发挥 4. 学员可利用教室环境相互沟通 5. 也能够向培训师请教疑难问题 6. 员工平均培训费用较低
局限性	1. 传授内容多，学员难以吸收、消化 2. 单向传授不利于教学双方互动 3. 不能满足学员的个性需求 4. 培训师水平直接影响培训效果，容易导致理论与实践相脱节 5. 传授方式较为枯燥单一，不适合成人学习

续表

<table>
<tr><td>实施中的注意事项</td><td>讲授法作为最基础的培训方法，应用范围很广，但也存在明显的缺点。为使讲授法能充分发挥作用，增强培训效果，操作中应该注意以下几个因素
1. 讲课内容：应根据具体的对象和目标确定。因此培训前应了解学员的基本情况，如知识、能力、水平、职位等，以及相对于工作的要求，学员在知识能力方面有哪些欠缺，由此确定讲课的内容、方式等，形成具体的授课计划
2. 培训师：是讲授法成败的关键
（1）知识要求：应对所讲授的知识了如指掌，并有深入的研究，或有丰富的经验
（2）授课技巧：
• 引出主题的方式。为引起学员的听课兴趣，可以采取开门见山直入主题，以社会热点问题开始，以幽默的方式引出主题等
• 讲课时的要点。注意保持讲述的条理性，听觉与视觉相结合，除配有声音的讲解外可适当利用其他视听手段，注意身体语言的应用
（3）保持学员兴趣的措施：
• 让学员积极参与，如提出问题，由学员分析结论，提出解决方法
• 通过生动的语言或教具增强直观性
• 制造一些幽默和悬念
3. 与其他方法结合使用
讲授法作为培训与开发的最基本的方法，可与研讨法、角色扮演等多种方法相结合，以取得更好的培训效果</td></tr>
</table>

（二）专题讲座法

专题讲座法的具体内容如表 4-2 所示。

表4-2 专题讲座法

基本概念	专题讲座法形式上和课堂教学法基本相同，但在内容上有所差异。课堂教学一般是系统知识的传授，每节课涉及一个专题，接连多次授课；专题讲座是针对某一个专题知识，一般只安排一次培训
关键因素	培训教师的能力和水平
适用范围	管理人员或技术人员了解专业技术发展方向或当前热点问题等方面知识的传授
特　　点	单向沟通
优　　点	（1）培训不占用大量的时间，形式比较灵活 （2）可随时满足员工某一方面的培训需求 （3）讲授内容集中于某一专题，培训对象易于加深理解
局 限 性	讲座中传授的知识相对集中，内容可能不具备较好的系统性

二、以掌握技能为目的的实践性培训法

实践性培训法（以下简称“实践法”）是通过让学员在实际工作岗位或真实的工作环境中，亲身操作、体验，掌握工作所需的知识和技能的培训方法，在员工培训中应用最为普遍。这种方法将培训内容和实际工作直接相结合，具有很强的实用性，是员工培

训的有效手段，适用于从事具体岗位所应具备的能力、技能和管理实务类培训。

（一）实践法的主要优点

实践法的主要优点包含以下两个方面。

（1）经济：受训者边干边学，边学边干，一般无须特别准备教室等培训设施。

（2）实用、有效：受训者通过实干来学习，使培训的内容与受训者将要从事的工作紧密结合，而且受训者在“干”的过程中，能迅速得到关于他们工作行为的反馈和评价。

（二）实践法常用的几种方式

实践法常用方式如下所述。

1. 工作指导法（见表4-3）

表4-3　工作指导法

基本概念	工作指导法或称教练法、实习法，这种方法是由一位有经验的工人或直接主管人员在工作岗位上对受训者进行培训。负责指导的教练的任务是教给受训者如何做，提出如何做好的建议，并对受训者进行激励
适用范围	广泛，既可用于基层生产工人，又可用于各级管理人员培训
特　　点	培训具有灵活性、针对性
培训中的要点	（1）关键工作环节的要求 （2）做好工作的原则和技巧 （3）需要避免或防止的问题和错误
优　　点	（1）受训者在培训者指导下开始工作，可以避免盲目摸索 （2）受训者可从指导者处获取丰富的经验
缺　　点	（1）为防止新员工对自己构成威胁，指导者可能会有意保留自己的经验、技术，从而使指导流于形式 （2）指导者本身水平对受训者的学习效果有极大影响 （3）指导者不良的工作习惯会影响受训者 （4）不利于受训者的工作创新
应用举例	（1）基层生产工人的岗位技术培训，受训者通过观察教练工作和实际操作，掌握机械操作的技能 （2）设立助理职务来培养和开发企业未来的高层管理人员，让受训者与现任管理人员一起工作，后者负责对受训者进行指导，一旦现任管理人员因退休、提升、调动等原因离开岗位时，已经训练有素的受训者便可立即顶替上来

2. 工作轮换法（见表4-4）

表4-4　工作轮换法

基本概念	工作轮换法是让受训者在预定时期内变换工作岗位，使其获得不同岗位的工作经验
适用范围	多用于企业对基层管理者的培训，如让受训者有计划地到各个部门学习，如生产、销售、财务等部门，在每个部门工作几个月。实际参与所在部门的工作，或仅仅作为观察者，以便了解所在部门的业务，扩大受训者对整个企业各环节工作的了解。现在很多大型跨国企业实行的管理培训生（MT）计划很多都采用这种方式

续表

优　　点	（1）能丰富受训者的工作经验，增加对企业工作的了解 （2）使受训者明确自己的长处和弱点，找到适合自己的位置 （3）改善部门间的合作关系，使管理者能更好地理解相互间的需求
局 限 性	此法鼓励“通才化”，适合于通用管理人员的培训，不适用于专门职能管理人员的培训
实施要点	（1）工作轮换计划需根据每个受训者的具体情况制订，应将企业的需求与受训者的兴趣、能力倾向和职业爱好相结合。受训者在某一部门工作的时间长短，应视其学习进度而定 （2）配备有经验的指导者。受训者在每一岗位工作时，应由富有经验的指导者进行指导，最好经过专门训练，负责为受训者安排任务，并对其工作进行总结、评价

三、适宜综合性能力提高和开发的体验式培训法

体验式培训法是调动培训对象积极性，让其在与培训者的互动中学习的方法。这类方法的主要特征是：每个培训对象积极参与培训活动，从亲身参与中获得知识、技能和正确的行为方式，开拓思维，转变观念。

（一）案例分析法

案例分析法的具体内容如表4-5所示。

表4-5　案例分析法

基本概念	案例分析法又称个案分析法，它是围绕一定的培训目的，把实际中真实的场景典型化处理，形成供学员思考、分析和决断的案例，通过独立研究和相互讨论的方式，来提高学员分析及解决问题的能力的一种培训方法
优　　点	参与性强，变学员被动接受为主动参与；将学员解决问题能力的提高融入知识传授中；教学方式生动具体、直观易学；学员之间能够通过案例分析达到交流的目的
缺　　点	案例准备的时间较长且要求高；案例分析法需要较多的培训时间，同时对学员能力有一定的要求；对培训顾问的能力要求高；无效的案例会浪费培训对象的时间和精力
类　　型	（1）描述评价型：即描述解决某种问题的全过程，包括其实际后果，不论成功或失败。这样，留给学员的分析任务只是对案例中的做法进行事后分析，以及提出“亡羊补牢”性的建议 （2）分析决策型：即只介绍某一待解决的问题，由学员去分析并提出对策。本方法更能有效地培养学员分析决策、解决问题的能力
实　　施	（1）准备阶段 ·通过讨论确定要解决的问题 ·设计讨论进程 ·预计讨论中可能出现的问题及各种应对措施 ·准备总结发言（在讨论的过程中，根据出现的情况，随时调整） （2）过程中 ·说明培训的目的和要求，简介案例分析法（20分钟） ·学员相互熟悉，分发案例资料 ·指导教师接受学员咨询（10分钟）

续表

实　施	•分组讨论，找出问题点（20～30分钟） •找出解决问题的策略（20～30分钟） •休息（10分钟） •各组代表讲述本组观点，相互质询（40分） •做出结论，指导教师总结（20分） （3）重点提示 •培训师在展示完案例资料后应对案例资料进行解释说明 •在小组讨论中，培训者应注意是否出现偏离主题现象，若出现要及时纠正 •在小组讨论中，若培训者发现各组提出的对策缺乏新意，应给予提示引导 •在讨论和质询过程中，要注意时间的控制 •培训者在进行总结时，既要总结案例和解决方案，又要对各组方案做出总结点评

（二）头脑风暴法

头脑风暴法的具体内容如表4-6所示。

表4-6　头脑风暴法

基本概念	头脑风暴法（brain storming，BS）又称智力激荡法，是由美国创造学家A.F.奥斯本提出，用于激发创造性思维的方法。头脑风暴法以会议的形式进行，让所有学员在轻松愉快的气氛中畅所欲言，自由交流自己的观点与构想，并以此激发别人的创意和灵感，产生出更多的创意。通过充分发挥每个人的想象力，利用集体的智慧和创造性思维，最终找到解决问题的办法
培训目标	培训对象相互启迪思想、激发创造性思维，它能最大限度地发挥每个参加者的创造能力，提供解决问题的更多更佳的方案
优　点	（1）培训过程中为企业解决了实际问题，大大提高了培训的效益 （2）可以帮助学员解决工作中遇到的实际困难 （3）培训中学员参与性强 （4）小组讨论有利于加深学员对问题理解的程度 （5）集中了集体的智慧，达到了相互启发的目的
缺　点	（1）对培训顾问要求高，如果不善于引导讨论，可能会使讨论漫无边际 （2）培训顾问主要扮演引导的角色，讲授的机会较少 （3）研究的主题能否得到解决也受培训对象水平的限制 （4）主题的挑选难度大，不是所有的主题都适合拿来讨论
实　施	（1）准备 •确定讨论的题目 •确定参加者，确定记录员 •确定培训时间、地点 •准备记录用的纸、笔等工具 （2）BS法原则 •禁止评论他人的构想 •想法越新奇越好 •追求构想的数量 （3）关键 •指导教师要熟练掌握BS法的原理、实施原则和实施要点，具有良好的现场控制、引导能力

（三）模拟训练法

模拟训练法的具体内容如表 4-7 所示。

表4-7 模拟训练法

基本概念	模拟训练法是以工作中的实际情况为基础，将实际工作中可利用的资源、约束条件和工作过程模型化，学员在假定的工作情境中参与活动，学习从事特定工作的行为和技能，提高其处理问题的能力
基本形式	由人和机器共同参与模拟活动；人工模拟
优　　点	（1）模拟训练法借助机器模拟和人工模拟的方式，对实际工作内容和过程进行模拟，与讲授法、研讨法相比，与实际工作的联系更直接、紧密，学习过程更直观、真实，对学习内容的理解和记忆更深刻，可及时获得关于学习结果的反馈 （2）通过在模拟的工作情况中参与活动，能激发受训者学习的兴趣，提高其在培训中的参与意识和程度 （3）与实践法相比，特别是对于一些风险大、培训成本较高的岗位培训，模拟训练法的成本较低
缺　　点	模拟情境的人为性；模拟法只能有限地反映模拟的工作情况，降低了情境的真实性
举　　例	如飞行员培训多采用模拟训练和讲授法相结合的培训方式
说　　明	模拟训练法与角色扮演类似，但并不完全相同。模拟训练法更侧重于对操作技能和反应敏捷的培训，它把参加者置于模拟的现实工作环境中，让参加者反复操作装置，解决实际工作中可能出现的各种问题，为参加者走上实际工作岗位打下基础

（四）敏感性训练法

敏感性训练法的具体内容如表 4-8 所示。

表4-8 敏感性训练法

基本概念	敏感性训练法（sensitivity training，ST）又称 T 小组法。敏感性训练要求学员在小组中就参加者的个人情感、态度及行为进行坦率、公正的讨论，相互交流对各自行为的看法，并说明其引起的情绪反应
培训目标	提高学员的人际关系敏感性，促进团体的合作
适用范围	组织发展训练、晋升前的人际关系训练、中青年管理人员的人格塑造训练、新进人员的集体组织训练以及外派工作人员的异国文化训练等
培训方式	常采用集体住宿训练，采用小组讨论、个别交流等活动方式
实　　施	（1）准备 确定指导教师。指导教师应是经验丰富的心理学方面的专业人员，能确保学员严格遵守人际关系的准则。学员人数在 10～15 人，称为 T 组。每组安排 1～2 名指导教师 （2）培训 具体训练日程由指导者安排，内容可包括问题讨论、案例研究等。讨论中，每个学员充分暴露自己的态度和行为，并从小组成员那里获得对自己行为的真实反馈，承受他人给自己提出的意见，同时了解自己的行为如何影响他人，从而改善自己的态度和行为

续表

实　施	（3）要点 把学员放在一个相对封闭的环境中，小组成员来自不同部门，以不相识为好。 分组时，应注意学员在性格、知识等方面的合理搭配，保持适当的差异性。 学员在小组中有充分的自主空间，在没有指定讨论议题的情况下，小组成员可自行决定讨论方式，并以发生在小组内的所有事件作为学习素材 指导教师进行必要的指导和组织

（五）管理者训练法

管理者训练法具体内容如表4-9所示。

表4-9　管理者训练法

基本概念	管理者训练法（manager training plan，MTP），是产业界应用最为普遍的针对管理人员培训的方法。这种方法旨在使学员系统地学习，深刻地理解管理的基本原理和知识，从而提高他们的管理能力
培训对象	适用于培训中低层管理人员掌握管理的基本原理、知识，提高管理的能力
培训方式	一般采用专家授课、学员间研讨等综合培训方式。企业可进行大型的集中训练，以脱产方式进行
实　施	1. 管理者训练根据内容可分为6个部分（40课时） （1）管理基础。管理的基本概念、管理的思想、企业的组织原则、组织的重新设计等（6课时） （2）工作改善。改善工作组织、改进工作方法、改进工作质量、开发创造力等（8课时） （3）工作管理。工作计划和命令的贯彻执行、管理与生产的统一等（10课时） （4）下属的培养。培养下属的能力、培养组织能力等（6课时） （5）人际关系。了解下属的行为、启发下属良好的态度、激发士气、处理人的问题（8课时） （6）管理的方式。主要包括领导艺术等（2课时） 2. 要点提示 管理者训练对于指导教师的要求较高，指导教师的能力决定了这种培训方式的成败，所以一般采用外聘专家或由企业内部曾接受过此法训练的高级管理人员担任

四、适宜行为调整和心理训练的培训方法

适宜行为调整和心理训练的培训方法包括角色扮演法、行为模仿法和拓展训练。

（一）角色扮演法

角色扮演法具体内容如表4-10所示。

表4-10　角色扮演法

基本概念	角色扮演法是在一个模拟真实的工作情境中，让参加者身处模拟的日常工作环境之中，并按照他在实际工作中应有的权责来担当与实际工作类似的角色，模拟性地处理工作事务，从而提高处理各种问题的能力。这种方法的精髓在于"以动作和行为作为练习的内容来进行设想"，也就是说，它不针对某问题相互对话，而是针对某问题采取实际行动，以提高个人及集体解决问题的能力

续表

适用范围	适宜对各类员工开展以有效开发角色的行为能力为目标的训练
目　　标	使员工的行为符合各特定职业、岗位的行为规范要求，提高其行为能力
培训内容	培训内容根据具体的培训对象确定，如客户关系处理、销售技巧、业务会谈等行为能力的学习和提高
优　　点	（1）受训者参与性强，受训者与培训者之间的互动交流充分，可以提高受训者参加培训的积极性 （2）特定的模拟环境和主题有利于增强培训效果 （3）通过观察其他受训者的扮演行为，可以学习各种交流技能，通过模拟后的指导，可以及时认识到自身存在的问题并进行改正 （4）在提高受训者业务能力的同时，也加强了其反应能力和心理素质
缺　　点	（1）场景的人为性降低了培训的实际效果 （2）模拟环境不能体现出现实工作环境的多变性 （3）扮演中的问题分析限于个人，不具有普遍性

（二）行为模仿法

行为模仿法具体内容如表 4-11 所示。

表4-11　行为模仿法

基本概念	行为模仿是通过向学员展示特定行为的范本，并由指导者对其行为提供反馈的训练方法
适用范围	适宜对中层管理人员、基层管理人员、一般员工的培训
培训目标	根据培训的具体对象确定培训内容，如基层主管指导新雇员，纠正下属的不良工作习惯，使学员的行为符合其职业、岗位的行为要求，提高学员的行为能力；使学员能更好地处理工作环境中的人际关系
培训流程	建立示范模型 → 角色扮演与体验 → 社会行为强化 → 培训成果的转化与应用

（三）拓展训练

拓展训练起源于第二次世界大战中的海员学校，旨在训练海员的意志和生存能力。后被应用于管理训练和心理训练等方面，用于提高人的自信心，培养把握机遇、抵御风险的心理素质，保持积极进取的态度，培养团队精神等。

拓展训练以外化型体能训练为主，学员被置于各种艰难的情境中，在面对挑战、克服困难和解决问题的过程中，使人的心理素质得到改善。扩展训练包括：拓展体验；挑战自我课程；回归自然活动。

五、互联网时代的培训方式

随着现代社会互联网信息技术的发展，大量的互联网信息技术被引进培训领域。在这种情况下，新兴的培训方式不断涌现，如在线学习、虚拟培训等，并在很多公司受到欢迎。

（一）在线学习

在线学习具体内容如表4-12所示。

表4-12　在线学习

基本概念	在线学习又称为基于网络的培训，是指通过企业的局域网、互联网对学员进行培训。在网上培训，老师将培训课程存储在培训网站上，遍布世界各地的学员利用网络浏览器进入该网站接受培训
分　类	根据培训进程的不同，网上培训有同步培训与非同步培训两种类型
优　点	（1）费用低 （2）学习时间自由 （3）信息量大，有较多的选择机会
缺　点	（1）课程内容不能根据受训者状况做出相应调整，不够灵活 （2）某些培训内容不适用于网上培训方式，如关于人际交流的技能培训就不适用于网上培训方式 （3）培训过程难以控制 （4）受训者学习要完全靠自我控制，较难坚持

随着互联网技术的发展及计算机的普及，网上培训的成本逐步降低，网上培训正以其无可比拟的优越性受到越来越多企业的青睐。

（二）虚拟培训

虚拟培训具体内容如表4-13所示。

表4-13　虚拟培训

基本概念	虚拟培训是指利用虚拟现实技术生成实时的、具有三维信息的人工虚拟环境，培训学员通过运用某些设备接受和响应该环境的各种感官刺激而进入其中，并可根据需要通过多种交互设备来驾驭该环境以及用于操作的物体，从而达到提高培训对象各种技能或学习知识的目的
优　点	虚拟培训的优点在于它的仿真性、超时空性、自主性、安全性。在培训中，学员能够自主地选择或组合虚拟培训场地或设施，而且学员可以在重复中不断增强自己的训练效果；更重要的是这种虚拟环境使他们脱离了现实环境培训中的风险，并能从这种培训中获得感性知识和实际经验

除了上面的培训方法之外，下面谈到的几种方法是通过参加者的自身努力、自我约束能够完成的，公司只起鼓励、支持、引导的作用，如参加函授、业余进修、开展读书活动、参观访问等。这些方法并不能作为培训的主流方法，只在某些时候才会用到。

第二节　企业的分层培训与开发技术

企业分层次培训，发展和提高企业各层次人员的工作能力和管理水平是使企业获得较高生产效率和较强竞争能力的最理想、最便捷的途径，同时也是各企业使用最多的一种培训开发方法。

一、新员工的培训与开发

新员工的培训与开发流程及主要内容如下所述。

（一）新员工培训与开发流程

新员工培训与开发流程如图 4-1 所示。

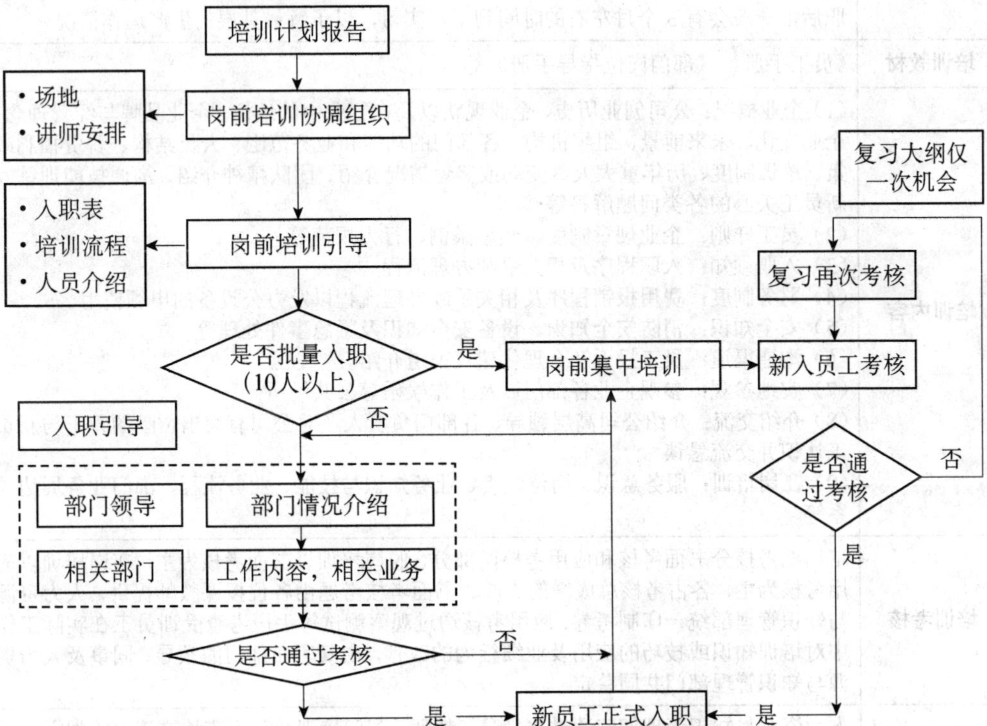

图 4-1　某公司新员工培训与开发流程

（二）新员工培训与开发的主要内容

新员工培训与开发的主要内容如表 4-14 所示。

表4-14　新员工培训与开发的主要内容

基本概念	新员工培训又称岗前培训、职前教育，是一个企业所录用的员工从局外人转变为企业人再到职业人的过程，是员工从一个团体融入另一个团体的过程，员工逐渐熟悉、适应组织环境并开始初步规划或者继续发展自己的职业生涯，定位自己的角色，发挥自己的才能
目　　的	(1) 使新员工在入职前对公司有一个全方位的了解，认识并认同公司的事业及企业文化，坚定自己的职业选择，理解并接受公司的共同语言和行为规范 (2) 使新员工明确自己的岗位职责、工作任务和工作目标，掌握工作要领、工作程序和工作方法，尽快进入岗位角色
培训时间	根据不同公司情况 1 周到 12 个月不等（有的公司岗前培训较简单，主要是了解企业文化，明确个人岗位职责，有的公司还包含几个月的学习和工厂实习和轮岗，最后才确定岗位）
培训对象	公司所有新进员工
培训方式	(1) 脱岗培训：由人力资源与知识管理部制订培训计划和方案并组织实施，采用集中授课及讨论、参观的形式 (2) 在岗培训：由新员工所在部门负责人对其已有的技能与工作岗位所要求的技能进行比较评估，找出差距，以确定该员工培训方向，并指定专人实施培训指导，人力资源与知识管理部跟踪监控。可采用日常工作指导及一对一辅导形式 (3) 工厂实习：主要在一些大型的生产制造类企业用得比较多。这类企业的新员工入职后，一般会有 3 个月左右的时间到工厂实习，以了解最基层的生产运作情况
培训教材	《员工手册》《部门岗位指导手册》等
培训内容	(1) 企业概况：公司创业历史、企业现状以及在行业中的地位、企业品牌与经营理念、企业文化、未来前景、组织机构、各部门的功能和业务范围、人员结构、薪资福利政策、培训制度、历年重大人事变动或奖惩情况介绍、团队精神介绍、沟通技能训练及新员工关心的各类问题解答等 (2) 员工守则：企业规章制度、奖惩条例、行为规范等 (3) 入职须知：入职程序及相关手续办理流程 (4) 财务制度：费用报销程序及相关手续办理流程以及办公设备的申领使用 (5) 安全知识：消防安全知识、设备安全知识及紧急事件处理等 (6) 沟通渠道：员工投诉及合理化建议渠道介绍 (7) 实地参观：参观企业各部门以及工作娱乐等公共场所 (8) 介绍交流：介绍公司高层领导、各部门负责人及对公司有突出贡献的骨干与新员工认识并交流恳谈 (9) 在岗培训：服务意识、岗位职责、业务知识与技能、业务流程、部门业务周边关系等
培训考核	培训期考核分书面考核和应用考核两部分，脱岗培训以书面考核为主，在岗培训以应用考核为主，各占考核总成绩的 50%。书面考核考题由各位授课教师提供，人力资源与知识管理部统一印制考卷；应用考核通过观察测试等手段考查受训员工在实际工作中对培训知识或技巧的应用及业绩行为的改善，由其所在部门的领导、同事及人力资源与知识管理部门共同鉴定
效果评估	人力资源与知识管理部门通过与学员、教师、部门培训负责人直接交流，并制定一系列书面调查表进行培训后的跟踪了解，逐步减少培训方向和内容的偏差，改进培训方式，以使培训更加富有成效并达到预期目标

二、普通在职员工的培训与开发

普通在职员工的培训与开发具体内容如下所述。

（一）在职培训的类别

在职培训主要包括以下五个类别。

1. 晋升培训

晋升培训是指对要晋升的员工进行的知识、技能、领导能力等方面的在职培训。晋升培训是对拟晋升人员或后备人才进行的，旨在使受训者能够胜任更高一级的岗位需求而进行的培训。

2. 以改善绩效为目的的培训

以改善绩效为目的的培训是指在绩效未达到要求、绩效下降或绩效虽达到要求但希望能够增加绩效所进行的在职培训。

3. 转岗培训

转岗培训是指对已被批准转岗的员工进行的，旨在使其达到新岗位要求的培训。

4. 岗位资格培训

岗位资格培训是指一些岗位对员工操作有一些特殊的要求，这些特殊要求并不是所有员工开始都掌握的，必须通过培训才能掌握。许多岗位需要通过考试取得相应的资格证后才能上岗。

5. 以更新知识、掌握新技能为目的的培训

由于企业外部环境和内部环境的变化，员工需要不断学习新的知识和技能，如在当今信息化的时代，企业的领导和有关人员必须通过培训掌握计算机、网络等知识。

（二）在职员工培训与开发的类型和范畴

无论以哪种方式进行的在职员工的培训与开发，其目的都是使其能够胜任现在或未来某一岗位，取得更好的绩效。针对一般的在职员工的培训内容主要集中于基础技能/读写能力教育、技术培训和人际交往培训，如表 4-15 所示。

表4-15　在职员工培训与开发类型

培 训 类 型	范　围
基础技能/读写能力（通用技能）	补习/基础教育
技术（专用技能）	· 学徒培训 · 电脑培训

续表

培训类型	范围
技术（专用技能）	·技术技能/知识培训 ·新方法/流程 ·安全培训 ·质量培训
人际交往	·沟通/人际交往培训 ·客户关系/服务培训 ·营销培训 ·团队建设/培训

基础技能/读写能力教育是指针对提高阅读、写作和计算技能的培训，这些技能几乎用于所有的工作中，因此也称为通用技能培训，通用技能培训主要由各类学校完成。

组织一般进行的培训主要是指专用技能的培训，包含一些新方法、新技术、专业知识、技能、安全培训、质量培训等。

还有一类培训针对个人与他人之间的关系，不同的岗位对这种能力的需求不同，组织可有针对性地进行相应的培训。

（三）在职人员培训方案举例

1. 某公司销售人员培训方案（见表4-16）

表4-16　某公司销售人员培训方案

一、培训目标

1. 提高销售效率

通过培训使销售人员达到独立完成销售，加快销售速度，缩短工程成本的目标。

2. 增强士气

目标不明是团队迷茫、士气低落的重要原因，因此，销售培训计划必须让受训者明确他们在企业和社会的目标。

3. 促进沟通

培训能使销售人员明确为企业提供顾客和市场信息的重要性，并且了解这些信息是如何影响企业销售业绩的。

4. 改善顾客关系

培训能帮助受训者明确建立与保持良好顾客关系的重要性。

5. 加强自我管理

销售人员必须组织和分配时间以取得销售的成功。

二、培训内容

1. 仪容仪表及言行举止

在人际交往中，约有80%以上的信息是借助“举止”这种无声的“第二语言”来传达的。行为举止是一种不说话的“语言”，包括人的站姿、坐姿、表情以及身体展示的各种动作。一个眼神、一个表情、一个微小的手势和体态都可以传播出重要的信息。一个人的行为举止反映出他的修养水平、受教育程度和可信任程度。在人际关系中，它是塑造良好个人形象的起点，更重要的是他在体

续表

现个人形象的同时，也向外界显示了公司整体的文化精神。

语言的礼仪不是天生的，优雅的举止也不是天生就有的，这些都是通过长期正规训练培养出来的。只要每天抽 5 分钟来练习，就可以自然而然地形成良好的仪容仪表、举止姿态习惯，自然地使用礼貌用语和自然的情感表达，这样训练出来的销售人员才具有亲和力。

销售员的服装要整洁、合体、统一，服装颜色和现场要协调。上班必须化淡妆，语言专业，举止得体。

2. 销售技能和推销技巧的培训

一般包括推销能力（推销中的聆听技能、表达技能、时间管理等）、谈判技巧，如重点客户识别、潜在客户识别、访问前的准备事项、接近客户的方法、展示和介绍产品的方法、顾客服务、应对反对意见等客户异议、达成交易和后续工作、市场销售预测等。

3. 项目知识

项目知识是销售人员培训中最重要的内容之一。产品是企业和顾客的纽带，销售人员必须对产品知识十分熟悉，尤其是对自己所销售的产品。培训产品知识是培训项目中必不可少的内容。

4. 市场知识

市场是企业和销售人员活动的基本舞台。了解市场运行的基本原理和市场营销活动的方法，是企业和销售获得成功的重要条件。销售人员掌握的市场知识应当是非常广泛的，因为销售活动涉及各种各样的主体和个体，有着十分复杂的方式和内容。同时销售人员需要了解不同类型客户的采购政策、购买模式、习惯偏好和服务要求等。

5. 竞争知识

通过与同业者和竞争者的比较，发现企业自身的优势和劣势，提高企业的竞争力。具体包括：了解竞争对手的产品结构、价格、销售及客户政策和服务等情况，比较本企业与竞争对手在竞争中的优势和劣势等。

6. 企业知识

通过对本企业的充分了解，一方面是为了满足客户各方面的要求，另一方面是为了提高销售人员对企业的忠诚度，使销售人员融合在本企业文化之中，从而有效地开展对顾客的服务工作，最终达到企业的整体目标。具体包括：企业的历史、规模和所取得的成就；企业政策，例如企业的报酬制度、哪些是企业许可的行为和企业禁止的行为；企业规定的广告、产品付款条件、违约条件等内容。

三、培训方式

1. 现场培训

让员工在工作现场边工作边学习。内容主要有：企业概况、企业行为规范、企业规章制度、项目概况、项目知识、从事销售工作所应具备的技能和思想道德等。

2. 上岗培训

在工作岗位上对销售人员进行培训。新招聘的销售人员在接受一定课堂培训后，可安排在工作岗位上，由有经验的推销人员带几周，然后再让其独立工作。此方式能使受训者很快地熟悉业务，效果理想。但此方式一定要有实际经验的人员直接参与和指导，否则容易流于形式。

3. 会议培训

下班总结完一天的工作后，针对具体问题进行具体分析解决，在工作中学习，不停地完善自己。

4. 模拟培训

使受训者亲自参与并使之有一定实战感受的培训方式，具体有角色扮演法、业务模拟法。

2. 人力资源管理人员培训方案（见表4-17）

表4-17 人力资源管理人员培训方案

一、培训目的

（1）帮助企业加强企业人力资源管理人员职业化建设。

（2）提高企业内部人力资源管理人员的职业能力。

（3）使参训人员掌握科学的、系统的现代人力资源管理方法。

（4）使企业内部人力资源管理人员管理更加规范化、制度化和科学化，从而不断提升企业人力资源管理效率和管理水平。

二、培训对象

公司在职人力资源管理人员。

三、培训方法

课程设计运用参与式、启发式教学培训方案，强调学员在听中学、做中学、乐中学。培训方法包括课堂讲授、头脑风暴、案例分析、分组讨论、游戏互动等。

四、课程内容设置

课程简介：本课程是针对从事企业人力资源管理相关工作的人员所必须掌握的现代人力资源基础理论、基本方法、基本工具和基本技能而开展的职业化能力培训。

五、适合对象

企业人力资源管理相关人员。

六、培训内容

课题及序号	课程提纲	课时安排
1. 开班仪式及建队热身	· 领导讲话 · 宣讲要求、介绍师资	1天
2. 基础理论	· 现代企业管理 · 人力资源开发与管理 · 管理心理与组织行为	1天
3. 人力资源规划	· 企业组织结构设计与变革 · 企业人力资源规划的基本程序 · 企业人力资源需求预测 · 企业人力资源供给预测与供求平衡	2天
4. 招聘与配置实务	· 员工素质测评标准体系的构建 · 面试的组织与实施 · 无领导小组讨论的组织与实施	2天
5. 培训与开发	· 员工培训规划与课程设计 · 员工培训效果评估	2天
6. 绩效管理	· 绩效考评的方法与应用 · 绩效考评指标和标准体系设计 · 关键绩效指标的设定与应用 · 360度考评方法	2天
7. 劳动关系管理	· 劳动者派遣管理 · 工资集体协商 · 劳动安全卫生管理 · 企业劳动争议处理 ·《劳动合同法》解读及应对策略	2天

三、管理人员的培训与开发

如果说普通在职人员的培训更多地集中于技术层面的话，管理人员的培训则更多地集中于开发层面。

（一）管理人员开发的概念

管理人员开发（Management Development）是指组织有意识地为管理人员（和潜在的管理者）提供学习、成长和变革的机会，其目的在于希望借此使主要管理者具备有效开展工作所必需的技能。

管理人员开发主要由三个部分组成：管理人员教育、管理人员培训和在职工作体验。管理人员教育（Management Education）是指"在具有学位授予权的机构，通过正规课堂学习，掌握多个领域内的概念化的知识和技能"。管理人员培训（Management Training）则更倾向于提供在组织或组织内某岗位上可以直接应用的特殊技能或知识。在职工作体验是指为管理者提供自我认识、提供现有技术和能力的机会，或者提供日常活动所需的新技能或信息的一些计划或非计划的机会。

管理人员开发是人力资源开发中最常用的途径之一。在对管理人员进行开发的众多原因之中，最常见的是为了开拓管理者的思路或者为其提供知识和技能，只有很少一部分组织表示管理人员开发的目的是奖励管理人员。

（二）了解管理工作

在设计并运行可以满足组织需要的、能够提高组织竞争力和效能的管理人员开发程序和计划之前，人力资源开发工作者必须明确所属组织内部管理人员的工作是什么（以及应该是什么）。正如管理人员开发概念中所指出的一样，由于每个组织所面对的都是特殊的环境以及特殊的挑战，所以，有效的管理人员开发也应该是依组织的不同而有所变化。在开始设计管理人员培训与开发计划之前，设计者必须要了解组织（组织的外部环境、目标、战略规划、文化、优势和劣势）以及目标人群（管理者、潜在管理者）的特征。

1. 管理者的综合素质模型

管理者的综合素质模型是在对 12 家企业 2 000 多名管理者访谈的基础上提炼出来的。此模型关注的不是管理者所承担的角色，而是其管理能力，也就是那些能够保证有效绩效的技术和个人特质。此模型界定了六大类 21 种素质：人力资源管理、领导力、目标和行动管理、指导下属、关注他人以及专业知识（见表 4-18）。其中，人力资源管理、领导力以及目标和行动管理类别被看作是管理的核心。

表4-18 管理者的综合素质模型中所包含的素质族和具体素质

素质族	具体素质
人力资源管理	·社会化权力的使用 ·积极对待他人 ·群体管理过程 ·准确的自我评价
领导力	·自信 ·口头表达能力 ·概念化能力 ·逻辑思维能力
目标和行动管理	·有效的工作分配 ·积极主动 ·提前行动能力 ·关注影响对概念使用的诊断
指导下属	·使用单方权利 ·自发性 ·开发其他人
关注他人	·感知的客观性 ·自我控制 ·毅力和适应性 ·关注亲密的关系
专业知识	·记忆 ·专业工作领域的知识

管理者的综合素质模型是以素质为导向进行管理人员开发的方法之一。目前，素质导向的方法既可作为管理人员开发计划的基础，又可作为其他人员培训与开发的基础。

2. 四维度模型

四维度模型展示了管理角色包括以下维度。

（1）6种职能——预测和计划、培训与开发、广泛的沟通、影响和控制、专业/职能领域以及行政。

（2）4种角色——创新者、评估者、激励者、指导者。

（3）5种（关系）对象——同事、下属、主管、外部和自身。

（4）因人而异的管理风格（描述管理者形象和行为方式的特征），包括客观性、个人影响、领导力、精力水平、奉献特征。

四维度模型提出，管理人员与各种对象（如下属）进行互动，通过具体的角色担负着一系列职能。管理人员表现角色和承担职能的方式由他们的管理风格决定。例如，在针对某一下属（对象）实施培训和开发职能时，管理人员也许会在培训和评价过程中指导和激励这个下属。管理人员也许还会通过特定的风格来实施培训与开发职能。

（三）管理人员开发战略

1. 管理人员开发战略的指导原则

（1）从商业战略开始着手。这包括认识到人力资源开发工作者的首要任务是战略实施，其次才是履行作为开发者的管理人员的职责。在实际工作中，应该熟悉组织的战略目标和业务，将这些作为明确管理人员行为和能力的起始点，并且在实现战略目标的活动中寻找开发机会。

（2）在课堂学习之前，先进行工作体验。将工作经验作为开发活动的核心，课堂学习所起的作用是理解、审视和分享在工作中所学到的东西。此联系的假设基础是：可以主动控制在职工作体验，从而确保学习以及满足组织战略的需要。

（3）抓住机会。确保管理人员开发具有灵活性，并且对业务需求和组织正在面临或即将面临的问题迅速做出反应。这一点包括从详细的、严格的计划转变为可以随组织需求的变化而变化的计划。

（4）为基于经验学习提供支持。这包括创造一个文化氛围，在此文化气氛中，期望、支持和学习的奖励是每日所要面临的挑战，并且这种气氛能够加强个人对其参加作为管理者开发活动的控制。

2. 管理人员教育

（1）学院或大学所提供的工商管理学学士或硕士（BBA 或者 MBA）课程，这是目前较普遍的管理人员的教育方式。

（2）高级经理人教育，包括 EMBA，以及各大学、咨询公司、培训机构和行业协会所提供的短期课程。

3. 管理人员培训

（1）公司自己设计的培训课程。一些公司经常会自己设计一些培训课程，召开一些研讨会，将其作为管理人员开发的一种方法。这些课程的优点在于，它们是针对内部特定的问题、技能和个人特征而量身制定的。这些课程可以是强调某一项技能或问题的具体课程（如员工绩效评估或预算），也可以是一系列相关的课程（例如，对关键的非管理者进行的为期两周的研讨会，主题是让他们了解公司所有部门的产品，并使他们感受到公司面临的挑战）。

（2）企业大学。企业大学是管理人员开发战略的一个重要的组成部分，企业或公司开办大学、研究院或学院，在研究院和学院中，特定水平的管理者被要求完成特定的课程。已经有超过 2 000 家组织有自己的企业大学，如通用电气的克劳顿维尔管理培训中心、麦当劳的汉堡包大学等。

4. 在职工作体验

在职工作体验在管理人员开发中起着非常重要的作用，许多公司也开始把工作分配和工作经历作为管理人员开发活动的一部分，在工作中管理人员会获得很多实际的、深刻的感觉和体验，这种体验对于管理人员的开发效果显著，具体如表4-19所示。

表4-19 工作过程中的体验

工作过程	工作体验
制定并执行议程	·技术/专业技能 ·个人参与的所有业务 ·战略性的思维 ·承担全部责任 ·建立并使用结构和控制系统 ·开创性的问题解决方法
处理人际关系	·把握政治形势 ·使人们执行解决方案 ·高级经理喜欢什么，以及如何与他们共事 ·掌握谈判的策略 ·了解其他人的观点 ·处理冲突 ·指导和激励下属 ·开发其他人 ·正视下属的绩效问题 ·管理前任的老板及以前的同事
基本价值观	·认识到你一个人并不能管理所有的事情 ·对管理中的人性方面保持敏感性 ·基本的管理价值观
高级经理人的性格	·必要的时候要严厉 ·自信 ·处理那些超越你的控制范围的事情 ·在逆境中能够坚持 ·应付模糊不清的形势 ·使用（和滥用）权力
自我认知	·工作和个人生活之间的平衡 ·知道是什么真正激励你开展工作 ·个人缺陷和盲点 ·控制你的职业生涯 ·发现和抓住机会

案例学习

某公司新员工培训方案

一、新员工培训的目的

- 为新员工提供正确的、相关的公司及工作岗位信息，鼓励新员工的士气。
- 让新员工了解公司所能提供给他的相关工作情况及公司对他的期望。
- 让新员工了解公司历史、政策、企业文化，为其提供讨论的平台。

- 减少新员工初进公司时的紧张情绪，使其更快适应公司。
- 让新员工感受到公司对他的欢迎，让新员工体会到归属感。
- 使新员工明白自己工作的职责、加强同事之间的沟通。
- 培训新员工解决问题的能力及提供寻求帮助的方法。

二、新员工培训的程序

新员工培训的程序如图 4-2 所示。

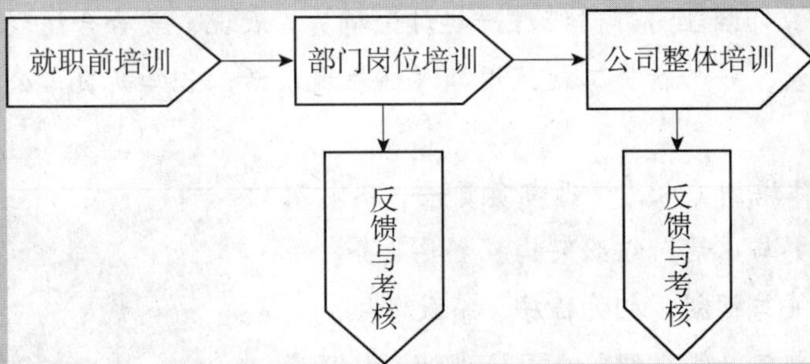

图 4-2　新员工培训程序

三、新员工培训的内容

1. 就职前培训（部门经理负责）

到职前：

- 致新员工欢迎信（人力资源部负责）。
- 让本部门其他员工知道新员工的到来。
- 准备好新员工的工位、办公用品。
- 准备好给新员工培训的部门内训资料。
- 指定一位资深员工作为新员工的导师。
- 准备好布置给新员工的第一项工作任务。

2. 部门岗位培训（部门经理负责）

到职后第 1 天：

- 到人力资源部报到，进行新员工须知培训（人力资源部负责）。
- 到部门报到，经理代表全体部门员工欢迎新员工的到来。
- 介绍新员工认识本部门员工，参观公司。
- 部门结构与功能介绍、部门内的特殊规定。
- 新员工工作描述、职责要求。
- 讨论新员工的第一项工作任务。
- 派老员工陪新员工到公司餐厅吃第一顿午餐。

到职后第 5 天：

- 一周内，部门经理与新员工进行非正式谈话，重申工作职责，谈论工作中出现的问题，回答新员工的提问。

- 对新员工一周的表现做出评估，并确定一些短期的绩效目标。
- 设定下次绩效考核的时间。

到职后第30天：

- 部门经理与新员工面谈，讨论试用期一个月以来的表现，填写评价表。

到职后第90天：

- 人力资源部经理与部门经理一起讨论新员工表现，是否合适现在的岗位，填写试用期考核表，并与新员工就试用期考核表现谈话，告知新员工公司绩效考核的要求与体系。

3. 公司整体培训（人力资源部负责——不定期）

- 公司历史与愿景、组织架构、主要业务。
- 公司政策与福利、相关程序、绩效考核。
- 公司各部门功能介绍、公司培训计划与程序。
- 公司整体培训资料的发放，回答新员工提出的问题。

四、新员工培训反馈与考核

- 岗位培训反馈表。（到职后一周内）
- 公司整体培训当场评估表。（培训当天）
- 公司整体培训考核表。（培训当天）
- 新员工试用期内表现评估表。（到职后30天）
- 新员工试用期绩效考核表。（到职后90天）

五、新员工培训教材

- 各部门内训教材。
- 新员工培训须知。
- 公司整体培训教材。

六、新员工培训项目实施方案

- 首先在公司内部宣传“新员工培训方案”，通过多种形式让所有员工了解这套新员工培训系统及公司对新员工培训的重视程度。
- 每个部门推荐本部门的培训讲师。
- 对推荐出来的内部培训师进行培训师培训。
- 给每个部门印发“新员工培训实施方案”资料。
- 各部门从2018年1月开始实施部门新员工培训方案。
- 每一位新员工必须完成一套“新员工培训”表格。
- 根据新员工人数，公司不定期实施整体的新员工培训。
- 在整个公司内进行部门之间的部门功能培训。

七、部门新员工培训所需表格

部门新员工培训所需表格如表4-21至表4-23所示。

表4-21 新员工部门岗位培训

（到职后第一周部门填写）

部门：　　　　　　　　　　　　　　　　新员工姓名：

序号	培训内容	完成确认（负责人签名）
就职前培训	•让本部门其他员工知道新员工的到来 •准备好新员工的工位、办公用品 •准备好给新员工培训的部门内训资料 •为新员工指定工作导师	
1	经理代表全体部门员工欢迎新员工的到来，介绍新员工认识本部门员工，参观公司	
2	部门结构与功能介绍，部门内的特殊规定	
3	新员工工作描述、职责要求，讨论新员工的第一项工作任务	
4	派老员工陪新员工到公司餐厅吃第一天的午餐	
5	一周内，部门经理与新员工进行非正式谈话，重申工作职责，谈论工作中出现的问题，回答新员工的问题。对新员工一周的表现做出评估。设定下次绩效考核的时间（30天后）	谈话记录：

部门经理签名：　　　　　　　　　　　　　　日期：

表4-22 新员工岗位培训反馈表

（新员工到职后一周内填写）

部门：　　　　　　　　　　　　　　　　新员工姓名：

1. 你是否已了解部门的组织架构及部门功能？

是□　否□

2. 你是否已清晰了解自己的工作职责及岗位描述？

是□　否□

3. 你是否已熟悉公司大楼的情况？

是□　否□

4. 你是否已认识部门里所有的同事？

是□　否□

5. 你是否觉得部门岗位培训有效果？

是□　否□

6. 你今后在工作中遇到问题，是否知道如何寻求帮助？

是□　否□

7. 你是否已接受了足够的部门岗位培训，并保证可以很好地完成任务？

是□　否□

续表

8. 在岗位培训中，可以改进的地方： ________________ ________________ ________________ 9. 在今后的工作中，希望接受更多以下方面的培训： ________________ ________________ ________________

表4-23　新员工试用期内表现评估表

（到职后30天部门填写）

新员工姓名：　　　　　　　　　部门：　　　　　　　　　职位：

1. 你对新员工一个月内的工作表现的总体评价： 优________　良________　一般________　差________ 2. 新员工对公司的适应程度： 很好________　好________　一般________　差________ 3. 新员工的工作能力： 优________　良________　一般________　差________ 4. 其他评价：

部门经理签名：　　　　　　　　　　　　　　　　日期：

第五章

三个层次培训与开发规划制定

学习目标：

◆ 了解培训与开发规划的三个层次

◆ 了解企业战略、人力资源战略和培训与开发战略的关系

◆ 掌握培训与开发规划制定的流程和方法

◆ 熟悉培训与开发战略的制定和目标设定

◆ 掌握培训与开发年度计划和项目计划的制订

◆ 熟练运用成本分析法进行培训与开发预算

企业培训与开发规划按时间跨度来分，包括中长期规划、年度规划和项目规划，表 5-1 显示了这三类规划的层次、主要内容和作用。

表5-1　培训与开发规划的三个层次

规划的类型	规划的层次	内容和作用
中长期规划（3～5 年）	经营层次	陈述企业未来 3～5 年培训与开发的使命、愿景和战略，为企业培训与开发活动提供方向性的指导
年度规划	运营层次	说明企业年度培训与开发活动的策略及优先级、资源的分配和成果的衡量，为培训与开发部门提供运作性框架
项目规划	操作层次	规定培训与开发项目的具体细节，如目标、项目设计，项目实施，项目评估，为项目执行者提供操作性指南

第一节　培训与开发战略规划制定

一、企业战略、人力资源战略和培训与开发战略的关系

作为企业人力资源职能的组成部分之一，培训与开发活动必须始终围绕企业总体人力资源战略来制定自己的使命、愿景和战略。因此，制定培训与开发规划首先必须从理解企业人力资源战略开始，而人力资源战略又必然追溯到企业战略，由此路径制定培训与开发战略契合了企业经营对人员知识和技能的要求，体现了培训与开发战略与人力资源战略和企业战略的一致性。图 5-1 显示了三者之间的战略递进和支撑关系。

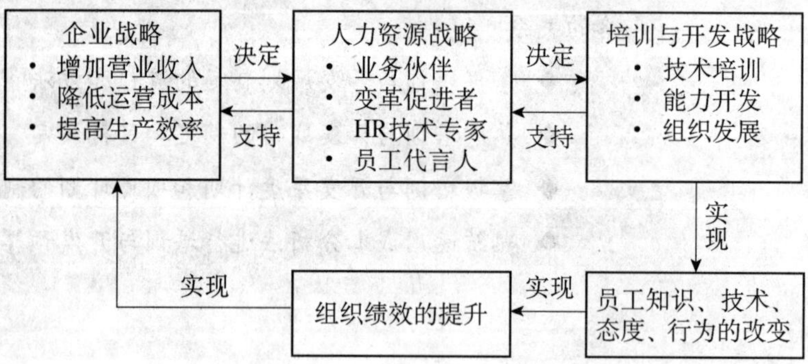

图 5-1　企业战略、人力资源战略和培训与开发战略的关系

二、培训与开发的使命、愿景和价值观

作为企业的战略支持活动，培训与开发应该陈述自身的使命、愿景和价值观（见表 5-2）。

表5-2　培训与开发的使命、愿景和价值观

项　目	内　容	举　例
使命	陈述培训与开发职能对组织和成员的价值所在，用来获得利益相关者对培训与开发的理解和支持，体现该职能对存在和发展的诉求	我们致力于组织发展和员工成长
愿景	指明培训与开发职能的发展目标，用来激励培训与开发人员对未来的渴望和追求，体现该职能对专业化水平的诉求	在未来三年内使员工个人发展计划（IDP）覆盖率达到 100%，实施率达到 90%
价值观	规定培训与开发职能关于“是”和“非”的判断标准，用来规范培训与开发人员的职业操守，体现该职能在商业伦理方面的诉求	专业、激情、学习和敬业

三、培训与开发战略的制定

培训与开发战略是企业人力资源战略的延伸，是在人力资源活动框架指导下确定培训与开发活动“做什么”，对所有需要做的事进行分析，并确定哪些事是持续获得成功的（Sustaining success）、哪些无效的事需要放弃不做（Turnaround）、哪些有问题的事需要调整后再做（Realignment）、哪些全新的事需要开始做起来（Start-up），在此基础上形成培训与开发战略。这一过程可以借助培训与开发战略制定工作表（又称 ST_ARS 模型）来完成（见表 5-3）。

表5-3　培训与开发战略制定工作表（ST_ARS模型）

人力资源活动	培训与开发战略	战略选择			
		继续保留	完全放弃	适当调整	全新开始
业务伙伴					
变革促进者					
人事技术专家					
员工代言人					

图 5-2 是某企业的培训与开发战略举例。

四、培训与开发目标的制定

培训与开发目标的制定是将需求分析所得的结论转化为培训专业语言，为培训项目设计人员在进行项目开发时提供指南，同时为将来对培训与开发效果评估提供依据。需要制定的目标主要有两大类：总体目标和项目目标。

宣传和推广"在学习中与企业共成长"的企业文化
- 保持培训与开发活动与企业/人力资源战略的一致性
- 提供员工职业发展的多方位的学习选择
- 兼顾企业绩效和员工专业

提供"经理工具箱"培训，建立管理规范
- 共享管理和领导力方法论

加速高潜力人才开发
- 通过行动学习开发领导力

启动新任经理的引导培训
- 新的绩效和责任

HR专业技能开发：业务知识、组织视野和HR技能
- 在本职工作中拓宽业务知识、组织视野和HR技能
- 通过业余教育夯实专业基础知识
- 参加培训项目弥补技能缺陷

图5-2 培训与开发战略举例

（一）总体目标的制定

总体目标是指组织层面上的培训与开发目标设定，可采用指标法，如ASTD法和人力资源指标法。

1. ASTD法

美国培训与开发协会（ASTD）是全球最具影响力的培训行业协会，通过对全美企业培训与开发信息的收集和分析，它每年会发布培训与开发评估的指标（见表5-4），这些指标反映了组织层面的培训与开发情况，既可以作为组织内部纵向比较的依据，也可以发掘与行业平均水平或标杆企业的差距。

表5-4 美国培训与开发协会（ASTD）培训与开发指标

- 企业的培训总费用
- 每个应培训员工支出的培训总费用
- 技术培训费用占培训总费用的百分比
- 报销的学费占培训总费用的百分比
- 其他费用占培训总费用的百分比
- 培训总费用占企业总报酬的百分比
- 实际接受培训人员占应接受培训人员的百分比
- 应培训人员与培训者的比率
- 每个应培训人员的总培训时间
- 课堂培训时间占总培训时间的百分比

续表

•技术学习时间占总培训时间的百分比 •支付给外部培训供应商的费用占总培训费用的百分比 •全职和兼职培训师的薪酬占总费用的百分比 •对预期效果的回报率 •以知识或技能为基础的薪酬支付 •员工发展计划 •技能证书 •员工胜任力档案

资料来源：理查德·斯旺森，埃尔伍德·霍尔顿．人力资源开发．王晓晖，译．北京：清华大学出版社，2008.

2. 人力资源指标法

人力资源指标法是基于平衡记分卡的应用，利用关键指标来衡量企业范围内培训与开发水平及其效率。在具体使用时，评估者应根据企业具体情况，采用尽可能多的指标来反映培训与开发的全貌。表 5-5 包含了三套人力资源指标体系，可供相关人员设定培训与开发总体目标时参考使用。

表5-5　人力资源指标法

BECKER.B.，HUSELID，M.A.ULRICH
高绩效工作体系 •后备人才比率 •每个员工胜任力开发费用 •列入发展计划的员工百分比
人力资源培训与开发效率 •每个受训者的小时成本 •安全生产的培训和宣传活动数目 •每年的培训天数和培训项目数量 •参加培训的员工人数和百分比 •列入开发计划的员工百分比 •得到恰当的培训和发展机会的员工百分比 •每年在培训项目中采用新资料的百分比 •培训费用占薪酬的百分比 •新员工适应工作所需的时间
人力资源的绩效驱动因素 •组织学习的程度 •员工获得工作所需信息和知识的便利程度 •人力资源部门对领导力开发和提升的贡献程度 •具有职位提升可能性的员工百分比 •员工中拥有现职工作岗位和现职外工作经历的百分比 •开发计划的实现程度 •外部雇佣人员的成功比例

续表

ULRICH，ZENGER，ANDSMALLWOOD
综合性指标
·培训与开发费用占总费用的百分比
·员工在猎头公司中的声誉
·在本职业的从业年限
·提出新想法（含这些想法的实施）的员工比例
·职位储备的比例：关键职位中可供填补的后备人才百分比
·整体人才储备率：可以转移到关键职位的员工人数
·个人接受关键职位授予的比例
胜任力指标
·垂直维度：每个层次上的员工具有工作所需的知识和技能
·水平维度：需要时员工胜任在部门间转换的工作
·外部维度：企业内部的胜任力能够满足外部价值链的需要
·全球维度：组织成员的胜任力能够参与全球范围内的竞争
KAPLAN AND NORTON
学习与成长——员工能力
·员工满意度
·员工保留率
·员工生产率
·战略性技能
·培训水平
·技能的作用

资料来源：理查德·斯旺森，埃尔伍德·霍尔顿．人力资源开发．王晓晖，译．北京：清华大学出版社，2008.

需要注意的是，并不是说上述方法和指标适合所有的企业用来制定培训与开发目标，也不是说某一企业的培训与开发活动必须采用上述所有指标。对不同产业和处于不同发展阶段的企业，目标的选择和制定应该有针对性，契合组织的目标和战略，面面俱到的目标会失去重点，反而使人失去方向，更谈不上将来对目标实现评估的有效性和价值。

（二）项目目标的制定

采用菲利普斯“五级六指标体系”设定培训与开发项目的目标，表5-6为一个工作表。

表5-6　评估目标的级别及其关注点

评估目标的级别	目标的关注点
一级：对培训的反应/满意度	规定培训实施后，学员对培训的满意度和反应的程度
二级：学习结果	规定学员应该从培训中获得的知识和所需技能的提高程度
三级：培训的应用/实施	规定培训结束后，学到的知识和技能被应用到工作环境中时，必须实现怎样的行为变化

续表

评估目标的级别	目标的关注点
四级：培训对业务的影响	规定培训结束后，业务指标将发生怎样的变化和改善
五级：培训的投资回报率	规定比较成本和收益，实施培训项目所带来的投资回报率
无形收益	规定无法转化成货币价值的四级指标作为无形收益

资料来源：杰克·J. 菲利普斯，罗恩·德鲁·斯通. 如何评估培训效果. 张少林，等，译. 北京：北京大学出版社，2007.

1. 反应/满意度目标的制定

作为最基础的目标，一级培训目标反映了学员对项目的满意度，体现了是否在培训中建立双赢关系，这对在更高级培训中取得更理想的效果至关重要。因此，学员对培训的反馈应该是正面的，至少也不应该是负面的。

2. 学习目标的制定

学习目标既能够帮助学员明确学习的内容和成绩要求，又为评估学习效果设定了标准。表 5-7 可供设定学习目标时参考。

表5-7　学习目标的设定

目的：衡量知识和技能的掌握程度
最好的学习目标： （1）描述可观察到的和可衡量的行为 （2）以结果为导向，描述清楚、具体 （3）具体说明学员在培训之后的应知、应会和应做 （4）包含三个元素 • 行为——在培训结束时，学员将能够做什么 • 条件——在什么情况下学员才能完成任务 • 标准——有效地完成任务必须达到的程度或水平 **三种类型的学习目标：** （1）认知——熟悉术语、概念和流程 （2）知识——对概念和流程的理解 （3）行为——技能的展现水平（至少具备基本水平） **举例：** （1）能够辨别和理解 6 个领导力模型和理论 （2）在给定的 10 个客户访问场景中，以 100%的正确率来启动客户拜访程序（应用正确的步骤）

资料来源：杰克·J. 菲利普斯，罗恩·德鲁·斯通. 如何评估培训效果. 张少林，等，译. 北京：北京大学出版社，2007.

3. 应用/实施目标的制定

应用/实施目标是学习目标的延伸，它们反映的是从培训中学到的知识和技能在实际工作中的应用，同时为评估员工在工作中的行为变化和绩效改变提供了标准。表 5-8 可供设定应用/实施目标时参考。

表5-8 应用/实施目标的设定

目的：衡量知识和技能在工作中的应用程度
最好的应用/实施目标： （1）描述可观察到的和可衡量的行为 （2）以结果为导向，描述清楚、具体 （3）具体说明学员在培训之后应该做出哪些改变（行为和绩效） （4）包含三个元素 ·行为——在培训结束后的一个具体跟踪时间周期内，学员产生了哪些改变，或取得了哪些成果 ·条件——在什么情况下学员才能完成任务 ·标准——有效地完成任务必须达到的程度或水平 **两种类型的应用/实施目标：** （1）基于知识层面的目标：对概念、流程的一般理解 （2）基于行为层面的目标：技能的展现水平（至少具备基本水平） **需要回答的主要问题：** （1）在工作中将应用什么样的新知识 （2）应用技能的频率是怎样的 （3）将完成什么样的新任务 （4）将采取什么样的新措施 （5）将采取什么样的新行动 （6）将实施什么样的新程序 （7）将实施什么样的新方针 （8）将实施什么样的新流程 **举例：** （1）在每个客户访问的场景中，应用开启拜访的正确步骤 （2）确定小组成员中谁在客户拜访过程中表现出缺乏信心，以便在应用过程中为他们提供辅导

资料来源：杰克·J. 菲利普斯，罗恩·德鲁·斯通. 如何评估培训效果. 张少林，等，译. 北京：北京大学出版社，2007.

4. 业务影响目标的制定

业务影响目标是所有利益相关者对培训“成果”的期望所在，是衡量学员是否将培训中所学知识和技能应用到实际工作中而带来行为和绩效变化的关键步骤，也是对知识掌握（二级目标）和应用/实施（三级指标）的进一步验证。表5-9可供设定业务影响目标时参考。

表5-9 业务影响目标的设定

目的：衡量应用知识和技能对业务产生的影响
最好的业务影响目标： （1）衡量指标必须与培训中所教授的知识和技能相关 （2）描述的衡量指标容易收集 （3）以结果为导向，描述清楚、具体 （4）详细说明培训结束后，学员在业务部门中应取得怎样的成果 **四种有硬性数据的业务影响目标：** （1）产出 （2）质量 （3）成本

续表

（4）时间 **三种普通的带有软性数据的业务影响目标：** （1）客户服务（响应速度、准时交货、完好性等） （2）工作环境（员工保留、员工抱怨、不公平待遇等） （3）工作习惯（怠工、缺勤、违反安全条例等） **举例：** （1）在一年内，将员工流失率从 25%降低到 18% （2）在 6 个月内，将缺勤率从周平均 8%降低到 3%

资料来源：杰克·J. 菲利普斯，罗恩·德鲁·斯通. 如何评估培训效果. 张少林，等，译. 北京：北京大学出版社，2007.

5. 投资回报率（ROI）目标的制定

培训投资回报率这个概念相对于企业一般投资回报率来说还是一个新鲜事物，具体计算办法为：将培训获得的价值（用货币形式表示的净收益）与投入的资源（培训的总成本）相比较。公式为

$$\text{ROI}=\frac{\text{培训净收益}}{\text{培训总成本}}\times 100\%$$

第二节　培训与开发年度规划制定

年度规划是根据培训与开发战略确定本年度培训与开发的项目大类、子项目、参加人员、时间和地点以及企业层面的培训与开发效果评估方案。

一、年度培训与开发规划

年度培训与开发规划表一般以项目类别来分类，包含项目类别、项目序列、课程名称、参加人员和时间表。表 5-10 为年度规划工作表示例。

表5-10　年度规划工作表

类别	序列	课程名称	参加人员			时间											
			普通员工	专业人才	核心人才	1月	2月	3月	4月	5月	6月	7月	8月	9月	10月	11月	12月
管理及领导力发展																	

续表

类别	序列	课程名称	参加人员			时间											
			普通员工	专业人才	核心人才	1月	2月	3月	4月	5月	6月	7月	8月	9月	10月	11月	12月
通用技能开发																	
新员工培训																	

二、年度培训与开发效果评估方案

在组织层面对企业培训与开发总体效果进行评价时，主要采用指标法，包括 ASTD 法、人力资源指标法、经济增加值法（EVA）和知识资本法。ASTD 法和人力资源指标法业已成熟，得到了广泛的应用；而 EVA 法和知识资本法在实际应用时由于其理论的复杂性和数据收集的苛刻要求，仍然处于理论成果阶段，要具备可操作性尚需时日（详见本书第八章第一节“培训与开发效果评估概述”）。

第三节　培训与开发项目规划制定

一、培训与开发项目规划

培训与开发项目规划表一般包含项目名称、子项目概要、项目时间长度、每期容纳人数、时间表、项目进展、目标人数、目标覆盖率、培训师/组织者、项目预算和人力成本。表 5-11 为项目规划工作表示例。

表5-11　项目规划工作表

项目名称	子项目概要	项目时间长度	每期容纳人数	时间表													项目进展	目标人数	目标覆盖率（%）	培训师/组织者	项目预算（RMB）	人力成本（工作日）
				第一季度			第二季度			第三季度			第四季度			小计						
				1	2	3	4	5	6	7	8	9	10	11	12							
总计																				总成本		

二、培训与开发项目效果评估方案

微观层次的项目评估模型有柯氏（Kirkpatrick）“四层次”模型、菲利普斯（Philips）“五级六指标”模型、斯旺森-霍尔顿（Swanson & Holton）“结果评价体系”模型、斯塔弗尔比姆CIPP模型和奥尔等人的CIRO模型，其中以菲利普斯（Philips）“五级六指标”模型最具有实际操作性（详见本节第八章第一节“培训与开发效果评估概述”）。

第四节　培训与开发成本预算制定

培训与开发成本是企业的主要人力成本之一，要对其实施有效控制，就必须进行科学的预算。培训与开发成本预算由两部分组成：年度总成本预算和项目成本预算。

一、年度总成本预算

年度培训与开发总成本预算一般采用两种方法：固定比率法和项目预算加总法。固定比率法是从整体到部分的分解，由企业财务部门负责；项目预算加总法则是由下而上的整合，由培训部门负责。

（一）固定比率法

根据企业所在行业的性质，参照行业标准或平均水平和企业标准，在一定的基数基础上以固定的比率进行培训与开发成本预算。表5-12描述了年度总成本预算的固定比率法计算方法。

表5-12　年度总成本预算的固定比率法计算方法

计算公式：年度培训总预算=预算基数×固定比率 预算基数： • 年度销售收入预测 • 年度员工总薪酬成本 固定比率： • 行业标准 • 企业历史数据 • 企业预算比率 • 咨询专家建议 举例： 某企业以 2018 年的销售收入 3 500 000 000 元为基数，取行业平均数 0.12%为固定比率，则该企业 2018 年度培训预算的计算如下： 年度培训总预算=3 500 000 000×0.12% = 4 200 000（元）

（二）项目预算加总法

项目预算加总法可以用数学公式表示为

$$C = C_0 + \sum_{k=1}^{n} C_n$$

式中：C 为年度培训总成本预算；

C_0 为培训部门的固定成本预算；

C_n 为第 n 个项目的成本预算。

项目预算加总法就是将年度计划的所有单个培训项目的预算累计相加，相对于固定比率法，这种方法原理简单，但实际操作中对系统性和全面性要求较高，最重要的是如何得到准确和可靠的每个项目预算，这一点在本节接下来的“项目成本预算”部分会有详细说明。

需要注意的是，固定比率法是从整体到部分的分解，由企业财务部门负责，方法简单易行，但预算不够精确；项目预算加总法则是由下而上的整合，由培训部门负责，预算比较精确，但操作起来很烦琐。在具体操作时应根据企业的具体情况，如企业的性质、规模、发展阶段等因素灵活运用，如规模较小、没有专门培训部门的企业适合采用固定比率法，以常规培训为主的企业适合采用项目预算加总法，而大型企业应当将两种方法结合使用。

二、项目成本预算

项目成本预算首先要对培训过程每一阶段发生的成本进行分类，再对每一阶段的不同成本类型进行细分后汇总，保证成本预算的数据合理、全面和可靠。

（一）成本的分类

在确定培训成本时，为了将所有与培训相关的成本都包含在内，需要对成本进行科学的分类，通过分类可以确保成本预算的系统性和全面性。表 5-13 为根据培训的不同阶段所进行的成本分类示例。

表5-13　培训成本预算分类表

成 本 项 目	项目直接成本	间接分摊成本
需求评估		√
设计和开发		√
采购		√
实施	√	
· 薪水/福利——培训人员	√	
· 薪水/福利——协调人员	√	
· 培训材料费用	√	
· 差旅/住宿/餐饮	√	
· 设备	√	
· 学员的薪水/福利	√	
· 培训日常管理成本	√	
培训效果评估		√
日常管理费用/培训与开发		√

资料来源：杰克 • J. 菲利普斯，罗恩 • 德鲁 • 斯通. 如何评估培训效果. 张少林，等，译. 北京：北京大学出版社，2007.

（二）总成本计算工作表

表 5-14 展示了如何在计算培训需求成本、项目开发成本、实施成本和评估成本的基础上进行加总求得培训总成本预算。

表5-14　培训总成本计算表

成本分类	细分项目	小计
培训需求成本	培训人员的薪资和福利（人数×平均薪资×员工福利因数×项目所占的小时数）	
	餐饮、差旅和住宿费用	
	文具费用	
	打印与复印费用	
	外部服务费	
	设备费用	
	注册费用	
	其他杂费	

续表

成本分类	细分项目		小计
项目开发成本	培训人员的薪资和福利（人数×平均薪资×员工福利因数×项目所占的小时数）		
	餐饮、差旅和住宿费用		
	文具费用		
	培训材料费用	影像和音响材料	
		光盘/磁带	
		幻灯/投影片	
		软件	
		手册和材料	
		其他	
	打印与复印		
	外部服务费		
	设备费用		
	注册费用		
	其他费用		
实施成本	学员成本		
	学员的薪资和福利（人数×平均薪资×员工福利因数×参加培训所占的小时数或天数）		
	餐饮、差旅和住宿（人数×平均日消费×培训天数）		
	学员替换成本		
	生产损失（解释根据）		
	培训材料		
	讲师费用	薪水和福利	
		餐饮、差旅和住宿	
		外部服务	
	设施费用（远程学习、传统课堂、实验室和其他）	场地租赁	
		设施费用	
	设备费用分摊		
	其他杂费		
评估成本	培训人员的薪资和福利（人数×平均薪资×员工福利因数×项目所占的小时数）		
	餐饮、差旅和住宿费用		
	文具费用		
	打印与复印		

续表

成本分类	细分项目	小计
评估成本	外部服务费	
	设备费用	
	其他杂费	
项目评估总成本		
培训部门一般费用分摊		
培训项目成本总计		

资料来源：杰克·J. 菲利普斯，罗恩·德鲁·斯通. 如何评估培训效果. 张少林，等，译. 北京：北京大学出版社，2007.

案例学习

某电信有限公司营销中心培训计划

一、培训目的

为适应市场日趋激烈的竞争形势，更好地履行营销中心在公司的职能，逐步建立完善的营销体系并在客户中树立良好的企业形象，需要加强营销人员服从领导、听从指挥的意识，需要规范营销人员的行为，为此特举办此次培训。

二、培训主题

上下结合，齐心协力，开拓进取，共同进步。

三、培训形式

以军事化贯穿整个培训过程，采用全脱产形式。

四、主办部门和培训对象

人力资源部主办，相关部门协办。培训对象为营销中心全体员工。

五、培训内容和目标

（1）军训。为了形成服从领导、听从指挥、统一行动、协调一致的团队作风。

（2）公司发展的过程及现状。第一，公司组织、生产、营销等方面的发展过程，使学员对公司发展过程有一个整体的概念。第二，公司管理、人才、生产、技术、营销等现状，具体包括：①概括公司文化，使学员了解公司经营管理现状；②质量管理和质量保证体系，使学员了解为什么要建立ISO9001质量管理和质量保证体系，建立该体系有什么作用，了解公司的质量方针和含义，以及从质量检验的角度来讲，公司如何保证产品质量；③制造资源管理系统（MRPII），使学员了解引进这一系统的目的、作用和系统的基本运行原理。

（3）公司的产品形成过程及产品现状。①了解公司产品形成的过程和特点；②公司现有产品的种类、主要配置和工作范围。

（4）公司现有产品的主要特点。①认识产品，了解产品各部分的名称及作用；②了解现有产品的操作步骤和使用方式、手段和程序；③现有产品和同类产品相比有何特点，了解公司的优势所在；④监控系统实现过程及主要功能；⑤公司在进行结构和工艺设计时，是如何为顾客考虑的。

（5）经济合同法。了解如何与合作方谈判和签订合同，以及签订合同时应该注意的事项。

（6）营销情况。①营销简述，了解从推销到营销的转变过程和营销体系的建立程序和主要组成部分；②不同客户的对待方法，学会与不同的客户打交道；③销售技巧；④公司的实际销售案例。对公司产品的销售对象进行分类，了解不同类型客户的不同特点以及如何对待客户的实际案例。

（7）营销人员的行为规范。了解公司关于营销人员的管理制度、销售待遇等。

六、培训的步骤、时间、地点和主持人

培训的步骤、时间、地点和主持人的具体内容见表5-15所示。

表5-15　营销中心营销培训的步骤、时间、地点、责任人一览表

<table>
<tr><th>步骤</th><th colspan="2">时　间</th><th>地　点</th><th colspan="2">培训内容</th><th>责　任　人</th></tr>
<tr><td>1</td><td rowspan="10">2月
23日</td><td>8：00—8：10</td><td>电教室</td><td colspan="2">动员</td><td>总裁</td></tr>
<tr><td>2</td><td>8：10—11：30</td><td>小学广场</td><td colspan="2">军训</td><td>保安公司教官</td></tr>
<tr><td></td><td>11：30—12：00</td><td colspan="4">午餐</td></tr>
<tr><td>3</td><td>12：00—14：00</td><td rowspan="5">电教室</td><td colspan="2">经济合同法</td><td>法律顾问</td></tr>
<tr><td rowspan="4">4</td><td rowspan="4">14：00—16：30</td><td rowspan="4">公司发展过程及现状</td><td>发展过程及现状</td><td rowspan="3">储运计划部经理</td></tr>
<tr><td>制造资源管理系统</td></tr>
<tr><td>产品的制造过程和现状</td></tr>
<tr><td>ISO9001 质量管理和质量保证体系</td><td>质量部经理</td></tr>
<tr><td></td><td>16：30—17：00</td><td colspan="4">晚餐</td></tr>
<tr><td>5</td><td>17：00—18：00</td><td rowspan="3">电教室</td><td colspan="2">性格及能力测试</td><td>人力资源部专员</td></tr>
<tr><td>6</td><td>18：00—19：00</td><td colspan="2">合同评审</td><td>营销办公室主任</td></tr>
<tr><td>7</td><td rowspan="6">2月
24日</td><td>8：00—11：00</td><td rowspan="4">公司产品的主要特点</td><td>结构、操作</td><td>技术支持工程师</td></tr>
<tr><td></td><td>11：00—11：30</td><td></td><td colspan="2">午餐</td></tr>
<tr><td>8</td><td>11：30—13：30</td><td rowspan="4">电教室</td><td>监控系统实现过程及主要功能</td><td>结构设计工程师</td></tr>
<tr><td>9</td><td>13：30—14：30</td><td>结构、工艺设计是如何为顾客考虑的</td><td>工艺设计工程师</td></tr>
<tr><td>10</td><td>14：30—16：30</td><td rowspan="2">营销技巧</td><td>营销概况</td><td>外聘专家</td></tr>
<tr><td></td><td>16：30—17：00</td><td colspan="2">晚餐</td></tr>
</table>

续表

<table>
<tr><th>步骤</th><th colspan="2">时　间</th><th>地　点</th><th colspan="2">培训内容</th><th>责任人</th></tr>
<tr><td>11</td><td rowspan="10">2月25日</td><td>17：00—18：00</td><td rowspan="4">电教室</td><td rowspan="2">营销技巧</td><td>对待不同客户的办法</td><td rowspan="2">看光盘</td></tr>
<tr><td>12</td><td>18：00—19：30</td><td>营销技巧</td></tr>
<tr><td>13</td><td>8：00—10：00</td><td colspan="2">公司营销案例</td><td>各营销副总监</td></tr>
<tr><td>14</td><td>10：00—11：00</td><td colspan="2">销售人员行为规范</td><td>营销办公室主任</td></tr>
<tr><td></td><td>11：00—11：30</td><td colspan="4">午餐</td></tr>
<tr><td>15</td><td>11：30—12：30</td><td rowspan="3">电教室</td><td colspan="2">公司产品与同类产品的比较分析</td><td rowspan="2">技术支持工程师</td></tr>
<tr><td>16</td><td>12：30—15：00</td><td colspan="2">公司产品使用操作</td></tr>
<tr><td>17</td><td>15：00—16：30</td><td colspan="2">讨论答疑</td><td>所有主持人</td></tr>
<tr><td></td><td>16：30—17：00</td><td colspan="4">晚餐</td></tr>
<tr><td>18</td><td>17：00—19：00</td><td>食堂大厅</td><td colspan="2">闭卷考试</td><td></td></tr>
<tr><td>19</td><td colspan="2">3月1日前</td><td></td><td rowspan="2">作业</td><td>将信息表、营销信息调查表交到人力资源部</td><td rowspan="2"></td></tr>
<tr><td>20</td><td colspan="2">5月1日前</td><td></td><td>将客户调查表交到人力资源部</td></tr>
</table>

七、要求及注意事项

（1）营销中心所有人员均要求参加此次培训，不参加培训或此次考试不合格者不能上岗。第二次培训考试依然不合格者，公司将解除与其的聘用关系。培训活动一般不能请假、迟到，请假按平日的两倍扣工资，迟到一次（包括课间休息后再上课）按旷工半天计算。因工作需要确实不能参加培训者，需得到总经理的书面批准。

（2）在培训过程中（上课、军训时）禁止吸烟，禁止使用手机。因业务需要不能关手机，应将手机贴上姓名交给人力资源部统一管理。

（3）在整个培训过程中，均要服从推举出的队长的指挥，如违反纪律，队长有权根据违纪程度的轻重给予警告、检查或解除培训的处罚。

（4）培训师上课前，队长喊“起立”，学员站立向培训师行注目礼。培训师说“请坐”后，学员坐下开始上课。课间休息不履行上述仪式。

（5）本次培训的考试分成课堂闭卷考试和作业考试两种形式。课堂闭卷考试满分为 100 分；作业考试（营销信息调查表和客户调查表）占总考核分数的 20%，考核总分满 60 分为及格。

（6）做作业时，不许相互交换意见，不许抄袭，违反者总考核分视为不及格。

八、本次培训应达到的目标

（1）逐步强化员工的组织观念。

（2）完善员工履历调查。

（3）了解员工的社交能力。

（4）使员工详细了解公司的管理、产品、技术情况，掌握有关营销的知识、技能和法规要求。

（5）使员工掌握合同的签订程序。

（6）完成建立营销体系的基础工作。

资料来源：许丽娟. 员工培训与发展. 上海：华东理工大学出版社，2008.

第六章

培训与开发项目的设计

学习目标：

- ◆ 掌握如何确定培训目标
- ◆ 了解需求评估的结果如何转换成一个具体的培训或人力资源开发措施
- ◆ 熟悉购买人力资源开发项目需要考虑的因素
- ◆ 熟悉如何选择合适的培训师
- ◆ 掌握培训外包的技巧和原则

第一节　确定培训与开发的目标

在完成需求评估之后，人力资源开发人员首先要做的就是明确培训目标。人力资源开发或培训的目标就是指人力资源开发项目的意图和期望的结果。目标的设置对培训或人力资源开发项目的成败起着关键的作用。组织不仅以目标为基础去选择内容和方法，而且还参照目标对项目进行评估，此外，它还有利于受训者将注意力集中在目标上，根据目标进行学习。

美国行为派心理学家马杰认为，一个有用的目标应该包含以下三个方面的内容。

（1）受训者应该学会的操作。

（2）进行这些操作的环境条件。

（3）评判操作是否成功的指标。

在许多情况下，无须经过学习，只要向受训者说明学习或作业的目标，就足以使他们表现出期望的行为。也就是说，有时候正是员工不知道组织对他们的期望是什么，或者说没有人告诉他们标准作业的规范是什么，才导致了他们的详细作业水平和期望之间的差距，而明确具体的目标的优点就在于向员工详细说明了这些信息，向他们表明了组织的期望，所以可以起到塑造员工行为的作用。表 6-1 展示了培训目标的行动指南，可供组织在确定培训与开发的目标时作为参考。

表6-1　编写培训目标的行动指南

（1）培训目标是文字、符号、画图或图表的组合，它指出了受训者应该从培训中取得的成果
（2）培训目标应该从三个方面来传达培训的意图 •受训者在掌握了需要学习的东西后应该表现出什么样的行为 •受训者学会的行为应该在哪些情况下表现出来 •评价学习成果的标准是什么
（3）在编写目标时，需要不断修改初稿，直到以下的问题都有了明确的答案 •我希望受训者能够做什么 •我希望他们在哪些重要的情况下表现出这些行为 •我希望他们的作业水平达到什么标准
（4）逐条写出你期望受训者取得的每一个成果，直到你认为已经充分表达了你的意图
（5）当你把写好的目标给受训者看时，也许你已经不需要做其他的工作了。原因何在？因为员工早已具备了你期望的作业水平，一旦他们知道了你对他们的期望是怎样的，他们就会主动表现出自己的工作能力

第二节　培训与开发项目的确定

分析了人力资源开发项目的需求并明确了人力资源开发项目的目标之后，人力资源开发人员就要对一系列关于项目设计、实施方面的问题做出决策。其中一个关键问题就是究竟应该由谁来提供人力资源开发项目，是内部自行开发，还是直接从外部培训机构购买（培训全包），或者是只购买其中一些关键的东西（培训半包），即是否需要外请培训师、采购培训资料（培训买断）等。

外部的培训机构或咨询顾问提供的项目很多，包括：

（1）协助进行需求评估。

（2）指导内部员工设计和实施某项目。

（3）为组织量身制定人力资源开发项目。

（4）提供培训的辅助资料（学员手册、工作手册、计算机软件、音像资料等）。

（5）向组织介绍以前设计的项目。

（6）对组织内部的培训人员进行培训，提高其教学技能。

表 6-2 列出了在做出一个人力资源开发项目采购决策之前应考虑的因素。

表6-2　在采购一个人力资源开发项目之前需要考虑的因素

专业知识	组织内部是否缺乏设计、实施人力资源开发项目的技术、知识和能力
时　　机	现在是否是聘请外部专业机构的适当时机
受训者人数	在通常情况下，如果受训者人数越多，组织自行设计培训项目的可能性越大。因此，如果需要接受培训的员工只有寥寥数人时，人力资源开发部门可能会外派他们参加培训
课程内容	如果课程内容是一些敏感性话题或涉及专利问题的话，那么人力资源开发部门会使用内部员工作为培训人员，进行内部培训
成　　本	人力资源开发部门通常会考虑成本问题，但通常不会单独考虑这个问题，一般会将成本与其他问题结合起来考虑
人力资源开发部门的规模	人力资源开发部门的规模在很大程度上反映了组织自身具备的设计、实施技能培训的能力
“X”因素	一些其他的外在因素使雇佣外部机构进行技能培训更为合适

其他影响组织采购决策的因素包括组织与外部培训机构的个人接触或过去的合作经验、两者地理位置的远近、当地经济状况以及政府对培训的鼓励政策等。

第三节　培训外包

一旦组织决定从外部采购人力资源开发项目或其中一部分，那么接下来的问题就是选择培训提供者。在选择培训机构时，观察他们提供的服务项目或其他业务能力是否与组织的需要和目标相符。

一、选择培训外包的原则

选择外部培训机构的标准因组织的不同而不同，但有一些原则是普遍适用的，如表 6-3 所示。

表6-3　选择培训外包机构的普遍适用原则

价　格	价格要与培训项目的内容和质量相称
资格证明	包括资格认证、学历和其他能证明培训提供者专业能力的资料
行业背景	在相关领域从事经营的时间长短和经验
经　验	培训提供者以前有哪些客户，与这些客户的合作是否成功，能够提供哪些证明人
经营理念	培训提供者的经营理念是否与组织相符
实施培训的方法	培训提供者采用哪些培训方法和技术
培训内容	项目和资料的主题和内容如何
现实的产品	包括培训项目的外在感观、示范材料是否提供中试项目
结　果	预期的结果如何
支　持	尤其是在项目实施和售后服务方面的支持力量如何
对项目计划书的要　求	外部培训机构提供的服务项目是否与组织希望对方在项目计划书中体现的内容一致

综上所述，外部培训提供者为组织在培训和人力资源开发项目设计和开发方面提供了广泛的选择。如果组织在人力资源开发上的现有职能有限，需要接受培训的人也不多，而且项目涉及的内容也不具有专利保密价值，那么不妨考虑从外部采购人力资源开发项目。但是，无论组织大小，一旦决定从外部采购培训服务和项目，都必须首先进行需求分析，因为只有这样才能做出明智的决定。

二、培训外包流程

培训外包流程图如图 6-1 所示。

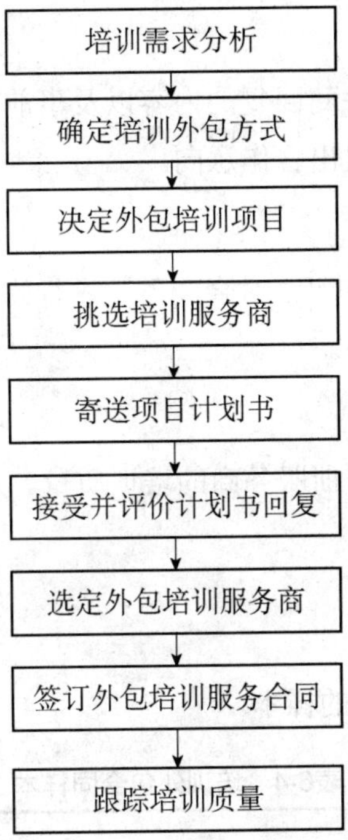

图 6-1　培训外包流程图

1. 培训需求分析

人力资源应对汇总的企业培训的各类需求进行分析，根据具体培训项目要求，结合内外部培训费用的对比分析，商讨选择何种培训方式。

2. 确定培训外包方式

人力资源部门经过讨论决定选择外包方式后，报送上级部门审核和认可，根据领导的审批意见确定是否选择外包培训方式。

3. 决定外包培训项目

（1）培训外包申请经领导审批通过后，人力资源部门根据现有工作人员的能力、培训预算、培训内容等商议将哪些项目外包。

（2）确定了外包培训项目后，负责培训的人员起草《培训项目计划书》。

4. 挑选培训服务商

《培训项目计划书》编写完成后，人力资源部门根据项目的具体要求和公司的具体培训情况，评估并挑选适当的培训服务商。

5. 寄送项目计划书

人力资源部门将《培训项目计划书》寄送给挑选出的培训服务商。

6. 接受并评价计划书回复

培训服务商回复项目计划书后，人力资源部门结合自身培训外包预期，对其回复进行评价。

7. 选定外包培训服务商

人力资源部门根据培训服务商回复的内容以及事前了解的培训服务商的信誉、报价等，最终确定培训服务商，并发出合作意向。

8. 签订外包培训服务合同

双方经过协商、谈判，达成共识，对合同条款进行修订后签订《外包培训服务合同》，双方按照合同要求履行各自义务。

9. 跟踪培训质量

人力资源部门要及时跟踪培训服务商的培训质量。

三、培训外包合同

表6-4展示了培训外包合同的样本。

表6-4　培训外包合同样本

培训合同 甲方： 乙方： 根据甲方委托，乙方承办　　　　　　　　培训，经双方协商，达成如下协议，共同信守执行。 **一、培训目的** 甲方委托乙方培训的目的：　　　　　　。 **二、培训的内容、范围及要求** 1. 2. 3. 4. **三、培训时间** 甲方委托乙方从　　年　月　日至　　年　月　日完成培训任务，乙方计划　　天内完成，并向甲方提供“培训课程表”一式　份。 **四、承办培训人员** 由乙方指定此次培训负责人　　　承办该项培训。 **五、费用及支付方式** 根据培训授课课时及授课老师的水平高低，经双方议定，甲方向乙方支付培训费　　　元。本协议生效后，甲方向乙方预付50%的培训费，即　　　元，其余的部分待乙方出具培训课程表时一次付清。 **六、乙方的义务** 1. 培训过程中，保证坚持按照向甲方提供的“培训课程表”，按时按量地完成教学计划，管理好培训班的日常性事务，未经甲方许可，不得将此次培训交予其他公司办理。

续表

2. 遵守职业道德。对甲方提供的有关资料（如人员名单）和情况保守秘密。

3. 随时或定期向甲方报告培训的进展情况，培训结束时请甲方参与监考发证等考务工作，以便验收培训结果。

七、甲方的义务

1. 按约定日期为乙方提供所需培训的相关业务（培训）资料。

2. 培训未完毕，但因不可归责于乙方的事由使培训不能完成时，甲方也应向乙方支付报酬。

3. 乙方在承办培训过程中，甲方应指定有关人员积极协助配合，给予工作方便。

八、双方的权利

按照国家有关民办职业教育的规定，保证培训的合法性。培训过程中，若一方未履行合同书，另一方则有权终止该合同；若一方有培训未尽事宜，另一方有向人民法院起诉的权利。

九、违约责任

甲乙双方按照《中华人民共和国合同法》承担违约责任。若甲方终止合同，乙方不退预收款；若因乙方原因而终止合同，乙方退还预收款。

十、未尽事宜

本合同未尽事宜，按国家相关法律法规办理。

本协议一式两份，甲、乙双方各执一份，签字盖章后生效。

甲方单位：（盖章）	乙方单位：（盖章）
甲方代表：（签字）	乙方代表：（签字）
联 系 人：	联 系 人：
地　　址：	地　　址：
年　　月　　日	年　　月　　日

第四节　培训师的选择

在企业已经决定要自行设计项目或已经采购了一个培训项目以后，如果从培训形式来看需要一名培训师的话，那么接下来就需要选择合适的培训师了。一名出色的培训师必须具有良好的表达能力，必须能够清楚地讲解存储在他大脑中的知识，能够在培训中灵活使用不同的培训技术，具备良好的人际交往能力，能够充分激发他人的学习动机。

内容专家（Subject-Matter Expert，SME）指的是精通培训主题涉及的内容的培训者。不过单单精通培训内容并不能保证一个人能够成为出色的培训师。许多专家（包括一些大学教授）都不是出色的培训师。最理想的情况是：一个人既是内容专家，又是培训能手（见图 6-2）。ASTD 的一项研究发现，当培训者在指导和协助两方面都具有较高水平的专业知识时，培训是最有效的。

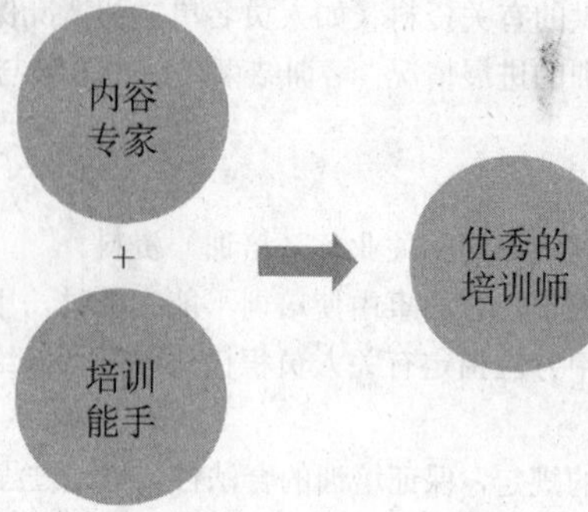

图 6-2　优秀培训师模型

如果组织内部的培训人员在培训上的能力有所欠缺，除了可以从外部专业人士那里寻求帮助以外，还可以考虑以下解决的办法。

1. 对培训师进行培训

有一些组织选择自行设计培训者培训项目。如果组织需要不断地补充熟练的培训者或技术培训者，或者企业特别需要某种培训技术，那么由自己来培训内部的培训人员是明智的选择。培训师培训需要分层分级去执行，主要通过三个方面操作：通用培训技巧培训、课程逻辑拆解培训和实战模拟。通过通用培训技巧课程，使公司内部培训师了解并掌握基础培训技巧，在此基础上，进一步讲解本次开发的课程的设计逻辑，帮助培训师了解课程设计思路，以便更好地掌握课程内容。为巩固培训效果，在培训后需跟进实战模拟，请公司内部培训师就某一部分展开讲解，同时请专家点评指导。公司内部培训师在这一阶段感觉到的进步最为明显。

2. 教研组活动

因公司内部培训师多为所在部门的骨干力量，本职工作繁忙，没有时间备课，培训部门可定期组织教研组活动，一方面，帮助公司内部培训师进一步熟悉课程，完善授课技巧；另一方面，可通过组织培训技术工作坊，使讲师了解课程开发、案例教学等方面的知识，有效补充专业知识。

3. 标准课试听

很多有经验的培训讲师认为："要想快速实现上台讲课，最简单的办法就是'模仿'。"反复看视频，模仿成熟讲师的每一句话确实是非常有效的一种方法。所以在公司内部培训师培养中，也要借鉴这一成功经验，在了解课程的设计思路后，组织讲师参加标准课试听，反思自身，向外请讲师学习。

4. 集体备课

集体备课是公司内部培训师上台的最后一重保障。在开课前组织集体备课，能进一步提升自信，并可相互切磋、交流心得。

案例学习

某金融公司培训项目模板

目标的设定应当是以公司的大目标为根本，以有益于提高公司的整体运作水平和有益于提高员工能力和素质为原则。

培训工作目标

总目标

建立双赢式的培训体系
- 提升员工队伍的整体素质
- 提高公司整体管理水平
- 把公司建成一个学习型组织
- 为实现公司战略目标做贡献

单位目标

把因员工能力不足、态度不积极而产生的机会成本浪费控制在最小限度

员工目标

提高员工的知识水平和工作能力，从而提高工作的能动性，达到自我实现的目的

目前，分公司的培训工作与公司发展要求尚存在较大差距，需要做全面的改革。

分公司培训工作的现状及改革方向

现状分析：

1. 培训的目的性与针对性不强
未与公司、员工的发展，员工个人的现状密切挂钩。

2. 培训资源不足
时间资源、师资力量缺乏，缺乏对培训课程及教材的开发。

3. 培训方式单一、深度不够
缺乏有效的培训手段，培训覆盖面窄，深度不够，培训的持续性差，效果不佳。

4. 无跟踪、评估、反馈措施
培训后无跟踪、评估、反馈措施，不利于改进。

5. 缺乏与分公司及各部门的沟通
与分公司、各部门的沟通及协作不够，对机构的支持不够。

改革方向：

1. 建立明确的员工培训计划流程
在结合岗位要求和全面征询培训需求的基础上，制订目标明确且针对性强的培训计划。

2. 加强师资力量，提高培训质量
组成一支相对稳定的兼职讲师队伍，制定各类培训大纲。

3. 多种培训渠道和手段并举
多管齐下，采用不同的方法加大培训力度。

4. 建立跟踪评估、反馈措施
加强培训后的跟踪措施以确保培训取得实际效果。

5. 加强对分公司的支持及与各部门的配合
在从计划到实施的各环节中与分公司及各部门适时沟通

培训工作要取得成功，必须能兼顾个人发展需要、执行管理以及不断做出改进培训架构的设计，原则上要能协助达到以上三要素。

培训架构设计的指导思想

培训架构设计的指导思想如图6-3所示。

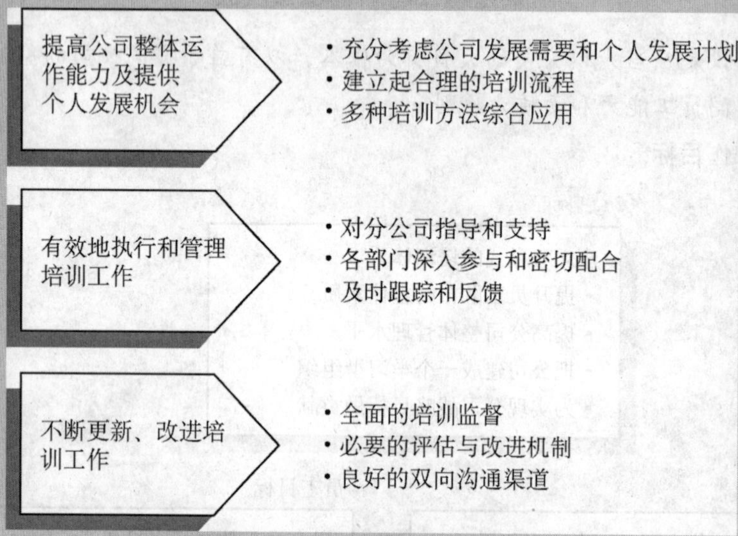

图6-3　培训架构设计的指导思想

公司人力资源培训框架

公司人力资源培训框架如图6-4所示。

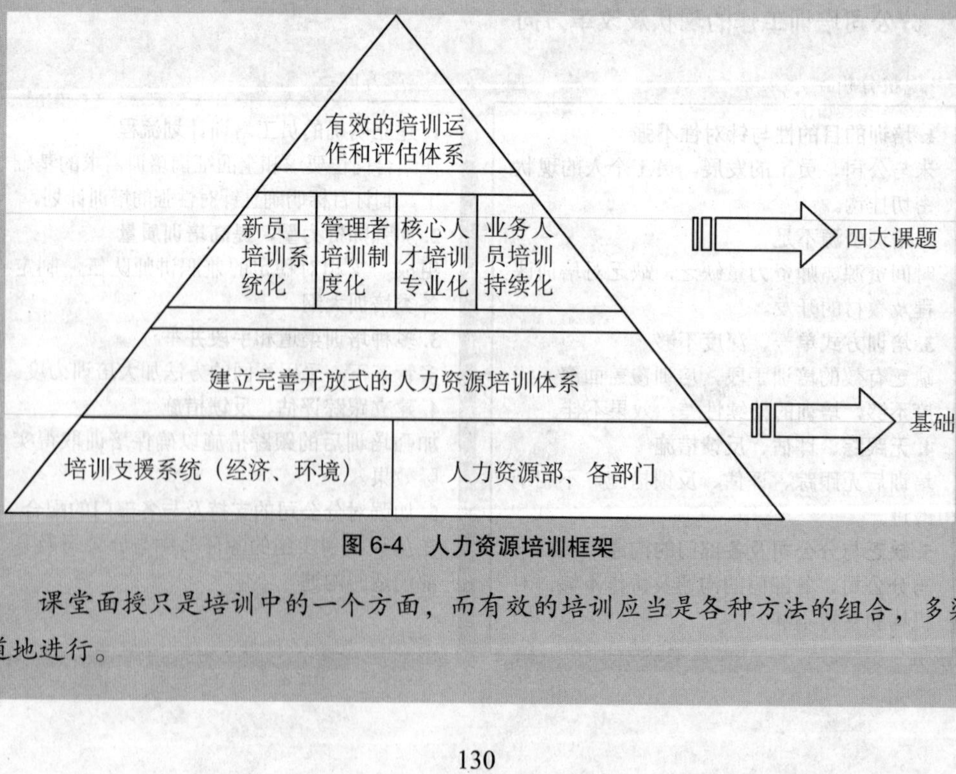

图6-4　人力资源培训框架

课堂面授只是培训中的一个方面，而有效的培训应当是各种方法的组合，多渠道地进行。

多渠道的培训方式

多渠道的培训方式如图 6-5 所示。

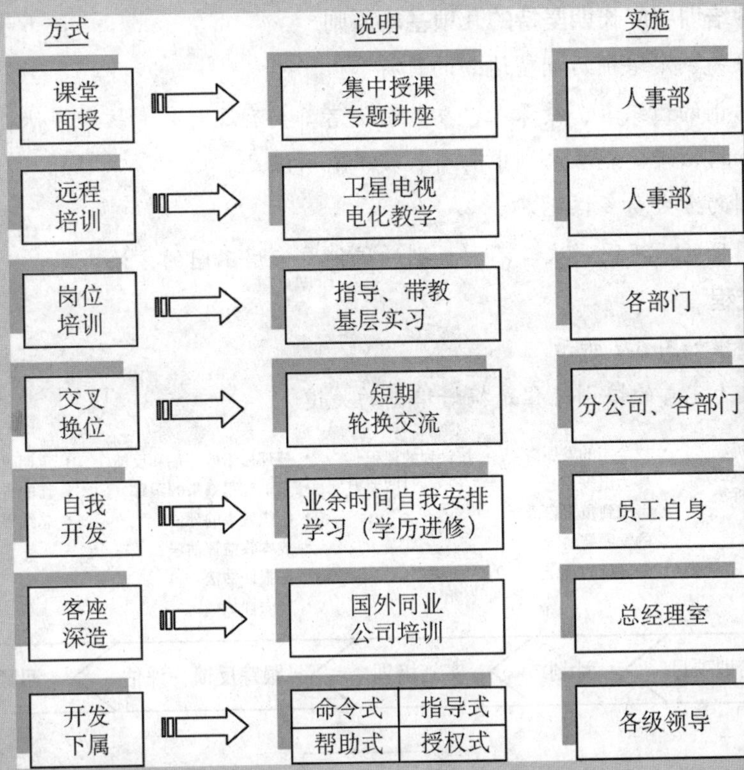

图 6-5 培训方式

培训内容

培训内容如图 6-6 所示。

（1）态度培训：建立起公司与员工的相互信任，培养员工对公司的忠诚度，培养员工应具备的精神准备和心态。

（2）技能培训：使员工掌握完成本职工作所必备的技能。

（3）知识培训：通过培训使员工基本具备完成本职工作所必须具备的知识。

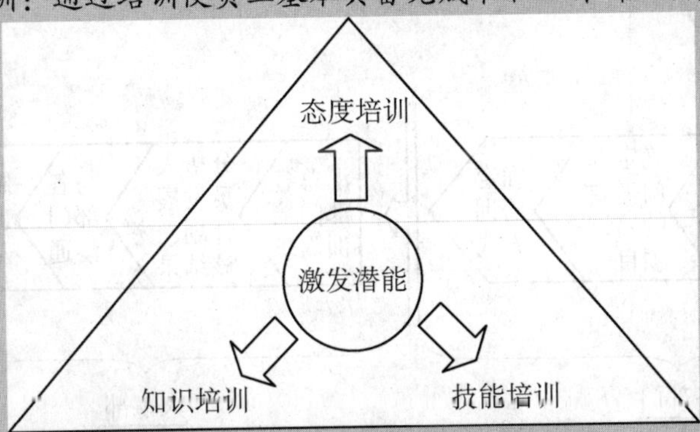

图 6-6 培训内容

在设计公司的培训体系时，一定要考虑到成年人的学习特点，遵循成年人的学习原理。

在各种培训中应长期坚持的几项基本原则

- 要预先制定培训后期望达到的目标。
- 对培训的组织者、授课人、参加培训者都要有及时的考核和评估。
- 参加培训者要能从培训中有所收获、有所满足。
- 培训的方式要多样化。
- 不同目的、不同层次、不同类别的培训要采用不同的方法。

培训流程

培训流程如图 6-7 所示。

建立较为完善的培训流程是搞好培训的关键。

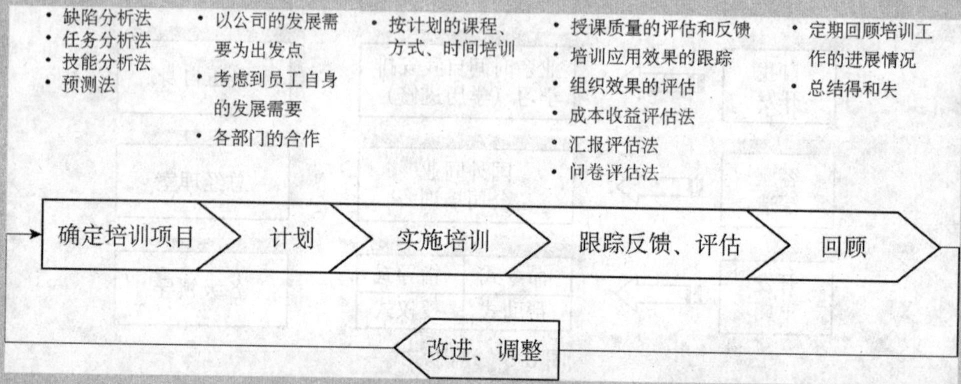

图 6-7　培训流程

培训计划应在公司整体发展计划的指导下，充分考虑到员工个人的发展要求，在有关部门的共同努力下制订出来，制订培训计划的流程如图 6-8 所示。

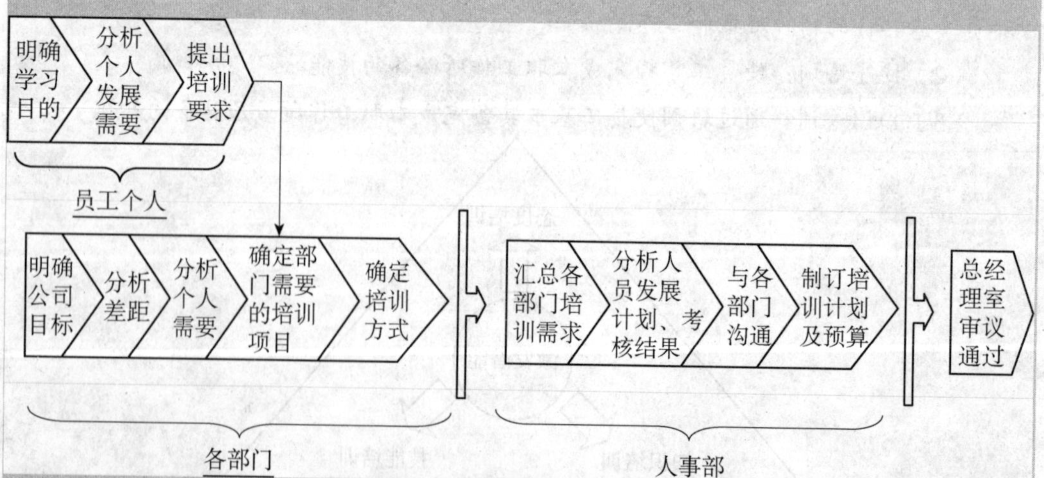

图 6-8　制订培训计划的流程

培训需求表

个人培训需求表（见表 6-5）为员工表达个人培训的需求提供了途径。

表6-5　个人培训需求表

姓名：

性别：　年龄：　学历：　司龄：

填表日期：　所属部门：　职务：　级别：

培训目的	培训内容	时间	培训方式	备注

各部门将部门培训需求表（见表 6-6）填妥后送交人事部，供人事部制订出公司的培训计划。

表6-6　部门培训需求表

部门名称：　填表日期：　部门经理签名：

培训内容	时间	培训方式	拟参加人员各单	备注

人事部制订年度培训计划

公司的年度培训计划应由人事部与各部门充分沟通后负责制订。该计划在得到总经理批准后方可实施。

计划制订之前

（1）分析公司的人员发展计划。
（2）分析考核材料。
（3）分析培训档案。
（4）与总经理室及各部门充分沟通。

培训计划的内容

（1）计划必须放到公司整体发展的大背景下。
（2）涵盖人员的现状与发展要求的差距。
（3）选择课程的依据。
（4）培训课程的要求。

人事部培训计划表如表6-7和表6-8所示。

表6-7　人事部年度培训计划表

培训类别：　　　　填表日期：　　　　填表人：　　　　经理签名：

培训内容	预计时间及跨度	培训类型	培训对象	预计人数	费用预算	备注

注：培训类型是指由培训部负责的正式培训或由各有关部门负责的非正式培训。

表6-8　人事部月度培训计划表

培训课程年月：　　　　人事部、培训部经理签字：

序　号	培训内容	参训对象	时　间	地　点	讲　师	备　注

实施培训工作程序（见图 6–9）

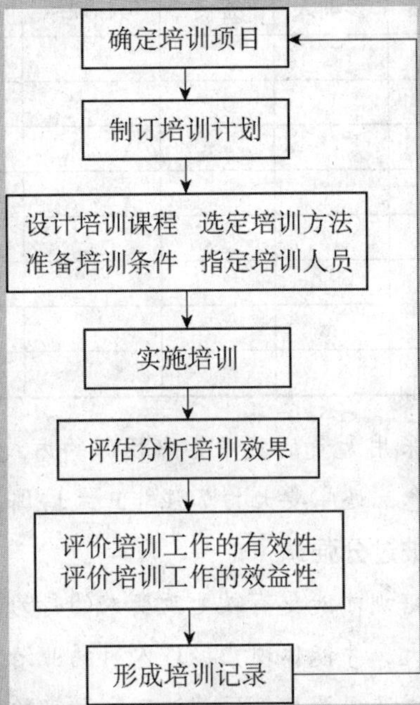

图 6-9 实施培训工作程序

集中授课式培训的实施流程

集中授课式培训的实施由人事部负责进行。各部门在实施过程中应积极支持并大力配合。

人事部：

- 下发培训通知并确认。
- 负责讲师的准备工作（内部讲师或外聘）。
- 做好教室、教具、教材、教案、试卷的准备工作。
- 做好培训的考勤、培训考核及积分的记录并归档。

其他部门：

- 通知有关人员准时参加培训。
- 参训人员安排好日常工作并做好参训准备。
- 做好参训记录。

人事部用培训记录表（见表 6-9）记录参训人员和授课时间、地点和内容。

表6-9 培训记录表

编号：

课程名称：				
时间：	地点：	讲师姓名：	讲师职称：	讲师来源：
培训内容：				

续表

参训人	签名	考核成绩	参训人	签名	考核成绩	参训人	签名	考核成绩

员工的培训中，需要采用大量的集中办班授课的方式，但不能过多地依赖此方式来改变员工的行为和观念，还需要大力加强非正式培训，尤其是岗位培训。

正式培训的作用通常被过分强调

- 人们认为只有正式培训才能更有效地改变人的行为、提高人的技能。
- 正式培训费用开支大，才能体现出经理人员的业绩。
- 培训课程的讲课形式及讲课质量远远达不到预期的效果。
- 培训课程的设计和安排没有能够针对最重要的公司发展需要。

岗位培训的实施由各有关部门负责进行。人事部在实施过程中应积极支持并起到督促和协调作用。

岗位培训的实施

人事部：

- 将跨部门的岗位培训计划交各部门，并通知参训人员。
- 督促各部门做好岗位培训工作。
- 做好岗位培训的记录工作和档案管理工作。

各部门：

- 做好岗位培训的准备工作。
- 为培训对象配备辅导员。
- 填写岗位培训报告并送交人事部。

人事部应至少在岗位培训开始前两周将岗位培训计划通知书（见表6-10）递交到有关部门，使负责培训的部门做好充分的准备。

表6-10　岗位培训计划通知书

日期：　　　　　　　　　　　　　　　　　　　　经理签名：

受训部门：	负责培训部门：		培训名称：
受训学员名单	受训岗位名称	起始/结束时间	内容具体要求

续表

受训学员名单	受训岗位名称	起始/结束时间	内容具体要求

在完成岗位培训后，负责培训的部门要立刻填写岗位培训报告书（见表6-11），并交人事部归档保存。

表6-11　岗位培训报告书

填表部门：	培训辅导人：	培训名称：	培训所在岗位：
受训学员姓名：	受训人所在部门：	培训时间：	
培训内容：			
受训学员在培训中的表现：			
辅导人签名：	部门负责人签名：	日期：	

如果在培训结束后学员对所学内容不在工作中加以实践的话，正式培训通常效能很低（见图6-10），非正式培训的效果也将打折扣。

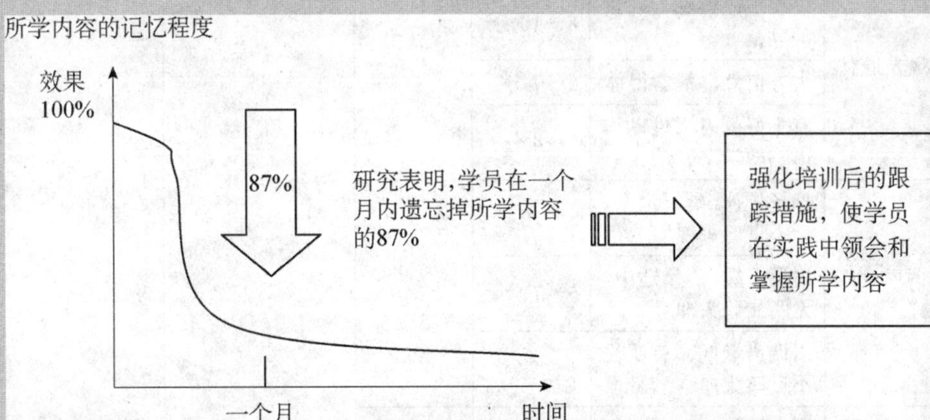

图6-10　正式培训效能较低

培训效果必须在实践中得到检验，通过有效的跟踪、评估和反馈对培训的有效性和效益性进行评估。

培训有效性和效益性的评估反馈和跟踪

人事部：

- 负责根据“教学效果反馈表”进行授课质量评估。
- 整理学员的意见，反馈讲师并提出改进授课质量的措施。
- 收集整理各部门的“培训计划进度及应用效果跟踪表”。
- 根据上述整理结果，分析培训效果及应用状况，提出改进措施。

方法：

- 成本收益评估法
- 汇报评估法
- 问卷评估法

各部门：

- 负责根据“培训计划进度及应用效果跟踪表”进行培训结果的应用效果跟踪。
- 将“培训计划进度及应用效果跟踪表”交人事部存档。
- 在培训后，督促培训效果的应用及应用评价。

人事部利用教学效果反馈表（见表6-12）在学员中进行授课质量评分，并将评分结果综合后交授课讲师本人，以便讲师自己做出改进，同时将综合结果归档作为对讲师的考核依据。

表6-12　教学效果反馈表

讲师姓名：　　　　　　　　　　　　　　　　　填表日期：

考核指标	评分标准	分数	得分	做得最好的地方	需要改进的地方
台风及肢体语言	仪表端庄得体，有讲师风范	8～10分			
	大方自然，基本得体	5～7分			
	有不好的习惯性动作影响教学	1～4分			
语调声量口头禅	抑扬顿挫，娓娓道来，无不良口头禅	8～10分			
	语调平缓，声量适中，无明显口头禅	5～7分			
	语调声量低，有明显不良口头禅	1～4分			
内容的顺序	逻辑性强，严谨有序	8～10分			
	有一定的表达顺序	5～7分			
	混乱无序，不知所云	1～4分			

续表

考核指标	评 分 标 准	分 数	得 分	做得最好的地方	需要改进的地方
表达精彩度	妙语连珠，观念新颖，十分精彩	8～10 分			
	比较平淡，偶尔有些亮色	5～7 分			
	平淡无奇，让人想睡觉	1～4 分			
内容熟练度	通篇顺畅，环环相扣，驾轻就熟	8～10 分			
	基本连贯，还算熟悉	5～7 分			
	对内容不熟练，经常看讲稿	1～4 分			
内容准确度	内容正面积极，学有所得	8～10 分			
	内容基本正面、准确	5～7 分			
	不知所云，尽是无用的个人吹嘘	1～4 分			
时间的控制	与计划相符，时间掌控好	8～10 分			
	时间控制较好，偶尔超时	5～7 分			
	完全脱离预先计划，严重失控	1～4 分			
板书教具使用	辅助教具使用得当，提高教学效果	8～10 分			
	有使用，但不太熟练	5～7 分			
	完全不使用或一直在使用，影响教学	1～4 分			
教室气氛控制	有张有弛，气氛和谐，控场能力强	8～10 分			
	教室气氛一般	5～7 分			
	完全没有调动气氛或气氛无法控制	1～4 分			
教学效果控制	教学相长，充分回馈	8～10 分			
	有一定的教学回馈	5～7 分			
	自顾自讲，完全不理会教学效果	1～4 分			
合计：					

培训效果跟踪

无论是正式培训还是非正式培训，为了使培训结果在工作中得到充分的应用，有必要建立有效的跟踪措施。表6-13为培训计划进度及应用效果跟踪表，表6-14为其示例。

表6-13 培训计划进度及应用效果跟踪表

姓名：　部门：　岗位：　职务：　将来培养方向：　预计时间：
年龄：　性别：　学历：　专业：　直接负责人：

培训内容	项目																							
	2017年												2018年									目标分数	培训方式	负责人
	1	2	3	4	5	6	7	8	9	10	11	12	1	2	3	4	5	6	7	8	9			
硬技术																								
软技能																								

计划参加的培训课程及时间、地点：

●为培训达标期

表6-14 培训计划进度及应用效果跟踪表（示例）

姓名：　部门：　岗位：　职务：　将来培养方向：　预计时间：
年龄：　性别：　学历：　专业：　直接负责人：

培训内容	项目																							
	2017年												2018年									目标分数	培训方式	负责人
	1	2	3	4	5	6	7	8	9	10	11	12	1	2	3	4	5	6	7	8	9			
硬技术																								
精算									●													80	正式	
财务会计										●												70	岗位	
税法						●																90	自学	
核赔流程				●																		90	岗位	

续表

培训内容	项目																							
	2017 年												2018 年									目标分数	培训方式	负责人
	1	2	3	4	5	6	7	8	9	10	11	12	1	2	3	4	5	6	7	8	9			
软技能																								
沟通能力												●										90	正式	
演示能力																		●				85	岗位	
领导能力																	●					90	岗位	
文字表达																					●	85	正式	

计划参加的培训课程及时间、地点：

精算原理　98.9　内地

沟通技巧　98.7　内地

金字塔原理　98.5　香港

●为培训达标期

培训工作的回顾

公司的管理人员应经常对培训工作进行回顾，并及时地调整培训计划。

公司年度培训工作会议

时间：

每年初。

参加者：

总经理室、人事部和各部门负责人。

内容：

- 回顾前一年的培训工作成果；
- 总结存在的问题；
- 提出改进措施；
- 分析公司发展对培训工作的要求；
- 提出培训工作的新目标；
- 讨论和通过新一年的培训计划和预算。

公司年中培训工作会议

时间：

每年中。

参加者：

总经理室、人事部和各部门负责人。

内容：

- 回顾前半年的培训工作成果；
- 总结存在的问题；
- 提出改进措施；
- 修改和调整年度培训计划及预算。

部门季度培训会议

时间：

每季度。

参加者：

各部门内部，人事部派人参加。

内容：

- 总结部门内培训工作的成绩及存在的问题；
- 表扬杰出表现者；
- 指出需要改进之处。

第七章
培训与开发的课程设计和实施

学习目标：

- ◆ 熟悉培训开发流程
- ◆ 了解培训课程开发方法
- ◆ 了解培训课程相关事项
- ◆ 掌握设计培训与开发课程的技巧
- ◆ 掌握课程文案的设计和培训课程实施的方法

第一节　培训课程开发流程

培训课程开发是指培训组织在培训课程设计和授课指导方面所做的一切工作，是一个可持续发展而且可以变通的过程。课程开发探讨的是课程形成、实施、评价和改变课程的方式和方法，它是确定课程、改进课程的活动和过程。

课程开发是对课程的实质性结构、课程基本要素的性质以及这些要素的组织形式或安排的设计。这些要素一般包括目标、内容、学习活动及评价程序。

培训课程开发的流程如图7-1所示。

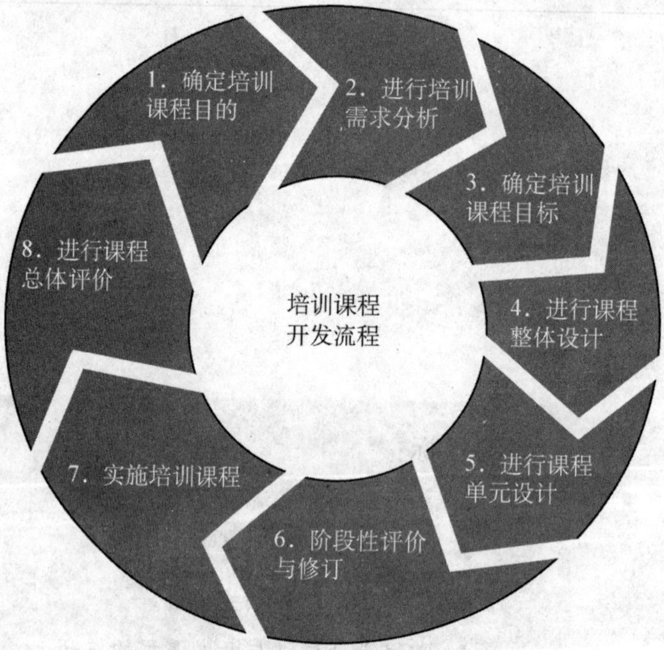

图7-1　培训课程开发流程

一、确定培训课程目的

进行课程开发的目的是说明员工为什么要进行培训。因为只有明确培训课程的目的，才能确定课程的目标、范围、对象和内容。

二、进行培训需求分析

培训需求分析是课程设计者开发培训课程的第一步。进行培训需求分析的目的是以满足组织和组织成员的需要为出发点，从组织环境、个人和职务各个层面上进行调查和分析，从而判断组织和个人是否存在培训需求以及存在哪些培训需求（具体内容请参见本书第二章“基于绩效的培训与开发需求分析”）。

三、确定培训课程目标

培训课程的目标是说明员工培训应达到的标准。它根据培训的目的，结合上述需求分析的情况，形成培训课程目标。培训课程目标描述必须有以下三个特点：具体化；数量化；可衡量。

四、进行课程整体设计

课程整体设计是针对某一专题或某一类人的培训需求所开发的课程架构。课程整体设计的任务包括确定费用、划分课程单元、安排课程进度以及选定培训场所等。

五、进行课程单元设计

课程单元设计是在课程整体设计的基础上，具体确定每单元的授课内容、授课方法和授课材料的过程。

课程单元设计的优劣直接影响培训效果的好坏和受训者对课程的评估。在培训开展过程中，作为相对独立的课程单元不应在时间上被分割开。

六、阶段性评价与修订

在完成课程的单元设计后，需要对需求分析、课程目标、整体设计和单元设计进行阶段性评价和修订，以便为培训课程的实施奠定基础。

七、实施培训课程

即使设计了好的培训课程，也并不意味着培训就能成功。如果在培训实施阶段缺乏适当的准备工作，也是难以达到培训目标的。实施的准备工作主要包括培训方法的选择、培训场所的选定、培训技巧的利用以及适当地进行课程控制等。

在实施培训过程中，掌握必要的培训技巧有利于达到事半功倍的效果。

八、进行课程总体评价

培训课程总体评价是在课程实施完毕后对课程全过程进行的总结和判断，重点在于确定培训效果是否达到了预期的目标，以及受训者对培训效果的满意程度。

第二节　培训课程开发方法

一、获得知识技能的方法

布鲁纳教学原则即布鲁纳教学四原则（见图 7-2），对受训者获得知识与技能有重大帮助。它为评价教学方法和学习方法提供了一个标准。

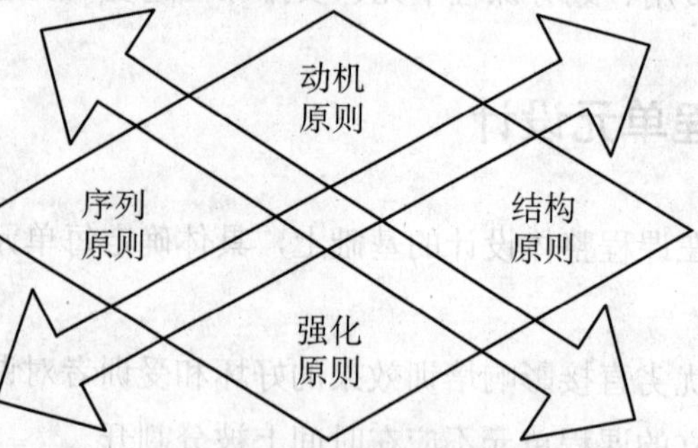

图 7-2　布鲁纳教学四原则

（一）动机原则

人的学习是主动学习，具体表现在以下两个方面。

（1）重视已有经验在学习中的作用。受训者总是在已有经验的基础上，对输入的新信息进行组织和重新组织。

（2）重视学习的内在动机与发展受训者的思维。学习的最好动机是对所学知识本身的兴趣。激发受训者的内在动机，唤起其积极性，使理性和非理性、智力因素和非智力因素相结合，促成受训者整体协调发展。

受训者的内部动机包括激发、维持和指向三个层面（见图 7-3）。

（二）结构原则

结构原则是指要选择适当的、适合受训者认知结构的方式。任何学科知识都是具有结构的，这种结构反映了事物之间的联系或规律。

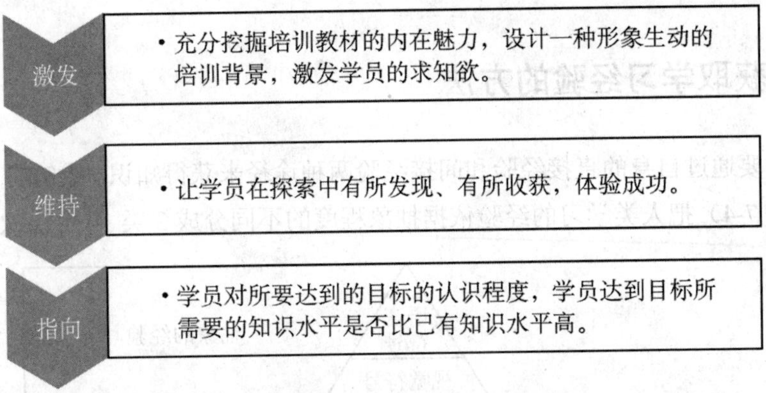

图 7-3 受训者内部动机的三个层面

（三）序列原则

序列原则是指要按最佳程序呈现课程内容。培训教材的序列直接影响受训者掌握知识的成熟程度。

在任何特定条件下，最佳的序列都是根据多种因素而定的。这些因素包括受训者的学习能力、受训者处理信息的能力和受训者探索活动的特点。因此在设计教材和进行授课时，课程设计者或讲师要根据受训者过去的学习水平、发展阶段、材料的性质和受训者的个人差异来确定最理想的序列。

遵循序列原则对于课程设计者开发合理有效的培训课程、合理安排培训内容的次序、保证受训者对培训内容的吸收，从而确保良好的培训效果具有重要的指导意义。

（四）强化原则

强化原则又称反馈原则，指的是要让受训者适时知道自己的学习成果。强化原则是课程设计中不可缺少的一种积极评价方式。落实强化原则，是要通过提供有关的授课信息，了解授课效果，发现问题，及时矫正。

在授课过程中实施强化原则涉及以下三个方面的内容，如表 7-1 所示。

表7-1 强化原则的内容

强化时机	即在什么时候受训者能够接受纠偏性信息。如：只有受训者将其发现的结果同所要求的结果进行比较时，培训师才可以告知结果是什么，否则就难以对学习产生促进作用
强化条件	即在什么条件下受训者可以利用这种纠偏性信息：受训者使用纠偏性信息的能力是随着其内部机能的变化而变化的。在受训者处于强烈的内驱力和过度焦虑的条件下，讲师的反馈就没有多大作用了
强化方式	即用什么方式可以使受训者接受纠偏性信息。如：有关研究表明，“消极信息”，即有关某种事情不是这样或那样的信息，对初次接触某概念的受训者来说，根本没有意义

二、获取学习经验的方法

人类主要通过自身的直接经验和间接经验两种途径来获得知识。戴尔的“经验之塔”理论（见图 7-4）把人类学习的经验依据抽象程度的不同分成 3 类 10 个层次。

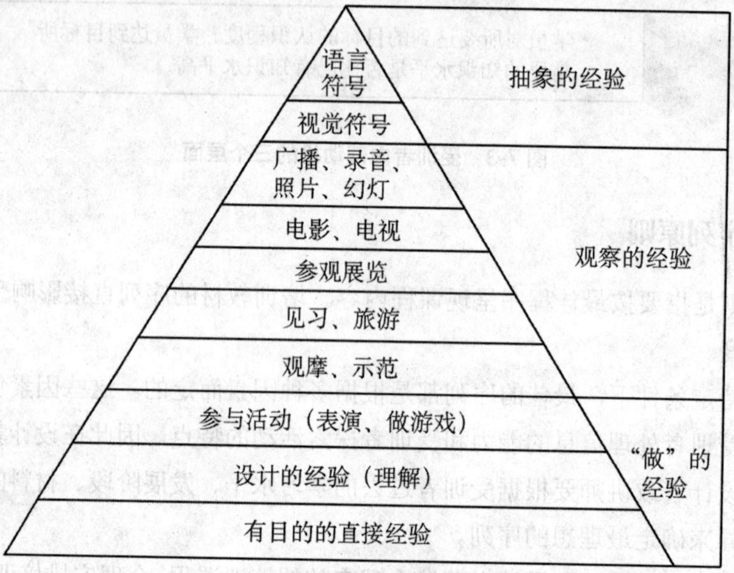

图 7-4　戴尔的“经验之塔”理论

（一）“做”的经验（塔的底部）

这类经验指的是通过自己的实践所获取的经验。它位于“经验之塔”的底部，主要包括以下三方面。

（1）有目的的直接经验。“经验之塔”的底层是直接经验，是直接与真实事物本身接触的经验，是最丰富的具体经验。

（2）设计的经验。即真实的改编、设计有助于人们更容易地理解真实情况。如制作模型，可以产生比用实物教学更好的效果。

（3）参与活动（表演、做游戏）。通过表演、做游戏感受那些在正常情形下无法获得的感情上和观念上的体验。

（二）观察的经验（塔的中部）

观察的经验在心理学上也可以称为摸象直观，是指通过观察事物和载有事物信息的媒体间接获得事物的信息。

表 7-2 展示了观察经验信息的构成。

表7-2 观察经验信息构成表

信息类别	信 息 说 明
观摩、示范	通过看别人怎么做，使受训者知道自己该如何做，以后受训者即可以动手模仿
见习、旅游	可以看到真实事物和各种景象
参观展览	通过观察了解进行学习
电影、电视	屏幕上的事物是实际事物的代表，而不是事物的本身。通过看电视，得到的是替代的经验
广播、录音、照片、幻灯	广播、录音、照片和幻灯介于“做”的经验和抽象的经验之间，既为受训者提供必要的感性资料，容易理解、记忆，又便于解说或进行培训的提示和总结，从而加强受训者的认识

（三）抽象的经验（塔尖）

抽象的经验在心理学上也可以称为语言直观，是指通过抽象符号的媒体去获得事物的信息，主要包括以下两个方面。

（1）视觉符号：指的是表达一定含义的图形、模拟图形等抽象符号。

（2）语言符号：一般有口头语言和书面语言两种，是一种纯粹的抽象。

戴尔提出“经验之塔”理论，是想让人们认识人类认知途径，根据人类的这种“从简单到复杂，从形象到抽象，形象和抽象相结合”的认知规律，选择合理的学习方式，使自身的认知过程符合这一认知规律，达到最佳的学习效果。

教学中所采用的媒体越是多样化，所形成的概念就越丰富、越牢固。网络的出现、各种视听辅助教具的利用，使塔的中部的主观性得以增强，并更容易转向塔的两端，即抽象概念化和具体实际化。在培训活动中，白板、写字板、投影仪、音频视频、幻灯片、电影剪辑材料等多媒体的使用，正是遵循了戴尔所提出的“媒体越多元化，所形成的概念就越牢固”的原理和指导思想。

三、把握学习风格的方法

学习风格是课程培训中需要考虑的一个重要因素。如果对受训者在什么样的情况下能够达到最好的学习效果分析不正确，而使用了不恰当的教学方法，有可能导致受训者对知识和技能掌握不好。因此在设计课程时，设计者一定要考虑受训者的学习风格。

在培训课程的开发中，科尔伯的学习风格理论备受推崇。科尔伯学习风格理论主要是将人的认知过程的两个维度划分成四种不同的学习类型。

（一）两个维度

两个维度指的是受训者如何感知信息和受训者是怎么学习的，如图 7-5 所示。

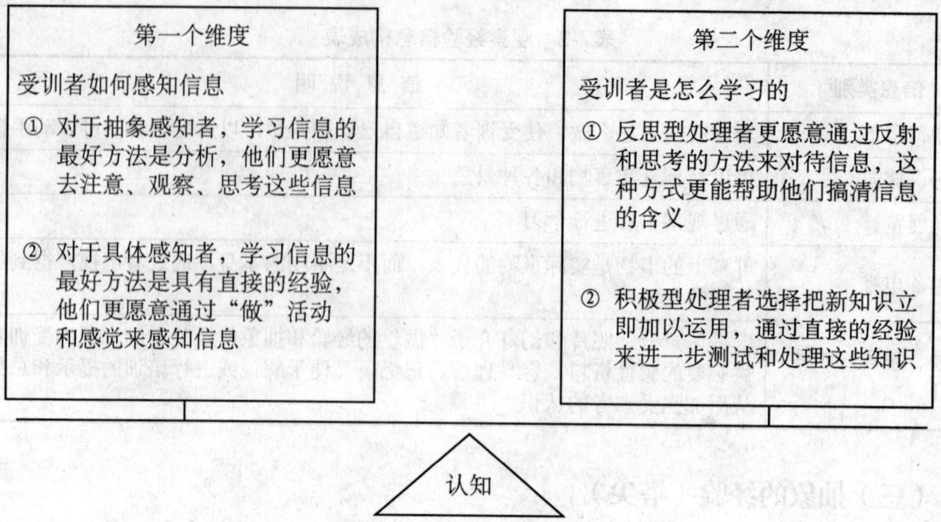

图 7-5　认知的两个维度

（二）四种学习类型

任何一种感知方式和处理方式相互组合，都可以组成四种类型：抽象的感知者/反思型的处理者；抽象的感知者/积极型的处理者；具体的感知者/积极型的处理者；具体的感知者/反思型的处理者。这四种类型构成了科尔伯的学习风格理论（见图 7-6）。

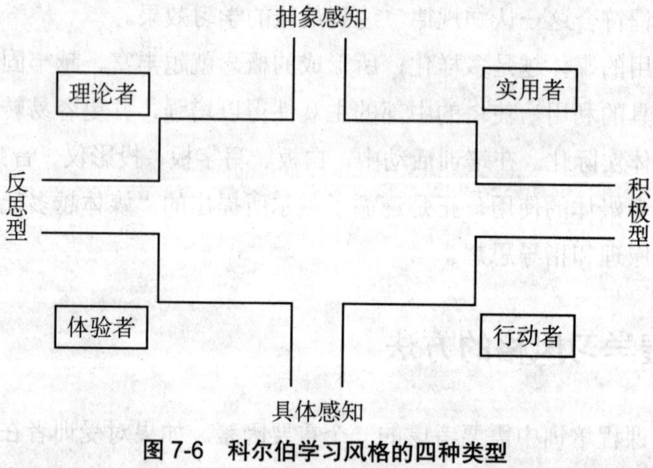

图 7-6　科尔伯学习风格的四种类型

1. 实用者

善于做决定、解决问题，弱于集中精力、体验与评估思想。适合的培训方式为同伴之间的互动与反馈，提供技能、技巧活动等。

2. 行动者

善于完成计划、领导和冒险；弱于不现实，只重目的。适合的培训方式包括技巧技能的训练、亲自解决问题、小组讨论、同伴的互动与反馈等。

3. 体验者

学习态度好，长于想象及解决脑筋急转弯问题；弱于发现机会、提出行动方案。适合的培训方式包含大量反馈时间的课程讲授、引导、提供专业指导、用外部的客观标准来判断受训者自身的绩效等。

4. 理论者

长于制订计划、创建模型和理论；弱于从经验中学习，不能看到更广阔的前景。适合的培训方式包括案例分析、理论研讨、独自思考等。

第三节　培训课程相关事项的确定

一、确定课程六大相关事项

在开发培训课程之前，组织应该初步确定以下六大相关事项，以确保培训课程开发的顺利开展。六大事项包括课程名称、课程目的、课程开发周期、课程开发人员、课程开发经费以及研究结果（见表 7-3）。

表7-3　课程确定的六大事项

课程确定事项	事 项 说 明
课程名称	根据掌握的信息，考虑课程所要开发的内容，描述课程名称（如果描述课程名称困难，也可以假定课程名称）
课程目的	课程目的是描述对课程预期的一般结果，与课程目标不同，课程目的是不可衡量的，一般从学习对象、组织要求、学习内容以及学习结果四个方面进行描述
课程开发周期	指的是课程开发完成所用的时间，即记录课程开发的起始日和结束日，初步计算所用时间
课程开发人员	课程开发人员指的是与本课程开发相关的成员，确定课程开发人员的作用和姓名
课程开发经费	预计开发课程所需要的经费
研究结果	分析上述各项内容，简要总结其结果，最后结论以“可能、不可能、保留”整理课程开发情况

二、确定课程相关事项实例

（一）课程目的描述实例

下面以某公司培训课程目的描述为例进行说明（见图 7-7）。

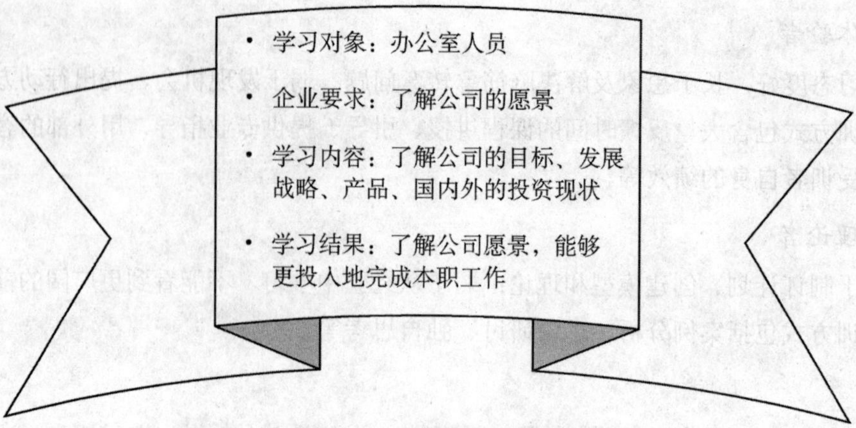

图 7-7 某公司培训课程目的描述

1. 学习对象

本课程的参加受训者，即听课的对象是谁。

2. 企业要求

企业要求指申请培训课程部门的目标要求。

3. 学习内容

培训课程中应该涉及的主要学习内容。

4. 学习结果

期望通过学习得到的结果。

（二）课程开发人员实例

下面以某公司课程开发人员的具体实例进行说明（见表 7-4）。

表7-4 某公司课程开发人员一览表

作　用	英 文 全 称	简称	主 要 任 务
课程开发负责人	Course Development Manager	CDM	最终负责资源与人员的管理及课程开发的输出管理
课程开发者	Course Developer	CD	管理课程开发的流程
讲授设计者	Instructional Designer	ID	设计新课程的讲授目标、内容、方法等内容
内容专家	Content Expert	CE	提供与课程相关的业务知识和经验
媒体专家	Media Expert	ME	开发适用于新课程的传播媒体
评价专家	Evaluation Expert	EE	评价新课题及其内容
外部顾问	External Consultant	EC	提供专业内容和经验

注：① 通常课程开发者会成为在课程设计方面拥有专业知识的课程设计者。

② 媒体专家和评价专家通常是公司外聘专家，当聘请公司外专家有困难时，由课程设计者担负起媒体专家和评价专家的责任。

③ 可根据课程的特点选拔课程开发人员。

第四节 设计培训与开发课程目标

课程目标是培训课程对受训者在知识与技能、过程与方法、情感态度与价值观等方面的培养上期望达到的程度或标准，也就是说培训结束后受训者应达到的预期水平。

在课程设计中，课程目标的作用十分重要，因为它不仅是选择课程内容的依据，还是课程实施与评价的基本出发点。

一、课程目标的特点

（一）课程目标构成

一个完整的课程目标包括行为主体、行为动作、行为条件和执行标准四个要素，简称 ABCD 形式。

（1）A（Actor）：行为主体，即受训者。

（2）B（Behavior）：行为动作，即执行的行为。

（3）C（Condition）：行为条件，即执行的前提条件。

（4）D（Degree）：执行标准，即用可测定的程度描述执行标准。

（二）制定课程目标的原则

课程目标是指培训结束时或结束后一段时间内组织可以观察到的，并以一定方式可以衡量到的，具体的、合理的行为表现。它关注的是受训者学到了什么，而不是培训师教授了什么。因此在制定课程目标时应遵循 SMART 原则（见表 7-5）。

表7-5 制定课程目标的SMART原则

原　　则	说　　明
S（specific）	明确的、特定的：即用具体的语言清楚地说明要达到的行为标准
M（measurable）	可衡量性：即应该有明确的数据作为衡量达到目标的依据
A（achievable）	可以达到的：要根据学员的素质、经历等情况，以实际工作要求为指导，设计切合实际、可达到的目标
R（realistic）	实际性：即在目前条件下是否可行、可操作
T（time）	时限性：即目标是有时间限制的，没有时间限制的目标没有办法考核，或考核的结果不公正

二、描述课程目标的技巧

（一）课程目标的类型

1. 根据目标生成的时间进行划分

根据目标生成的时间划分，课程目标可分为行为目标、延展性目标和表现性目标。

（1）行为目标。行为目标是一种具体的、可观察的学习目标，即受训者通过学习以后将能做什么的一种明确、具体的表述。它以行为描述课程目标，把课程目标分为具体的学习行为，把受训者行为分解为更细的行为。

（2）延展性目标。延展性目标是根据课程的实际进展提出的相应目标，而不是事先设定的目标。它主要考虑的是学习活动的过程，而不像行为目标那样重视结果；它关注的是受训者的兴趣、能力的差异，强调目标的适应性、生成性。

（3）表现性目标。表现性目标强调的是讲师和受训者在课堂中的自主性、创造性，是唤起性的，不是规定性的。它主要强调的是受训者的创新精神、批判思维，适合以受训者活动为主的课程。

2. 根据课程内容进行划分

根据课程内容可以将课程目标划分为认知目标、情感目标和技能目标。各目标还可分为若干层次（见表7-6）。

表7-6　课程目标一览表

目标类型	层　次	定　义
认知目标	知识	能识别和再现学过的知识和有关材料
	理解	能掌握所学的知识，抓住事物的实质
	应用	利用所学的知识，应用到新的情景
	分析	分解所学的知识，找出构成的要素
	综合	能把各个元素或部分组成新的整体
	评价	根据一定标准对事物进行判断
情感目标	接受	愿意注意特殊的现象或刺激
	反应	自愿地对刺激进行回应
	价值判断	对特殊的对象、现象或行为形成一种自己的价值观
	信奉	一直按照内发的、稳定的价值体系行事
技能目标	模仿	在他人的指导下，能够运用简单的技能
	操作	经过反复练习，能独立地完成一项工作
	熟练	能准确、自主地完成一项技能或任务
	创作	具备了创造新动作、技能的能力

（二）描述课程目标的三要素

描述课程目标时，必须对受训者在每一项从属的知识、技能和态度的学习后应达到的行为状态做出具体明确的表述，再将这些表述进行类别化和层次化处理。

课程目标的描述包括受训者的预期行动、执行条件以及执行标准三方面的内容（见表 7-7）。

表7-7　课程目标的描述

划　分	目 标 内 容	描 述 目 标
预期行动		
执行条件		
执行标准		

1. 预期行动

在对受训者的预期行动进行描述时，应注意行为动词的运用。不同类型的课程目标应该采用不同的行为动词。表 7-8 列出了一些认知性目标的行为动词，表 7-9 列出了一些动作性目标的行为动词，表 7-10 列出了一些定义性目标的行为动词，表 7-11 列出了在设计目标过程中应采用和应避免的一些行为动词。

表7-8　认知性目标的行为动词

对学员期待的水平	选择最恰当的动词描述所期待的学员的行为
知识/理解 记忆并认识事实	• 分类　• 定义　• 举例 • 说明　• 掌握　• 连接 • 认识　• 复述　• 罗列 • 命名　• 选定　• 陈述
应用 把所学的知识应用到新情景中	• 选择　• 计算　• 组装 • 作用　• 执行　• 预见 • 润色　• 解释　• 应用 • 证明
分析 以资料为基础进行分析和分解	• 分析　• 分类　• 比较 • 区分　• 区别　• 试验 • 对照　• 批评　• 分离
综合 把已分析的要素综合成新的结构或组织	• 排列　• 结合　• 构成 • 讨论　• 公式化　• 一般化 • 设定　• 摘要　• 写出 • 组织　• 收集　• 关联 • 表示

表7-9 动作性目标的行为动词

对学员期待的水平	选择最恰当的动词描述所期待的学员的行为
	・调整 ・排列 ・组装 ・移动 ・替代 ・表现 ・执行 ・均衡 ・形成 ・计划 ・说话 ・移动 ・连接 ・制动 ・摆姿势 ・提示 ・产出 ・用身姿表现

表7-10 定义性目标的行为动词

对学员期待的水平	选择最恰当的动词描述所期待的学员的行为
接纳及反应 对事件或活动倾注关心并给予响应	・应答 ・注意 ・醒悟 ・喜欢 ・接纳 ・记录 ・倾听 ・反应 ・完成
价值化 提出实施见解	・接纳 ・假定 ・采取 ・显示 ・参与 ・影响 ・决定 ・增加
组织化 接纳别人的价值后下结论，站在对方的立场上或拥护他人的观点	・联合 ・决心 ・形成 ・寻找 ・相关联 ・判断 ・选定
特性化 当特定的价值观、信念与行为相一致时，把那种价值观作为个人特性	・实施 ・交换 ・开发 ・改正 ・行动 ・实现

表7-11 在设计目标过程中应采用和应避免的一些行为动词

应采用的行为动词	应避免的行为动词
选择 对比 指出 评级 定义 显示 描述 告知 省略 翻译 编排 解释 制作 配套 计划 操作 设计 辩护	喜欢 决定 信赖 明白 概念化 思考 学习 理解 把握 通过……意识到…… 在……方面增加知识 对……增加理解 对……意识减弱

2. 执行条件

描述课程目标时，应该对受训者就执行该项工作所需要的条件进行详细的说明（见表7-12）。

表7-12 对部分执行条件的说明

条件的形态	说 明
图表/图形	图表、图纸、照片、地图和资料等
实物	计算器、机械类测量仪器和工具等

续表

条件的形态	说　明
数据	数据、公式和术语等
实际人物	扮演顾客的学员、扮演负责人的讲师等

3. 执行标准

描述课程目标时，应该对达成绩效的标准进行详细的说明（见表 7-13）。

表7-13　对部分标准的说明

标 准 形 态	说　明
速度	秒、分、时、日等
数量	如“全部”“至少 10 个”“10 个中的 9 个”等
百分比	100%、99%、85%、80%等
样式	检查清单、产品测定工具等
选择解决方案	最适合、最低费用、最大利益等
比较	与专家相比、与投票相比、与小组成员相比等
判断	10 次中 9 次与专家意见一致
意见	更积极、意志坚定、有反应地、综合地、没有反对等

三、课程目标的运用

以上讨论了确定课程目标的原则和构成要素。在正确的指导下，根据目标的构成要素确定的课程目标会更加合理可行。设定正确的课程目标的重要意义在于目标运用，目标运用主要表现在以下 8 个方面（见图 7-8）。

1. 有助于学员在了解和接受培训后，确定自己需要达到的标准和努力的方向。

2. 为课程设计提供方向和原则。

3. 为课程设计者确定培训内容和培训方法提供依据。

4. 为讲师所需教材和教具的制作提供标准。

5. 为课程的介绍和宣传提供依据。

6. 为评价和检查学员通过培训在知识、技能和态度上的改变和改进提供依据。

7. 有助于尽早判断出培训可以做到和做不到的事情，进而消除不切实际、无法实现的主观意愿。

8. 确定讲师的职责。

图 7-8　课程目标的运用

第五节　课程阶段性修订

一、课程阶段性修订的内容

课程阶段性修订可以分为主要修订和次要修订。

（一）主要修订

主要修订指课程需要重新设计，课程整体内容和单元内容需要大范围重组、更新、替换以及课程目标变更，课程整体格式和编排需要变更等。

（二）次要修订

次要修订指课程形式、排版的小幅调整，页码顺序的调整，内容上的微调等。就使用频率而言，在课程阶段性评价过程中，次要修订的使用频率要远高于主要修订。

综合而言，培训阶段性评估的修订范围如下。

- 培训需求的删减、补充、调整。
- 课程目标的修正、删减、完善。
- 课程整体设计和单元设计内容、形式、方法、材料、时间等的调整、完善和删减。

二、修订结果的评价标准

修订结果的评价标准如图 7-9 所示。

1．课程内容足以达成课程目标
2．妥善运用各类授课方法
3．课表时间和进度安排符合实际
4．课程表现形式符合学员学习风格

图 7-9　修订结果的评价标准

第六节 培训课程实施文案的编制

一、编制培训课件

培训课件是培训师在正式授课时展示给所有受训者看的内容，它一方面能吸引受训者的注意力，另一方面能帮助培训师把握下一部分的讲解内容。在开展培训的过程中，PPT 是开展现场培训使用频率最高的培训工具。在授课过程中使用 PPT 主要有以下三个作用。

（1）提示，有利于讲师把握训练节奏。

（2）承接，帮助受训者梳理学习框架。

（3）调动，调动受训者视觉感知功能。

（一）培训课件的内容构成和设计

培训课件的内容设计是课件设计的核心。

表 7-14 列出了培训课件的主要构成要素。

表7-14 培训课件的主要构成要素

封 面	学习目标	目 录	正 文	备 注
1. 课程标题和副标题 2. 课程讲师姓名及联系方式 3. 讲授时间	阐述通过本课程的学习，学员要达到的学习目标，包括知识要求、技能要求和态度要求	提炼授课内容的各个构成部分的主题，明确重点，包括总目录和分目录	正文标题和正文内容，正文内容是对正文标题的细化说明，包括理论内容、案例及其他资料等	备注页对幻灯片的相关内容进行解释、提示和说明

进行培训课件内容设计时，应满足以下四个方面的要求。

（1）列出要点。

（2）做到每一个页面表述一个主题。

（3）每一页面内容尽量不要超过 7 行。

（4）使用项目符号或其他编号，以使层次保持清晰。

（二）培训课件美化技巧

1. 色调选择符合“四要求三因素”

（1）进行幻灯片的色调设计时，应满足如图 7-10 所示的四个要求。

（2）在选择颜色时，要考虑以下三个因素。

① 选择符合课程主题和内容的颜色。

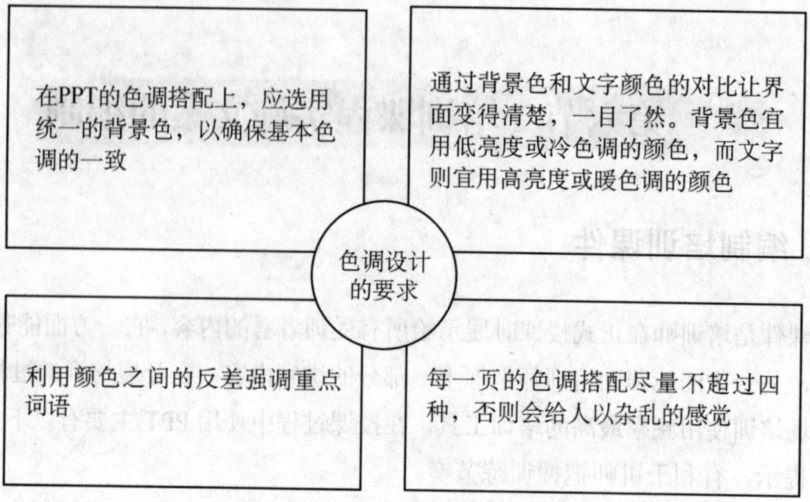

图 7-10　幻灯片色调设计的四个要求

② 选择能集中受训者视线的颜色。

③ 选择整体上协调的颜色。

2. 文字

标题和关键文字的大小应该在 36～48 磅。重点语句应采用粗体、斜体、下画线或色彩鲜艳字，以示区别。尽量使用图形和表单表达内容，避免出现纯文字内容。

3. 图表

PPT 中使用的图表分为两种：一种是恰当运用图表以说明文字之间的逻辑关系；另一种是对文字进行补充说明和支持，包括数据图、流程图等。

4. 演示效果

良好的演示效果能帮助培训师恰当地阐释自己的讲课内容，起到锦上添花的作用。幻灯片之间的切换效果最好不要超过三种，而每张幻灯片的构成元素之间避免使用超过三种以上的演示效果，以免分散受训者的注意力。

二、编制讲师手册

讲师手册是培训师在上培训课时的顺序和内容的指引，在课程设计中，它属于培训师备课的一个部分。讲师手册的内容包括开场、气氛调节、所要教授的主要理论或技能、培训方式、案例分析、游戏编排、互动讨论、相关测试及测试结果分析、所提问题及问题答案、可能遇到的困难及对策等所有与课程有关的内容。因此，编辑讲师手册是整个培训课备课过程中最艰巨、最具创造性的工作。

在制作讲师手册的过程中，最重要的就是按照课程大纲的思路，依照时间表的时间分配，进行资料的收集和编排工作。

（一）讲师手册构成要素

课程讲授分为三个部分：开场、主体和结尾。讲师手册编制也应当按照授课的过程进行。讲师手册主要包括以下几部分内容。

1. 开场

“良好的开端是成功的一半”“万事开头难”，开场的重要性不言而喻。开场把握的要点有四个，如表 7-15 所示。

表7-15　开场介绍要点

开场要点	要点说明
塑造良好的第一形象	（1）注重仪容仪表 （2）表现出热情和自信
进行恰到好处的介绍	（1）培训师介绍。培训师可以采取书面介绍、请人介绍和自我介绍的方式让学员了解自己、认识自己 （2）学员的介绍，包括学员自我介绍和互动介绍。对于新员工等课程的讲授而言，可考虑留出一定的时间进行学员介绍。进行学员介绍的目的是活跃气氛、打破僵局、营造宽松的培训氛围
建立培训期望值	（1）开场时，可通过对课程内容和分配时间的介绍，让学员对课程讲授的总体情况有所了解。例如，可以使用以下语气进行说明：“在今天×时的授课时间里，我将用×时进行理论讲解，×时进行学习讨论，××分钟分析案例” （2）建立培训期望值可以帮助学员明确培训的目的，把握整个课程的进度，并明确各个内容板块的学习目标
引发学习兴趣	（1）告诉学员本次学习的重要性和培训机会的珍贵，明确本次学习对于学员的好处从而引发学员的学习动机 （2）以下列举的是引发学员兴趣的方式，以供参考 ① 表明参加本次培训带来的晋升的可能性 ② 举例说明参加培训的好处，最好用数据说明 ③ 列举反面案例表明不参加培训后果的严重性

2. 主体

主体部分说明以下三个事项。

（1）授课内容及其要点。培训的主要目的就是传授知识、技能等，因此，在编制讲师手册时，应明确授课的标题和要点，还可以表明阐述每一标题所需的时间。

案例、故事、讨论、游戏、活动等作为授课内容的重要构成方面也需要在主体部分予以说明，并应说明为了顺利完成案例分析、故事讲解、内容讨论、游戏、活动等所需的材料、道具及时间等。

（2）控制培训环境，确保培训的外在条件（如光线、室温、通风等因素）不会干扰培训的开展，使受训者的注意力能够集中在培训的内容上。控制培训环境还包括掌控课程的进展和互动环节的讨论，避免由于时间控制不力导致内容没有全面展示。

（3）调节气氛。调节气氛有利于使受训者保持学习的兴趣，有利于培训内容被理解和掌握。培训师在授课过程中要对气氛的变化保持敏感，并采取适当的措施调节气氛。例如，如果气氛沉闷，可以通过引入受训者兴趣度极高的话题或案例来活跃气氛，而如果气氛过于热烈，则应当及时提醒受训者要有良好的学习心态。

3. 结尾

编制讲师手册时，应当明确课程结尾所用的方式，例如是用总结式、展望式还是鼓励式，或者使用名言警句或故事等结尾。不论以什么方式结尾，在讲师手册中都应当明确所使用的结尾方式的素材，如要以故事结尾，则应将故事的原始材料和内容进行简单的介绍。

（二）讲师手册编制步骤

讲师手册编制步骤如图 7-11 所示。

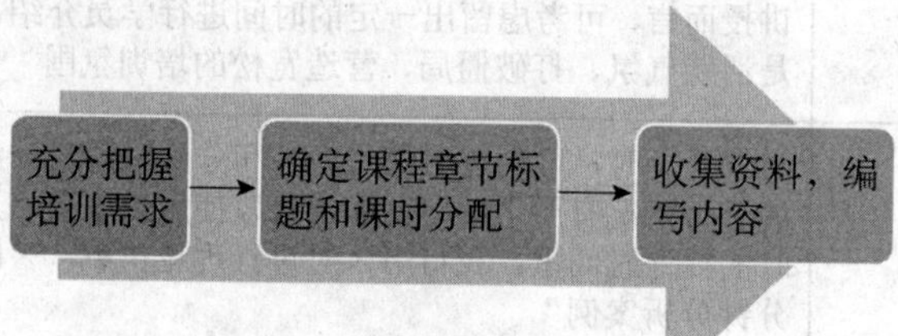

图 7-11 讲师手册编制步骤

1. 充分把握培训需求

在编制讲师手册前仔细考虑所授课程的目标、受训者的特点、受训者的理解水平等。这可以通过与受训者及受训者所在部门的领导交谈找到答案。

2. 确定课程的主要章节标题和课时分配

在确定课程的主要章节标题时，可以参考市场上类似课程的大纲介绍，可以取长补短、查漏补缺。时间安排的确定是分配章节内容所需时间的前提，也是设计案例、游戏、讨论内容的前提和掌控案例、游戏、讨论时间的必然要求。

3. 收集资料，编写内容

（1）理论知识。理论知识资料可以从相关教材类图书、网络和公司资料中发掘。

（2）知识应用的设计。知识应用的设计包括案例、游戏、活动等环节的设计。这些可以从网络、实务类图书或自己的切身经历等方面获取素材，并编排成可操作、可应用的案例、游戏、活动等。这一部分工作的关键在于对案例、游戏、活动进行的分析和总结，并设法将其控制在可控范围内。

《学员手册》是受训者参加培训时得到的培训资料，包括受训者需要或者被要求掌握的所有知识要点。学员手册的内容和形式可以根据课程的需要进行选择，如可以选择教材、培训资料的某些部分或讲义的某些资料等。在培训开展过程中，也会发放对受训者手册加以补充的资料，包括参考资料、讲义、案例分析资料，角色扮演资料以及游戏说明资料等。

表 7-16 列举了学员手册编写的要求及说明。

表7-16 学员手册编写要求及说明

编写要求	要求说明
准备性	只有确保所有内容准确无误，才能保持课程在学员心中的可信度
针对性	《学员手册》的编写内容要紧紧围绕学习目标组织，在满足学习目标要求的基础上，增加内容的趣味性
难易适中	不同受训者的文化程度和理解能力存在差别，这就要求编写《学员手册》时充分考虑受训者的文化水平和理解能力的差异，避免给受训者的学习增加压力
留存适当空白	编制《学员手册》时，应适当留出空白供受训者在学习过程中记录
排版的适宜性	编写《学员手册》时，应当设计合适的字体和字号

《学员手册》的形式比较灵活，可以是一本外购的图书，也可以是自编的一套教材。就自编的学员手册而言，主要表现为 PPT 形式。

编制 PPT 形式的学员手册可以以培训师制作的课程演示文稿为蓝本，根据受训者的特点，进行内容的调整和排版的相关优化即可。利用讲稿编制受训者手册有以下优点。

- 与培训师的授课内容一致，便于受训者复习。
- 内容简洁，一目了然，便于理解、记忆。
- 使用适当的图片帮助受训者理解课程内容。
- 编制时间短，花费成本低。

表 7-17 展示了学员手册的编制模板。

表7-17 学员手册的编制模板

一、学习目标

当你学习完本课程后，应当达到以下学习目标：

1. 能够准确复述有效授权的要素。
2. 能够默写授权的基本原则。
3. 运用所需知识，能够准确判断工作中哪些做法不是有效的授权方法。
4. 能够运用有效授权原理，改变自己曾经做过的不合理授权。

二、课程的考核方法

采用闭卷考试的方法，对学员是否达成学习目标进行考核。

三、本课程的内容要点

(一) 了解授权

1. 授权的必要性。（具体内容略）

续表

2. 授权的要素。（具体内容略）
3. 授权的原则。（具体内容略）
（二）授权常会遇到的障碍
1. 自己做会比员工做得更快。（具体内容略）
2. 不放心员工的工作能力。（具体内容略）
3. 认为员工不愿承担过多的工作。（具体内容略）
（三）授权的方法
1. 按项目授权。（具体内容略）
2. 按任务授权。（具体内容略）
3. 技职能授权。（具体内容略）
（四）授权的步骤
1. 准备授权。（具体内容略）
2. 下达指令。（具体内容略）
3. 监控进展。（具体内容略）
4. 授权改善。（具体内容略）

第七节　课程实施准备注意事项

培训师应把课堂上要讲授的内容背诵得滚瓜烂熟，对培训中可能出现的各种情况做到心中有数，对自己要提出的问题以及受训者可能提出的问题早做设计，对游戏互动、实操演练、小组讨论都配置得当。

一、掌握五大要点

充分的准备是确保培训效果的必要条件，为了避免在走到授课现场时才感觉到遗漏了应该准备的东西，从而影响情绪或授课效果，培训师在开展培训前应确保自己做好了充分的准备，课程实施准备要点见表7-18，课程准备项目汇总见表7-19。

表7-18　课程实施准备要点

五大要点	问题的具体方面
授课目标	学员为什么来参加培训，培训课程结束后学员可以从培训中得到什么
授课内容	自己在课堂上要传授哪些内容，讲授课程时要考虑学员的层次水平，讲授课程需要哪些设施、设备，授课需要准备哪些材料
学员的详细特征	学员的年龄、国籍、文化程度、工作资历、培训期望和思维特点等信息
具体授课时间	授课的具体时间，包括一年中的哪个时段，工作日还是公休日，上午、下午还是晚上

续表

五 大 要 点	问题的具体方面
具体授课地点	授课地点在哪栋楼、哪个房间，室内布置有什么特点，座位如何安排，光线、温度等舒适度和抗干扰程度如何

表7-19　课程准备项目汇总表

准 备 项 目	问题的具体内容					
学 员 情 况	学员平均资历		最高学历		最低资历	
	学员平均年龄		最大年龄		最小年龄	
	接受过的训练					
课堂需要解决的问题						
课堂要用的案例						
课堂要开展的活动						
课堂要用的故事						
课堂要用的试听素材						
可能要用的辅助工具						
可能会出现的提问						
可能出现的意外情况						
可能的表现优秀者						
可能的表现不佳者						
潜在的支持者						
潜在问题的制造者						

二、准备所需的资源

课程实施准备所需的资源主要包括以下几种。

（一）设备、设施准备

1. 设备、设施的内容

相关设施、设备包括笔记本电脑、投影仪、激光笔、教鞭、教具（教学模型）、黑板和白板、讲师教材、板刷和投影屏幕、录音设备、摄像设备、麦克风和电池、座位牌等。

2. 遵循“三不”原则

设备、设施的准备应当遵循“三不”原则，即不遗漏、不损坏和不陌生。

（1）不遗漏。不遗漏就是要根据所需设备、设施的清单，核对应准备的设备、设施是否已经齐全，保证不存在遗漏的情况。

（2）不损坏。不损坏就是要保证已经准备齐全的设备、设施无损坏情况，不会影响使用。

（3）不陌生。不陌生就是要对各类设备、设施进行试操作，确保使用效果能够满足课程讲授的需要。

（二）文本材料准备

1. 文本材料的内容

文本材料指的是在教学过程中要使用的以纸张、硬盘等形式存在的同授课内容相关的材料（见图7-12）。

学员手册
视频、音频资料
活动挂图
学员填写资料
其他说明性资料、讨论资料、测试文件等

图7-12 培训课程准备材料

2. 遵循“三全一准”原则

在准备文本材料时，应做到项目全、内容全、数量全、表达准确。

（1）“项目全”是指根据所需文本材料的清单，确保所准备的文本材料种类齐全，无遗漏。

（2）“内容全”是指每一类文本材料的内容没有缺失，能够达到开展授课的要求。

（3）“数量全”是指对每类文本材料的数量进行清点，确保所需的分数符合要求，如《学员手册》人手一份，应确保总份数不低于总人数，并在此基础上多准备几份。

（4）“表达准确”是指培训师一定要认真核对文本材料的内容，确保表述准确、完整，不存在模糊不清和表达错误、排版不当的情况。

案例学习（一）

《提升员工职业素养》整体课程设计

一、课程目的

本课程的目的是提升企业所有员工的职业素养，培养符合企业要求的高素质人员。

二、培训对象

本课程适用于专科以上、志在提高工作能力和业务素质的企业员工。

三、培训要求

1. 正确认识“提升员工职业素养”课程的性质、目的以及适用对象，全面了解课程的知识体系、结构。

2. 通过本课程培训，使受训者掌握“提升员工职业素养”主题涉及的基本概念、基本原理以及基本知识等。在培训过程中，对有关的知识体系按不同程度分三个层次提出要求。

（1）了解：要求受训者知道的内容。

（2）一般掌握：要求受训者能够理解的内容。

（3）重点掌握：要求受训者能够深入理解并熟练掌握，同时能将所学应用到日后的工作实践中。

3. 授课应采用案例分析、小组讨论等多种培训方法，使受训者能够运用所学原理并能解决实际问题。

四、培训方法及培训方式

本次培训以课堂培训为主，采用专家授课、案例分析、小组讨论、角色扮演等多种培训方式，使受训者能够运用所学原理并能解决实际问题。

五、课程单元构成及课时安排设计

本课程培训教材以文字教材、录像教材为主，以电子课件为辅。文字教材与录像教材相结合，主要讲授培训内容的重点、难点以及疑点。课程单元构成及课时安排见表 7-20。

表7-20 课程单元构成及课时安排

序 号	名 称	学 时
第一单元	如何进行时间管理	8
第二单元	如何进行自我发展	9
第三单元	如何开展工作沟通	9
第四单元	如何进行工作汇报	9
第五单元	如何进行会议管理	8

六、培训内容和培训要求

（一）如何进行时间管理

1. 明确课程目标

通过本次培训课程，受训者应该做到以下几点。

（1）说明时间管理的实质意义。

（2）明确高效能人士的成功习惯。

（3）制定人生七个方面的目标。

（4）掌握时间管理的具体方法。

2. 时间管理的意义（略）

3. 时间管理的原则（略）

4. 时间管理的方法（略）

（二）如何进行自我发展

1. 让受训者确定目标

通过本次培训，受训者应做到以下几点。

（1）了解建立目标的重要性。

（2）描述以下几种重要的思考方法：个人头脑风暴、因果图、5W1H方法、5W水平思考法以及六顶思考帽。

（3）能够运用不同的思考方法分析自身现状，对自己的现状进行评估。

（4）在面对职业选择时能够有效应对：改变境遇、改变自己、改变个人和工作之间的管理以及离开。

（5）确立职业目标，了解职业锚。

2. 对自己进行职业规划

3. 设计职业发展进程

4. 人生的自我实现

（三）如何开展工作沟通

口头沟通；书面沟通；会议沟通。（略）

（四）如何进行工作汇报

进行汇报；分析听众；抓住听众技巧；准备团队汇报会。（略）

（五）如何进行会议管理

做好准备工作；发言要言简意赅；保持冷静，彬彬有礼。（略）

案例学习（二）

招银大学教材开发

招商银行早已认识到人才的重要性，更深刻体会到培训工作对推动人才战略的关键性作用。2008年，招商银行建立了自己的企业大学——招银大学，并期望五年之内把招银大学办成一流的企业大学。

据招银大学总经理罗××介绍，教材开发是完善课程体系的重要内容之一，也是招银大学能力建设非常重要的环节。为此，招银大学制定了全行教材开发三年发展规划，确定2009年为起步年、2010年为发展年，2011年为深化年，利用三年的时间完成全行100门核心教材的编写任务。

教材开发思路

在教材开发过程中，招行设计了教材开发的流程和步骤，主要包含“两个流程化”：

其一，招银大学对全行教材开发整体流程进行梳理，确定教材开发组织、管理的流程。

其二，确定每一门教材的编写流程，指导教材开发小组开展工作。

第一类是基础知识和基础业务类教材，以学员自学加考试为主，课堂讲授为辅。

招银大学根据分支行的需求，将全行使用面广的基础类业务教材予以印发，供全行员工学习，有效满足了全行新入行、新转岗员工的学习需求。

第二类是综合素质和技能业务类教材，以课堂讲授为主，学员自主学习和练习为辅。

以招商银行TTT培训教材《兼职教师授课技巧培训》为例，该门教材在2010年上半年完成开发后，已由全行认证讲师在行内举办了20多场培训，有近800名兼职教师学习了这门课程。

第八章

结果导向的培训与开发效果评估

学习目标：

◆ 了解培训与开发效果评估的目的和含义

◆ 定义培训与开发活动的“有效性”

◆ 了解主要的培训与开发效果评估模型

◆ 比较不同的培训与开发评估模型的优缺点

◆ 熟悉培训与开发效果评估的信息收集方法

◆ 综合运用不同模型进行具体培训与开发项目的效果评估

◆ 撰写培训与开发项目效果评估报告

培训与开发效果评估是培训与开发流程的最后一步（见图8-1），因此人们很容易把这一步看作培训与开发完成后才需要实施的环节，其实不然。如果培训与开发需求分析指明了“为什么做”和“做什么”的方向，培训与开发项目设计和实施阶段解决了“做到什么程度”“怎么做”的问题，那评估阶段就是对当初的假设（培训与开发的出发点）进行验证，对项目实施的过程进行跟踪，对项目产生的成果进行测量，回答“做得怎么样”这一问题。因此，效果的评估应该是贯穿于培训与开发活动的整个过程中，而不是等到项目结束时，才来启动这项工作。

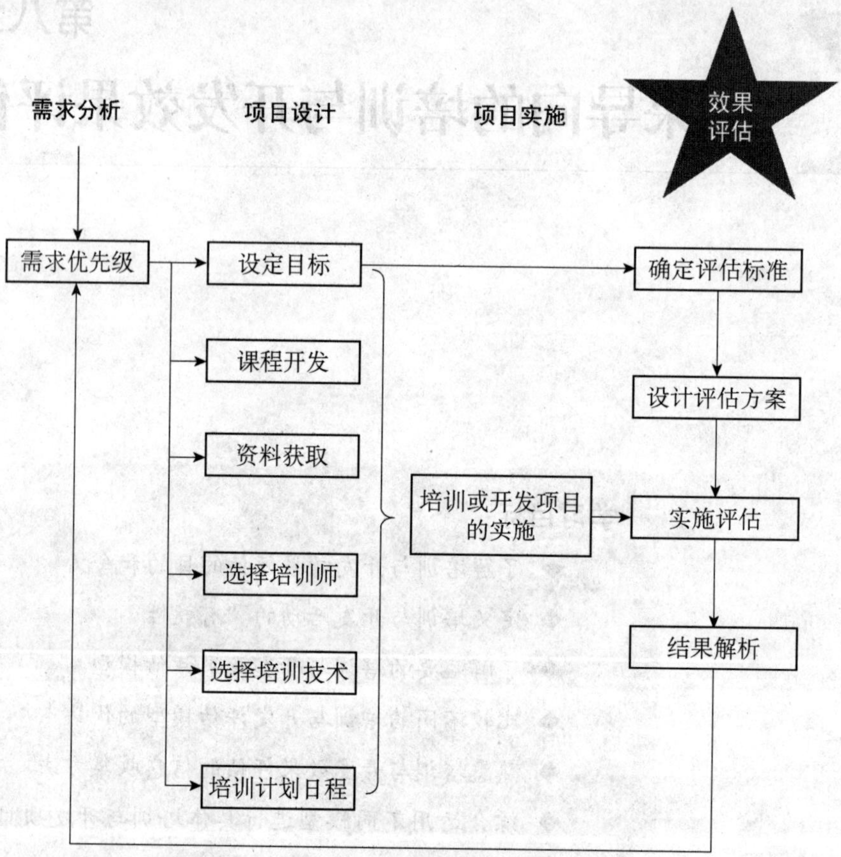

图8-1 培训与开发框架

第一节 培训与开发效果评估概述

一、培训与开发效果评估认识上的“假象”与“现实”

在企业培训与开发活动中，最困难的问题之一或许是如何去构建一个有效的衡量与评价体系。这一体系既要能满足高层管理者或项目发起人了解他/她对培训与开发的需求是否得到满足以及满足程度，并对使用资源的有效性进行评估，又要能满足培训与开发管理者或部门评判培训与开发项目是否达到预期效果，并证明自己部门的成果对企业的价值。由于培训与开发对组织战略支持作用越来越大，组织对全面建立培训与开发效果评估体系的要求也就变得越来越强烈。但现实情况是，在培训与开发的需求分析、项目设计、项目实施和效果评估四个环节中，效果评估环节最不理想，究其原因，可以从对培训与开发效果评估认识上的误区得到启示（见表 8-1）。只有打破认识上的误区，认清现实，培训与开发管理者才能建立一个完善的培训与开发评估体系，使其既能满足管理层的战略需要，又能证明自身或部门的经济价值。

表8-1 培训与开发效果评估认识上的“假象”与“现实”

假　象	现　实
没有合适的方法衡量培训与开发的成果	评估模型和技术已经成熟并且很普及
不知道什么时候收集和收集什么信息	随时收集与目标相关的信息，不要等到项目结束后再去收集
对所有项目都要计算投资回报率	投资回报率只是效果评估的一部分，并不是所有项目都要做投资回报率评估
测量和评价只在财务和生产领域有效	正是因为其他部门早就做了，如果培训与开发部门再不这样做，培训与开发活动的价值将会降得更低
CEO 都没有要求评估，我们为什么还要进行评估	高层管理者不需要评估可能是暂时的，他可能明天就要，而且未来的高层管理者可能需要
太多因素会对效果评估造成影响，难于把握	可以通过相应的方法来分解这些因素，这也是效果评估的价值之一
评估可能会引发批评	这是不主动进行评估的主观原因，要评估就要做好接受批评的准备，不接受批评将会招致更多的批评
不需要证明培训与开发存在的价值，我们有良好的历史记录	“酒香也怕巷子深”，有成就不怕别人批评，同时也是很好的宣传
评估是否达到学习目标就行了	企业的培训与开发不同于普通学校的基础教育，其目的是希望看到行为和经济效益的变化
评估花费的成本很高	评估可以低成本进行；项目预算中必须分配给评估步骤资金；评估本身也可以产生效益

二、培训与开发活动“有效性”的含义

要对培训与开发效果进行评估，首先必须解决的问题是如何定义培训与开发的效果，即回答“什么是培训与开发活动的有效性”，这样又衍生出以下三个问题。

（1）什么是有效性？它与效率的含义相同吗？

（2）如何测量有效性？

（3）判定有效性的目的是什么？也就是说，如果某一项目被判定有效或无效，结果会怎么样？

有效性是一个相对的概念。有效性通常是相对于某一目标或一系列目标对项目完成情况进行测量后，对项目达到目标的程度做出的判定。首先，有效性与被评估项目的目标直接相关。因此，项目中要测量的目标必须具体明确，否则，项目的评估就失去了方向和标准。例如，某一项培训与开发项目很好地达到了提高学员的技能和不超过项目预算的目标，但是却没有能够达到提升客户满意度的目标。到底要评估什么呢？这个问题必须在设定目标时就确定下来。其次，选择评估方法和技术对测量的可信度和有效性至关重要。不同的方法，其测量的侧重点不一样，如有的方法适宜用于测量行为改变，有的方法更注重于财务分析，因此，需要根据评估目标选择相应的方法和技术。最后，由谁对测量结果进行评估也是对项目有效性判定的重要影响因素，评估人从不同的利益出发点可能会做出完全不同的判定。如一线经理认为，内部培训项目达到了提升销售人员销售技巧的目标，但财务人员却认为内部培训师的总体成本明显超过外部培训的项目开支。

简单地说，要解释培训与开发活动的有效性，必须从四个方面入手，也就是回答四个问题：① 为什么评估？② 评估什么？③ 谁来评估？④ 如何评估？根据对这四个问题的综合回答，对培训与开发活动的有效性就形成了一个准确而完整的概念。

三、培训与开发效果评估的两个层面和三个阶段

（一）培训与开发效果评估的两个层面

传统的培训与开发效果评估是不全面的，需要得到完善。传统培训与开发效果评估主要是针对项目的评估，属于微观层面的评估，评估对具体项目的诊断非常有用，清楚地显示了每个项目的成果和不足。但是，很难反映组织整体培训与开发活动的情况，因此需要进行宏观层面的评估。指标法就是针对组织整体培训与开发活动进行宏观层面的评估方法。对企业来讲，指标法简单且易于采用，多种指标结合在一起能够全面反映一个关于培训与开发活动的完整画面，就像开汽车时仅看某个信号是不够的，需要查看仪表板上的多个信号指示才能保证驾驶安全。

微观层面的培训与开发项目效果评估方法主要有以柯氏（Kirkpatrick）“四层次”为代表的经典模型，菲利普斯（Phillips）的“五级六指标”模型和斯旺森—霍尔顿（Swanson & Holton）的“结果评价体系”模型（Results Assessment System）。

宏观层面的培训与开发活动效果评估指标法主要包括 ASTD 法、财务指标法、知识资本法和人力资源指标法。

（二）培训与开发效果评估的三个阶段

培训与开发效果评估如果按照时间顺序来进行，可以划分为三个阶段：培训与开发前评估、培训与开发中评估和培训与开发后评估。表 8-2 列出了评估的三个阶段及相应的评估内容。

表8-2　培训与开发评估的三个阶段

评估阶段	评 估 内 容
培训与开发前评估	（1）对学员知识、技术、能力和行为的摸底 （2）选择准确的培训起点，包括确认差距、选择评估方法
培训与开发中评估	（1）对项目实施过程的监控，包括培训师评估、培训内容评估和培训后勤评估 （2）了解学员掌握新知识和技能的情况以及对培训师的反应和要求 （3）对培训内容、培训环境和培训师做相应的调整
培训与开发后评估	（1）培训与开发后评估重点是对业绩提升的跟踪 （2）包括项目结束后的即时评估、中期评估和长期评估 • 项目结束后的即时评估集中在反应层面。了解学员对整个活动的评价和建议，同时可能涉及学习层面的知识掌握情况；通过考核手段，了解学员对知识方面改善的程度 • 项目结束后的中期评估侧重于学习和行为两个层面的评估。在学员回到工作岗位上一段时间后，观察其行为是否改变。在这一阶段，对在短时间内产生的绩效结果也可以加以评估 • 项目结束后的长期评估是对培训与开发活动所产生的经济绩效的评估。评估培训与开发活动对企业绩效结果的贡献需要一定的时间周期，有时还是相当长的周期，如注重内部晋升的企业，如果从领导人继任计划的角度评估其领导力开发项目的效果，少则五年，多则十年以上都是有可能的

四、培训与开发效果评估的定义和目的

综上所述，培训与开发效果评估是运用科学的理论和技术对培训与开发活动的需求分析、项目设计、项目执行和实际成果进行系统的考察和评价，是对整个培训与开发活动过程和结果的评估。通过这一评估，可以达成以下目的。

（1）判定某一培训与开发项目是否达到目标。

（2）找出项目中的优点和不足之处，并做出相应的改进。

（3）确定谁应该参加并真正能够从培训与开发中受益。

（4）收集信息用来推广培训与开发项目。

（5）权衡培训与开发项目的成本和收益。

（6）为管理层决策提供信息和数据。

（7）增强培训与开发部门在企业中的信用和地位，争取广泛的支持。

（8）赢得培训与开发部门生存和发展所必需的资源。

第二节　培训与开发效果评估技术

一、培训与开发效果评估的流程

培训与开发效果评估的流程一般由 8 个步骤组成（见图 8-2）。

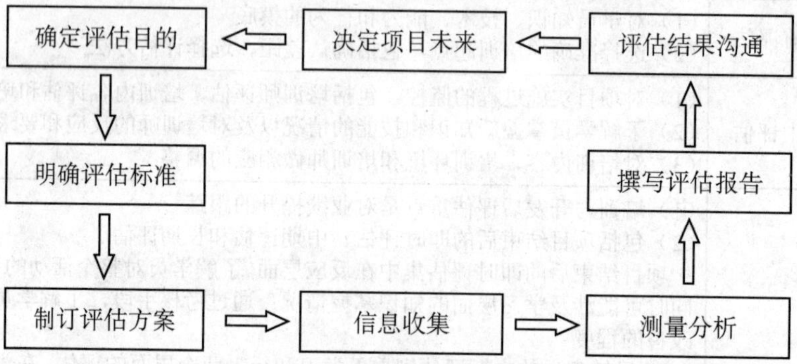

图 8-2　培训与开发效果评估流程

（一）确定评估目的

在开始项目评估时，首先要明确“为什么要评估”，也就是说评估的目的是什么，这是评估的方向性问题，对评估什么、评估的标准、评估技术、谁来评估、什么时候评估都具有指导性和决定性的意义。例如，管理层要了解“以客户为中心的销售培训项目”是否能提高销售人员的销售技巧，要达成这一目的，那么销售人员访问客户的行为就是评估的内容，评估的标准就是期望的行为，评估技术可以采用观察法，评估人为销售人员的直接上司，评估的时间是销售人员访问客户的全过程所花费的时间；如果管理层要了解通过同样的培训项目是否能提高销售利润，要达成这一评估目的，相应地，评估的内容变成销售利润率，评估的标准变成利润率增长百分点，评估技术变成财务报表资料，评估人变成了财务人员，评估的时间变成月度、季度或年度。

（二）明确评估标准

评估标准是将培训与开发活动的目标具体化为可测量的指标，是用来测量培训与开发过程和成果的参照系。指标的来源有四种：行业的标杆数据、历史的经验记录、计划的期望状态和咨询专家的建议。指标的形成过程一般经过由上而下分解，再经过由下而上反馈，达成一个共同接受的指标。指标一经明确，应立即晓之于众，使其成为大家行动的指南。

（三）制定评估方案

评估方案的制定包括四个方面：评估技术（模型）的选择、评估人员的选择、评估对象的确定和评估的时间/地点。

1. 评估技术（模型）的选择

柯氏（Kirkpatrick）四层次经典模型奠定了培训效果评估的理论基础，在此基础上发展起来的评估模型各有千秋，其中菲利普斯（Phillips）的“五级六指标”模型和斯旺森-霍尔顿（Swanson & Holton）的“结果评价体系”模型比较具有普遍性和适用性。评估人员可以根据评估目的和目标，采用相应的模型对反应层、学习层、行为层和结果层进行部分或全面的评估。

2. 评估人员的选择

传统意义上的评估人员一般由培训师或培训管理人员担任，这种操作简便易行，但存在严重的缺陷，根据柯氏四层次经典模型只能对培训与开发效果的第一层（反应）和第二层（学习）进行评估，无法推进到第三层（行为），更不用说第四层（结果）的评估。因此，要实现全方位多层次的评估，必须将所有和培训与开发利益攸关者列为评估候选人。培训与开发利益攸关者一般包括：① 项目发起人（高层管理者）；② 培训部门负责人；③ 培训师；④ 学员的直接上司；⑤ 学员本身。但是，在实际操作中需要注意，并不是每一个项目或每一个指标的评估都需要上述所有候选人同时参加，应该根据具体需要选择相应的人员。

3. 评估对象的确定

效果评估是对培训与开发整个过程和结果的考察和评价，因此，其评估对象应包括目标、流程和结果、相应的关键事件和人员，如目标包括阶段目标的实现程度、流程的有效性、结果与目标的偏差、关键事件发生的条件和频率、人员的反应和表现等。

4. 评估的时间/地点

对需要即时评估的内容，如连续性很强的知识性内容需要随时进行，否则会影响后续流程的有效性；对有些评估需要阶段性进行，如综合学习项目的子项目就需要分阶段评估，而对大多数与经济指标相关的效果评估，则必须在项目结束后的半年甚至更长的时间实施。至于评估的地点，可以因地制宜，以方便、灵活为准则。

（四）信息收集

信息收集的主要来源有培训与开发需求分析报告、培训与开发项目计划、培训课程反馈表、知识测试答卷、角色扮演记录、学员行动计划等与培训与开发过程和结果相关的资料。此外，还可以采用问卷、采访、现场观察等其他方法收集所需要的信息。

（五）测量分析

在这一步骤中，评估者对收集到的原始资料，如需求分析报告、项目计划、课程反馈表、测试答卷、角色扮演记录、学员行动计划，以及通过问卷、访谈、现场观察等其他方法收集到的信息进行统计、分析，并将结果与评估标准对照做出相应评价，得出培训与开发活动的目的是否达到以及达到的程度的结论。

（六）撰写评估报告

培训与开发评估的过程和结果必须用正式的形式表现出来，以便于沟通和作为决策的依据，因此撰写评估报告既是对评估活动的正式总结，也是对后续沟通和决策做好文档资料的准备。

（七）评估结果沟通

培训与开发效果的利益攸关者们有理由也有权利知道培训与开发活动的评估结果，因此，培训与开发活动评估结果的沟通显得尤其重要。

（1）企业高层管理者或培训项目发起人需要知道项目的成本和收益情况，并以此来决定是否继续支持项目的实施。

（2）学员的直接上司需要知道学员在知识、技术和能力等方面的提升情况，为培训的成果转化创造条件。

（3）学员需要将自己的学习情况与过去进行对比、与平均水平对比、与期望标准进行对比，了解自己的进步和不足，为继续学习找到方向。

（4）培训师需要了解培训课程的设计、实施以及培训环境对培训效果的影响，以便对项目的不足做出进一步的改进，取得更好的效果。

（5）培训管理者需要掌握整个培训与开发流程和结果的综合评估效果，通过跨部门的沟通协调，使培训与开发活动融入企业的经营管理中。

（八）决定项目未来

本步骤既是某一项目效果评估的终点，又是整个培训与开发效果评估循环中的一个新的起点。根据评估结果，采取的后续措施有：保留并继续实施评估效果好的项目；对某些环节有缺陷的项目进行改进；暂停甚至取消评估效果差的问题项目。

二、培训与开发效果评估模型

如前所述，培训与开发活动的评估可以从微观和宏观两个层次展开。微观层次对某一项目进行考察和分析，采用在柯氏四层次基础上发展起来的评估模型；宏观层次对企业关键绩效指标实施监控和反馈，采用特定的指标法。表 8-3 列出了效果评估的层次、评估对象以及常用评估模型。

表8-3　效果评估的层次、对象和模型

评估层次	评估对象	评 估 模 型
微观层次	培训与开发项目	• 柯氏（Kirkpatrick）四层次经典模型 • 菲利普斯（Phillips）“五级六指标”模型 • 斯旺森-霍尔顿（Swanson & Holton）的“结果评价体系”模型 • 斯塔弗尔比姆 CIPP 模型 • 奥尔等人的 CIRO 模型
宏观层次	企业关键绩效因素	• ASTD 法 • 人力资源指标法 • 经济增加值（EVA）法 • 知识资本法

（一）培训项目效果评估模型

微观层次的项目评估模型中，柯氏对培训效果评估的贡献是非常大的，其四层次评估模型最为经典，影响也广泛而深远，该模型为评估培训与开发效果奠定了理论基础，为后人的研究和发展提供了路径和框架。后来的研究者特别是菲利普斯和斯旺森-霍尔顿的研究继承和发展了柯氏的理论框架，为培训与开发评估提供了科学的方法论和可操作性工具。

1. *柯氏（Kirkpatrick）四层次经典模型*

柯氏指出，培训与开发效果的评估应该从学员反应、学习成绩、工作行为和绩效结果四个方面展开，并构成一定的层次（见表 8-4）。

表8-4　柯氏四层次经典评估模型

评估层次	评估内容描述
反应	学员对培训与开发项目的意见和建议的即时反馈，通过随堂发放问卷获得信息
学习	学员从培训与开发项目中得到的收获，借助笔试、案例研究、角色模拟进行测试
行为	学员在培训后发生的行为的改变，通过调查、访谈和征集 360 度反馈获得信息
结果	组织绩效的提升以及培训与开发的投资回报率（ROI），追踪和监控关键绩效指标

1）反应

“学员喜欢培训与开发项目吗？”“觉得培训对他/她会有用吗？”

在反应层面，这两个主要的问题反映了学员对项目及其有效性的直观感受。积极的反应将会鼓励和吸引学员的参与，但是，一旦学员不喜欢项目本身或怀疑培训的有效性，学员的参与度将会降低，培训后回到工作中也不会运用所学到的知识和技能，学员的消极反应还会影响到其他人对项目的参与。虽然说一个项目受欢迎的程度并不代表该项目对企业的作用大小，但是通常情况下，企业还是希望培训与开发项目首先能够得到员工的认可，因为不受欢迎的项目即使理论上很有用，但却由于在执行中受到抵制，结果将会大打折扣，收效甚微。

反应层次的信息由于只涉及参与者的感受，本质上是一种满意度调查，实施起来比较容易。因此，反应层次的评估最常用，也最基础，培训项目没有任何理由缺失这一最起码的评估。

反应层次的信息具有两方面的作用：① 帮助培训师或项目协调人员掌握学员的感受，对课程或项目的设计及执行做出即时和相应的改进；② 加强培训与开发项目在组织内部的宣传和推广。

2）学习

“学员通过培训项目掌握了‘应知’和‘应会’的内容了吗？”

这是培训与开发项目必须满足的重要指标之一。通常采用的评估方法有笔试、工作情景模拟、角色扮演、案例研究等。学习层次评估结果能够使学员获得对自己学习状况的反馈，了解自己的进步和不足，增强学习的兴趣和进一步学习的目的性；同时，培训师通过评估不仅能够了解到自己教授了什么，而且知道学员学会了多少，通过相应的调整和改进，使后续培训更有针对性，取得理想的效果。

3）行为

“学员在回到工作岗位后实际运用了培训与开发项目中学到的知识和技能吗？”

行为改变是学习发生的标志，是衡量培训与开发效果的必不可少的重要指标。如果学员在实际工作中没有运用培训中所学到的知识和技能，学习成果就无法转化为工作成果，培训与开发活动到此戛然而止，再谈培训与开发对个人和组织的有效性将是自欺欺人，毫无意义。评估行为变化比较好的方法有360度反馈法、工作现场观察法和行动计划跟踪法。需要注意两点：① 行为层次的评估的时间周期与反应层次和学习层次不同，前面两个层次是即时性的评估，发生在培训进行的合适时间点，但行为层次的评估需要一定的时间周期，一般在培训后3～6个月后进行，最长不超过12个月；② 行为层次的评估者也与前两个层次有所不同，前两个层次的评估角色由培训师或项目协调人承担，到了行为层次的评估阶段，评估者就主要由学员的直接上司承担。

“知易行难”，行动是连接知识和技能与绩效的桥梁；没有行动，学习成果就无法转化成绩效结果。因此，对行为层次的评估是检验培训与开发活动是否真正融合到企业运营中去的关键一步，以此为依据，创造学习成果转化的有利条件，让理想的行为改变成为提升绩效的必由之路。

4）结果

“培训与开发活动提升了组织的有效性了吗？”“培训与开发项目是提高了组织的生

产率、利润率，还是客户满意度呢？”

这些问题都是对培训与开发绩效成果的有效衡量指标，也是企业中大多数经理人员对培训与开发项目关注的最为本质的内容。考虑到影响企业和员工绩效的多种因素，对培训与开发活动绩效成果的评估越发显得富有挑战，而这恰恰又是显示培训与开发活动对企业战略价值所在的关键之处。

绩效成果的评估首先要注重定量数据的收集和分析，还要注意另外两个问题：① 评价要有足够的时间周期，有时甚至需要较长的周期，如领导人才的开发，以保证学习成果转化所需要的时间；② 突出高层管理者在评估中的作用，绩效成果的评价需要客观定量化数据，但数据并不是评估的全部，高层管理者从全局的观点对数据的理解更具有战略视角。

柯氏四层次模型为培训与开发效果评估奠定了方向性基础，解决了“做什么”和“为什么做”的问题，但却没有进一步指明“怎么做”的具体技术和方法，这就造成了培训专业人员即使通晓四层次模型，在实际应用时却又颇感为难，特别是四个层次的优先级和重要性顺序如何决定？是不是层次越高越好？没有达到第四层次是不是评估就不完整？这些问题使四层次模型只能停留在框架性阶段，无法指导效果评估的具体实施。因此，在柯氏四层次模型的基础上，菲利普斯和斯旺森-霍尔顿展开了进一步研究，分别开发出两种具有代表性的效果评估的技术模型：“五级六指标”模型和“结果评价体系”模型。

2. 菲利普斯“五级六指标”模型

表 8-5 描述了该模型的评估级别及相关数据的种类、数据的重点和数据的用途。

表8-5　五级评估和六类指标

评估级别及相关数据的种类	数据的重点	数据用途概述
第一级：反应和/或满意度，以及所计划的行动	培训项目、培训人员和评选结果将如何得到应用	• 衡量相关人员对培训项目的主观看法，主要是学员对培训项目和对培训人员的反应和满意度 • 它也许还可以衡量另一个维度：学员参加培训后所制订的行动计划，即学员如何实施新的要求、项目或流程，或他们将如何运用新知识和新技能 • 有关反应的信息可用来改善培训的内容、设计和实施流程
第一级：反应和/或满意度，以及所计划的行动	培训项目、培训人员和评选结果可能将如何得到应用	• 制订行动计划的过程有助于促成培训成果向工作环境的转移 • 有关行动计划的信息可以用来决定将来评估的重点，并用来对比实际结果和当初的计划
第二级：学习结果	重点在学员及有利于学习的支持性机制	• 衡量学员在多大程度上掌握了培训中的内容：所期望的态度、知识、技术、流程等 • 对学习的衡量要比获得反应的信息难，要采用客观的衡量方法，衡量指标要能够量化 • 衡量获得的信息用来判断学员对学习内容的理解和吸收程度 • 衡量获得的信息还可以用来改进培训项目的内容设计和实施流程

续表

评估级别及相关数据的种类	数据的重点	数据用途概述
第三级：工作中的应用和/或实施	重点在学员、工作环境和有助于学习内容得以应用的支持性机制	·衡量学员在工作中行为的变化，包括培训中所学知识和技术在实际工作中的应用 ·评估信息可以提供有关培训内容在工作环境中是否得到应用以及使用的频率和效果 ·探寻培训内容有效的条件；如果有效，如何在其他环境条件下重复应用 ·探寻阻碍培训内容应用有效性的原因，以便能够有针对性地对培训项目加以改进，或者促进其他培训项目的发起和实施
第四级：对业务的影响	重点在培训对组织绩效所产生的影响	·评估目的在于确定培训对于改进组织绩效所产生的影响或效果，并与组织的期望值进行对比 ·评估产生的客观数据包括成本的节省、产出的增加、时间的节省或质量的改进等 ·评估产生的主观数据包括顾客的满意度增加、员工的敬业度提高、顾客的保留率提高、对顾客反应时间缩短等
第四级：对业务的影响	重点在培训对组织绩效所产生的影响	·获得业务影响效果信息的方式有：培训前和培训后分别收集数据，对通过培训引起的业务绩效的改进情况（或没有改进）进行分析，将培训的结果和适当的业务指标联系起来
第五级：投资回报率（ROI）	重点在于培训所产生的用货币形式来体现的收益	·本级评估关注的是相对于培训成本，培训产生的业务效果所带来的用货币形式体现的价值，并进一步计算投资回报率 ·投资回报率可以用投资回报的价值或成本收益的比率（百分比）来表示 ·投资回报率衡量了培训项目对实现组织目标的贡献大小，显示了培训项目的真正价值 ·由培训产生的业务指标的改进所带来的投资回报率不一定都是正值
无形收益	重点在于用非货币形式体现的因素来衡量培训的价值	·无形收益数据是指不能或不应该转换成货币价值的数据 ·无形收益数据与数据的重要性无关，它所指的是数据缺少客观性和无法转化成用货币形式来体现价值；或者有时将某些数据转化成货币形式来体现价值的代价太昂贵 ·无形数据常常是培训所产生的正面影响的体现，但又无法用货币形式来衡量其价值的大小 ·在培训所产生的业务效果无法用货币形式来衡量时，它就无法与培训成本相比较，也就无法确定其投资回报率，因此，无形收益必须以非货币形式另列一类 ·有时管理层和利益相关者满足于无形收益的数据 ·培训对业务效果所产生影响的主观数据一般属于无形收益，如顾客满意度、员工敬业度、顾客保留率、员工保留率等

续表

评估级别及相关数据的种类	数据的重点	数据用途概述
无形收益	重点在于用非货币形式体现的因素来衡量培训的价值	• 培训对业务流程所产生的影响的主观数据也属于无形收益，如组织承诺的增加、团队合作的改进、顾客服务的改善、冲突的减少、压力的减轻等

资料来源：杰克·J. 菲利普斯，罗恩·德鲁·斯通. 如何评估培训效果. 张少林，等，译. 北京：北京大学出版社，2007.

菲利普斯对培训与开发效果评估的贡献主要体现在以下几个方面。

（1）在柯氏四层次模型的基础上将第四层次进一步量化形成了第五个层次（第五级）的评估概念，即投资回报率，将培训与开发活动的结果转变成货币价值。

（2）创建了无形收益作为第六类指标，使定性化的主观信息成为评估的必要组成部分。

（3）明确提出了在制定效果评估策略时，应首先确定评估的级别（层次），并据此收集相关的数据资料，包括“硬数据”和“软数据”两个方面。

（4）培训与开发评估并不一定需要覆盖全部的级别，应根据评估目的进行部分或全部的评估。

（5）设计了效果评估的“十步骤”（见图 8-3）来指导评估活动的具体实施。

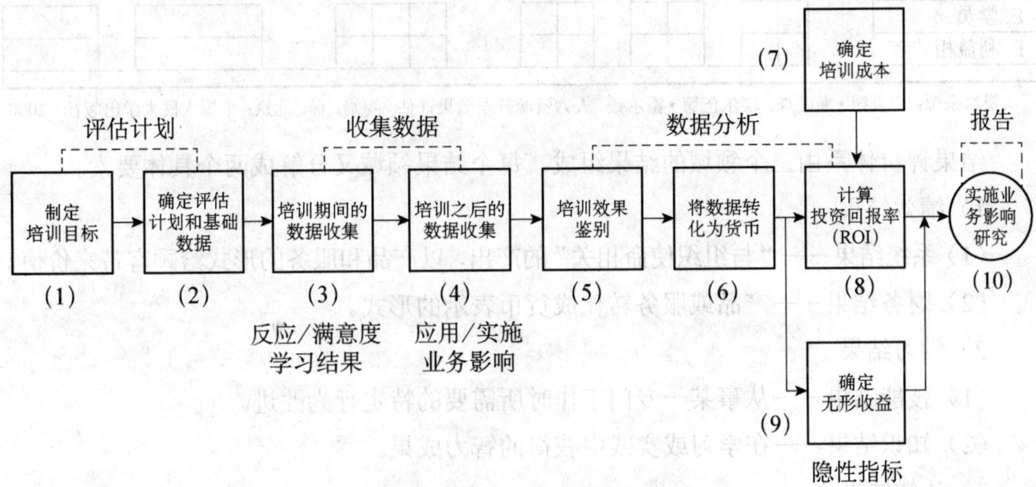

图 8-3　菲利普斯培训效果评估流程

资料来源：杰克·J. 菲利普斯，罗恩·德鲁·斯通. 如何评估培训效果. 张少林，等，译. 北京：北京大学出版社，2007.

3. 斯旺森-霍尔顿“结果评价体系”模型

斯旺森和霍尔顿创立的“结果评价体系”模型，试图给培训与开发专业人员在进行效果评价时提供一个系统的、理论上的工作流程指南（见表 8-6）。

表8-6　结果评价体系工作表

项目名称：________________

制表人：________　　日期：________

批准人：________　　日期：________

1	2	3	4	5
预期效果 从三个效果领域及每个领域的两个选项中选择	**数据收集时间** 选择与项目或干预有关的时间	**对比** 如果没有使用前后对比，选择： 周期——格7 标准——格8 规范——格9	**数据分析计划** 确定对比哪些数据，评估A～F的各个效果领域	**执行细节** 强调测量方法、时间和执行情况

	干预前 1	干预前 2	干预期间 3	干预期间 4	干预后 5	干预后 6	7	8	9	数据分析计划	执行细节
绩效效果											
A. 系统											
B. 财务											
学习效果											
C. 知识											
D. 技能											
认知效果											
E. 学员											
F. 利益相关者											

资料来源：理查德·斯旺森，埃尔伍德·霍尔顿. 人力资源开发效果评估. 陶娟，译. 北京：中国人民大学出版社，2008.

结果评价体系由三个领域的结果组成，每个结果领域又分解成两个具体要素。

1）绩效结果

（1）系统结果——“与组织使命相关”的产出，以产品和服务的形式给顾客带来价值。

（2）财务结果——产品或服务转化成货币表示的形式。

2）学习结果

（1）技能结果——从事某一专门工作时所需要的特定行为改进。

（2）知识结果——在学习或实践中获得的智力成果。

3）认知结果

（1）来自利益攸关方的认知——项目发起人以及所有期望从项目中获得利益的人对项目的认知。

（2）来自学员的认知——项目的直接参与者对项目的认知。

结果评价体系的流程分为以下5个步骤。

（1）筛选出的三个效果领域和6个效果要素中，哪些需要评估。

（2）选择数据收集的时间点。

（3）确定评价的参照系。

（4）采用数据分析工具。

（5）解释并报告评估成果。

斯旺森-霍尔顿的“结果评价体系”对柯氏“四层次评估模型”的发展体现在以下两个方面。

（1）将柯氏四层次简化为三个层次，并将每一层次具体到相应的两个驱动因素，从而使评估的目标明确具体，具有操作性。

（2）提出了从培训评估（training evaluation）到结果评价（results assessment）发展的理念。作为组织绩效管理的工具，培训结果评价必须说明培训对组织绩效的贡献，进一步强调了培训与开发活动是基于组织绩效的管理活动。

（二）组织培训与开发总体效果评估方法

在组织层面对企业培训与开发总体效果进行评价时，主要采用指标法，包括 ASTD 法、人力资源指标法、经济增加值法（EVA）和知识资本法。ASTD 法和人力资源指标法业已成熟，得到了广泛的应用；而 EVA 法和知识资本法在实际应用时由于其理论的复杂性和数据收集的苛刻要求，仍然处于理论成果阶段，要成为可操作性技术尚需时日。

有关总体目标设定的详细内容参见本书第五章第一节。

第三节　培训与开发项目效果评估应用

本节将详细介绍菲利普斯“五级六指标”模型在培训与开发项目效果评估中的具体应用。

一、设定培训目标——确定效果评估的基础

（一）以结果为导向确定培训与开发效果评估的框架

确定以结果为导向的效果评估框架是“五级六指标”流程的第一步，目的在于确定培训项目的效果领域和具体业务指标，并为每一指标设定目标期望值，使培训目标与组织目标高度契合。图 8-4 展示了以结果为导向的评估框架，揭示了效果评估贯穿于整个培训过程的作用点。

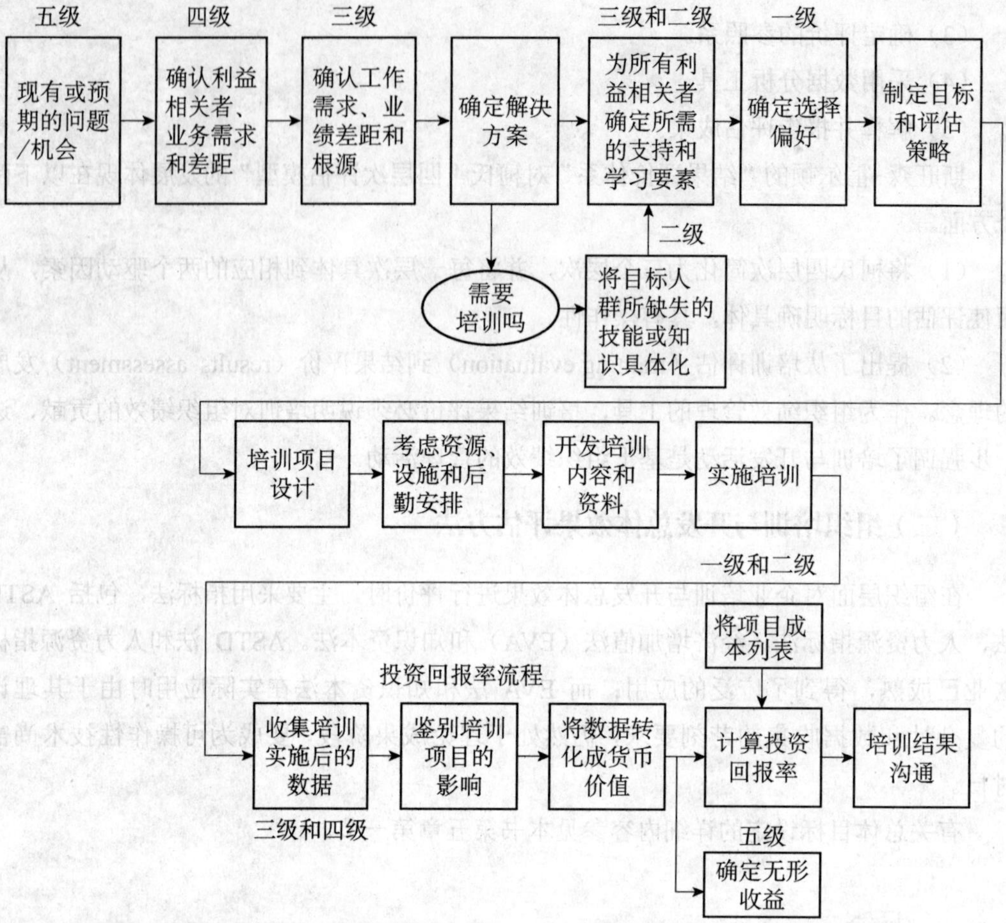

图 8-4　以结果为导向的评估框架

阶段 A：对组织、任务和个人层次上的培训需求加以确认，更重要的是对每一需求是否满足的评价进行分级，根据培训需求的层次决定相应的效果评估等级，制定评估策略和计划。

阶段 B：从培训方案设计开始到实施培训方案，在此过程中要进行一级（满意度/反应，行动计划）和二级（学习结果）评估，并且根据评估策略和计划收集相应的数据以供更高级别评估之用。

阶段 C：对项目的跟踪评估。在设定的时间周期内进行三级（应用/实施）、四级（业务影响）、五级（投资回报率）和/或无形收益的评估。

（二）制定每一级培训效果评估的目标

有关每一级培训效果评估目标设定的详细内容参见本书第五章第一节。

二、确定评估计划和基础数据

评估计划包括数据收集计划和分析计划，而数据必须包括客观的可衡量数据和主观的描述性数据。

（一）基础数据的分类

数据可以分为硬数据和软数据两类，分别举例如表8-7和表8-8所示。

表8-7　硬数据举例

产　出	成　本	时　间	质　量
生产的单件产品数	预算变化	设备停机时间	废料的比率
制造完成的重量	单位成本	加班时间	废品率
组装的零件数	可变成本	出货时间周期	客户拒收率
回收的货款	固定成本	项目完工时间	顾客投诉率
出售的零件数	一般管理成本	监管的时间	订单出错率
完成的表格数	运营成本	新员工的试用期	返工率
放出的贷款额	成本减少	培训时间	缺料率
库存的周转率	项目成本	会议日程	与标准的偏差
来访的病人数	项目成本节约	维修时间	生产故障率
处理完的申请数	事故成本	工作中断时间	事故数量
毕业的学生数	销售费用	订单响应时间	
完成的工作任务		报告延迟时间	
每小时的产出			
预定的工作量			
奖励分红金额			
出货量			
开发的新客户			

表8-8　软数据举例

工作习惯	感觉/态度	新 技 能	进步/改善	工作氛围	主 动 性
缺勤	工作主动性	倾听的技能	工作效率的提高	不公平待遇的数量	新想法的实施
怠工	工作态度	阅读速度	提薪的次数	员工抱怨	项目的圆满完成
超额休息	工作责任心	应用新技能的意向	参加培训的次数	工作满意度	提交的建议数量
违反安全条例	积极的工作行为	使用新技能的频率	业绩考评等级	员工流失	落实的建议数量
沟通障碍	员工敬业度	做决定的次数	工作效率的提高	诉讼案件	工作成就
	员工的士气	解决的问题 避免的冲突 心理咨询问颞			明确工作目的和设立业绩指标

（二）数据收集计划

表8-9是以销售培训为例的数据收集计划。

表8-9　数据收集举例

项目：互动式销售技巧培训　　　　责任人：________
日期：________

级别	广义的项目目标	衡量指标	数据收集技术	数据来源	时间	责任人
一	反应/满意度 •肯定性反应 •建议改进的内容 •要采取的行动	•在1～5数值范围内，质量、实用性、培训目标完成状况的平均值至少要达到4.2 •行动计划的提交率达到100%	反应问卷	学员	第2天结束 第3天结束	培训讲师
二	学习结果 •获得的技能 •技能的选用	模拟角色演练场景，演示正确选用15个销售技巧和影响客户的6个步骤	技巧练习	学员	培训中	培训讲师
三	培训内容应用/实施 •使用技能的程度 •使用技能的频率 •确认障碍	•报告技巧得到应用的频率和程度 •报告在访问客户过程和获取订单时遇到的障碍	调查问卷 培训结束后跟进	学员	培训后3个月 培训后3个星期	培训协调员 培训讲师
四	培训对业务的影响 •销售增长	每周的销售额	绩效监控	销售报表	培训后3个月	学员的直接上司
五	投资回报率（ROI）至少达到25% 备注：说服利益相关者安排、设立控制组并为其指定标准					

（三）投资回报率分析计划

表8-10是以销售培训为例的投资回报率分析计划。

表8-10　投资回报率分析计划举例

项目：互动式销售技巧培训　　　　责任人：________
日期：________

数据（通常是第四级）	鉴别培训项目/流程效果的方法	将数据转变成货币价值的方法	成本分类	无形收益	最终报告的目标受众	应用中出现的其他影响因素或问题	备注
每名销售人员的销售额	对照控制组进行分析	利用毛利率直接转换	讲课费用 培训材料费 餐费/茶点费	客户满意度 员工敬业度	学员 销售部门经理		在培训中必须注意工作的覆盖面

续表

数据（通常是第四级）	鉴别培训项目/流程效果的方法	将数据转变成货币价值的方法	成本分类	无形收益	最终报告的目标受众	应用中出现的其他影响因素或问题	备注
			培训场地费 学员的工资/福利 培训协调费		零售店经理 区域及总部主管 培训部人员	没有和控制组人员沟通	

三、培训期间的数据收集

（一）第一级评估的数据收集：反应和满意度

（1）标准的第一级评估数据由 8 个部分组成（见表 8-11）：第一部分收集有关培训内容方面的信息；第二部分检验培训方法和使用材料的有效性；第三部分了解学习环境和培训管理的信息；第四部分侧重于培训人员的技能和培训效果；第五部分是对学员行动承诺的要求；第六部分是学员对培训做出整体的评价；另外还有两个附加部分分别用来寻求对当前项目改进的机会以及对培训项目进行宣传的信息。

表8-11　第一级评估标准格式

培训评估表（第一级）

培训项目名称：________________　日期：__________

培训项目编号：________________　地点：__________

以下描述与本次培训的某些具体内容相关。请标明你对每项描述同意的程度，并在需要时给出评论。

❶	❷	❸	❹	❺
非常不同意	不同意	无所谓	同意	非常同意

	❶	❷	❸	❹	❺
Ⅰ. 内容					
1. 教学目标解释清晰明了	○	○	○	○	○
2. 已达到培训设定的教学目标	○	○	○	○	○
3. 我理解本课程中的材料和主题	○	○	○	○	○
4. 培训内容与我的工作相关（如果不同意，请说明原因）	○	○	○	○	○

请留下你的意见：

续表

Ⅱ. 方法——以下活动/材料有助于我理解培训的内容和达成所设定的培训目标					
5. 在培训前收到了预习的材料	○	○	○	○	○
6. 学员手册	○	○	○	○	○
7. 课堂讨论	○	○	○	○	○
8. 联系和/或阅读材料/活动	○	○	○	○	○
9. 音像材料（挂图，录像等）	○	○	○	○	○
请留下你的意见：					
Ⅲ. 培训环境					
10. 教室环境适合本次培训	○	○	○	○	○
请留下你的意见：					

培训师姓名	#1					#2					#3				
	❶	❷	❸	❹	❺	❶	❷	❸	❹	❺	❶	❷	❸	❹	❺
Ⅳ. 培训师															
11. 对培训内容表现出相当的知识水平	○	○	○	○	○	○	○	○	○	○	○	○	○	○	○
12. 表达清晰，有助于我的理解	○	○	○	○	○	○	○	○	○	○	○	○	○	○	○
13. 鼓励学员参与活动及讨论	○	○	○	○	○	○	○	○	○	○	○	○	○	○	○
14. 对问题给予恰当的回答	○	○	○	○	○	○	○	○	○	○	○	○	○	○	○
15. 有效地控制小组学习的热情	○	○	○	○	○	○	○	○	○	○	○	○	○	○	○
16. 使讨论/活动始终围绕培训所设定的目标	○	○	○	○	○	○	○	○	○	○	○	○	○	○	○
请留下你的意见：															

Ⅴ. 行动计划

17. 你会通过怎样的行动将本次培训成果应用到日常工作中

Ⅵ. 培训的总体评分

18. 我对本次培训的综合评分	❶	❷	❸	❹	❺	❻	❼	❽	❾	❿
1=完全无法接受……………………10=非常优秀	○	○	○	○	○	○	○	○	○	○

请留下你的意见：

续表

有哪些因素阻碍使你无法将所学的内容加以应用？
哪些人最适合学习本次培训内容？你会推荐谁参加同样的培训？
请告诉我们：你认为哪些信息有助于本次培训的改进。
感谢你花时间告诉我们你的学习体会和建议。

（2）对于时间长度超过一天的培训项目，在每天培训结束时应当实施问卷调查，培训人员可以及时获得对当天培训内容的反馈，同时对接下来的培训内容进行相应调整。表 8-12 列出了问卷的一般形式。

表8-12　每日培训反馈表

每日的反馈
1. 今天的培训内容有哪些还令我感到困惑和/或不清楚？
2. 培训的哪些内容最有用？
3. 如果能够……将会对我更有帮助。
4. 培训的节奏： □ 正合适 □ 太慢 □ 太快
5. 学员的参与度： □ 不够 □ 太多 □ 正合适
6. 以下三个方面对我非常重要，我希望你在明天的培训中讲授：
7. 评论或建议：

（二）第二级评估的数据收集：评价学习结果

1. 选择性地对学习结果进行评价

在实际操作中，并不是所有培训项目都要实施第二级评估，如对于时间很短的培训和简单告知性的培训，采用第一级评估比较合理，不必进行第二级评估。但有的培训项目，培训的成果如关键技能必须转化成工作行为，或者学习结果与任职资格相关，第二级评估就是不可缺少的。因此，在实施培训项目评估时，应根据培训项目的性质、培训的重要性、评估所需时间和资源来决定是否有必要实施第二级评估，并选择做到何种程度（见表 8-13）。

表8-13　选择第二级评估及其程度

评估的前提条件	对测试的考虑	如果适用，请选择
A. 学习目标描述得不清楚	在考虑是否需要测试学习结果之前建立/重新设计学习目标	
B. 学习目标表明不需要掌握该内容	应该只测试学习目标要求的相应级别，务必让培训项目资助人和一线经理明白掌握该内容不是培训项目的要求，可能还需要更多和/或其他的培训	
C. 学习目标要求实现技能的应用	采用基于行为的测试	
D. 培训项目资助人或客户要求实施学习效果的评估	决定什么类型的证据可以接受，采用适当的方式来实施	
E. 学员是否达到培训目标中所设定的最低标准	采用标准参照测试	
F. 培训项目与提供证书及执照的过程相关	采用标准参照和行为测试方法	
G. 有必要再现非常接近真实生活的场景，或者安全被认为是重要的因素	采用模拟手段，并确保有预算保证评估的实施	
H. 重要的技能和知识必须转化到工作中去，以满足法规、利润率和客户服务的要求	采用行为测试方法	
I. 计划实施更高一级的评估	考虑最为经济适用的方法，在这种情况下，较低一级的评估并不需要很复杂	
J. 考试结果被作为晋升或职业发展的参考标准	采用客观的测试方法（书面形式的测试和行为测试），可以严格地满足有效性和可靠性的要求	
K. 组织中某项政策禁止采用考试这种手段或者工会合约禁止进行考试	采用测试技术，确保以匿名的方式来检验学员的理解程度，以及在多大程度上达到学习的目的	

2. 用客观测试对学习结果进行评价

客观测试根据培训目的来设定，学员必须按照培训内容对测试题做具体和准确的回答。对于应该掌握的知识和表现的行为，客观测试具有“标准”答案，因此，客观测试不能用来测试态度、感觉、创造性和解决问题的过程以及其他隐性的技术或能力。在设计客观测试题时必须遵循一定的原则和步骤（见表 8-14）。

表8-14 客观测试的设计原则和步骤

说明： 客观测试或者是为了测试知识，或者是为了测试行为，抑或两者皆有 • 知识性测试衡量对信息的理解程度或者对某种技能的掌握程度。知识性测试可以采用口试或书面考试的方式。对产品知识和工作流程的理解通常采用知识性测试 • 行为测试（有时指技能测试）要求学员演示工作中需要完成的某项任务（或多项任务）时使用某种技能表现出某种期望的行为，如销售过程中应对拒绝和使用恰当提问技巧就是两个基于行为测试的例子 • 在上述任何一种测试中，在学员接受测试时，应该提供与真实工作环境相同的资源。例如，如果在工作场所中允许使用参考资料，那么在进行书面测试和技能测试时也应该提供这些参考资料
步骤一：检查课程目标 • 仔细检查课程目标以确保测试题反应该目标中所期望的知识和技能。测试题不应原封不动照抄目标 **步骤二：选择合适的测试类型** • 选择满足目标要求并适合被测试学员的测试类型。如果是基于行为的目标，测试也必须以行为为基础；而基于知识的目标也必须采用基于知识的测试题来测试 • 设计基于行为的测试题时应该包含被测试的任务、完成任务所具备的条件，以及合格的行为标准。应该尽可能地还原工作场景，通过使用与工作环境中相同的资源、设备、材料等来完成任务 **步骤三：编写测试题** • 对照每个独立的学习单元编写测试题 • 以参考目标来决定基于行为的测试和基于知识的测试哪一个更合适 • 基于知识的测试通常使用多项选择的方式，衡量学员对培训中信息的理解，要求从几种可能的答案中选出一个正确的答案 • 基于行为的测试应该结合与工作场景密切相关的流程，衡量学员在执行流程的过程中表现出来的动手、语言表达或分析方面的技能 **步骤四：检查每道测试题** • 测试题必须清楚，没有含糊不清的内容，不需要额外的解释和翻译 • 测试题的行文格式必须符合学员的阅读理解习惯 • 避免对正确答案给出任何暗示或提示 • 不要将某个问题的答案明显地写在另外的一个问题中 • 仔细检查内容和语法错误 • 确保测试题目能够按照培训目标要求对应该掌握的内容起到测试作用 **步骤五：对照和记录测试题目** • 将测试题目与培训目标相匹配的情况记录下来，并且记录每个测试题的正确答案 **步骤六：设计测试** • 决定采用测试的类型，然后按照下面的指示进行测试的设计 • 必须对每个目标进行测试 • 测试题的数量和范围应该反映出每个目标所占用的学习时间 • 测试题应该区分出合格和不合格的表现

续表

• 测试时间的长短应该是可控的，而且应该在分配的时间内能够完成 • 测试题的形式具有一致性，切忌频繁变换问题的类型 • 不要将一道测试题分割在两个页面上 • 将测试题根据学习单元分组排列 • 给参加测试的人员提供清楚的说明 • 如果测试题的分数不同，应清楚地标明分数值 • 确保测试题能全面地反映培训目标中对掌握知识和技能的要求

客观测试题一般以选择题的形式出现，表 8-15 概括了设计选择题结构的编写原则。

表8-15　客观测试选择题的编写原则

说明： 选择题适用于衡量学员对信息的理解程度。如果在培训过程中或结束时进行测试，目的是衡量在培训中讲授的信息被学员理解和接受的程度。如果是在培训之前进行的话，其意图是衡量接受培训之前学员对相关信息的认知水平。通过选择题测试，要求学员从几个可能的答案中选择一个正确的答案，可以从很大范围内衡量学员的能力 选择题由两个部分组成：第一部分为“题干”，用来陈述问题；第二部分列出供选择的备选答案，在备选答案中，只有一个是正确的，其他的都是干扰项
编写选择测试题的一般原则 • 不要让测试变成阅读能力的测试 • 不要让某个测试题中的干扰项成为另一个测试题的正确答案或提供暗示/提示 • 如果使用缩写词或首字母简写，在它们第一次出现时应该给出定义或提示 • 应该一次性地写出针对同一个目标需要的所有测试题 **编写题干的原则** • 题干应只包含一个问题，使用简单、直接和清晰的语言来描述要提出的问题 • 题干要写成问句或不完整的句子，需要由选择的答案来使其完善 • 避免使用绝对的词汇，如“总是”“每个”“所有”等 • 如果某个字或词组必须用在所有的选项中，必须在题干中进行重点描述或说明 • 如果某个问题有多个正确答案，但是只有一个正确答案出现在被选项中时，可以采用“下列中的哪一个……？”这样的陈述来完成问题 • 如果某个问题只有一个正确答案，使用“什么是……”（如“什么是拜访客户的第一步？”）来陈述问题 • 确保备选答案中只有一个正确答案 • 不要使用“以上全部”或“以下都不”这类答案 • 不要在题干和正确答案的陈述上使用相似的术语和相近的语法结构，而在题干和干扰选项之间不存在这种相似性，这会是一种对正确答案的暗示 • 区分正确答案和干扰选项应该以对选择造成一定难度为准，但是切忌在三个或四个选择中产生多于一个正确答案的可能性 • 在设计干扰选项时，要在长度、精确性和详细程度方面与正确答案一样 • 按照逻辑关系来呈现选项： 　* 从最短的选项到最长的选项 　* 按照字母的顺序排列 　* 按照数字递增或递减的顺序排列

续表

* 以时间顺序或倒叙排列 • 使用工作场所语言 • 最好有四个选项 • 只有当否定性的题干产生最佳效果或者是唯一的提问方式时，才使用否定的题干

第二级评估可以采用两种客观测试：标准参照测试和行为测试。

1）标准参照测试

标准参照测试是一种预先设定好及格分数的客观测试方式，旨在了解学员是否达到最低标准，而不是测试学员之间的成绩排序。表 8-16 是一份标准参照测试报告。

表8-16　标准参照测试报告

目标 1 通过/未通过	原始分数	目标 2 标准分数	通过/未通过	原始分数	目标 3 标准分数	通过/未通过	通过的目标总数	通过的最低标准	总分
学员 1 通过	4	10	未通过	87	90	未通过	1	2/3	未通过
学员 2 未通过	12	10	通过	110	90	通过	2	2/3	通过
学员 3 通过	10	10	通过	100	90	通过	3	2/3	通过
学员 4 通过	14	10	通过	88	90	未通过	2	2/3	通过
总人数 3 人通过			3 人通过			2 人通过	8 次测试目标通过		3 人通过
1 人未通过			1 人未通过			2 人未通过	4 次测试目标未通过		1 人未通过

2）行为测试

行为测试是让学员展示在培训项目中学到的某种技能，应尽可能模拟技能使用的真实场景，如时间的控制、必要的材料和工具、测试的说明、相关人员的配合、评估的标准和程序等。行为测试比书面测试的成本高，但是在测试条件和真实工作条件具有很高相似性的培训项目中，行为测试是一种重要而有效的方法。表 8-17 提供了设计行为测试题的一般原则。

表8-17　编写行为测试题的一般原则

说明： 行为测试题应该在学员为完成某项工作任务而展示的过程或步骤中进行评估。对过程而不是结果进行评估，可以避免这样一种情况：即使学员在过程中犯了错误，但仍然取得了正确的结果，因而认为学员采用了正确的技能，表现出了期望的行为，最终使错误的行为无法发现 行为测试可以设计成角色扮演的形式，两个或更多的人来模拟某个工作场景，观察员在一旁观察某个学员的行为表现
行为测试应包含以下内容： （1）角色扮演的设计可以用一个目标列表或者一段简短的描述来说明为了完成测试，学员必须

续表

要成功地完成哪些任务。以销售访问客户的角色扮演设计为例：

- 描述角色扮演目的和学员通过角色扮演要完成的任务
- 描述角色扮演场景所需要的环境及氛围、事情发生的时间、地点和人物及背景
- 提供有关角色的信息（如一个客户）。这个人是谁？事情是怎样发生和发展的？他们的想法是怎样的？他们所关注的是：
  * 产品
  * 即将召开的会议
  * 销售代表（或者客户）
  * 销售代表（或客户）所具备的知识
  * 销售代表（或客户）的需求
- 提供指导原则，帮助参与角色表演的学员了解如何应对和表现（如达成交易或克服异议）告知行为的范围
- 提供参加角色扮演的学员应该提出的问题
- 提供参加角色扮演的学员应该根据主要的情景做出的反应

（2）为评估员准备的说明材料应该包含评估员为了进行行为测试必须知道或要做的每个方面

- 说明材料必须做到清楚和详细，必须列出实施测试所需要的设备和资源等物质条件
- 必须提供一份一览表，详细说明应该对什么样的行为和步骤进行观察和评估。以销售访问客户的角色扮演评估为例：

需要展示的技巧	不满意	需要改进	基本达标	表现出色
使用提问的技巧				
发现隐藏的异议				
处理异议				
对产品知识的掌握				
沟通核心的促销信息				

四、培训之后的数据收集（第三级和第四级评估）

培训之后的数据收集侧重于两方面的信息收集：学习成果促进学员行为改变的程度以及行为改变对业务影响因素产生的作用，包括第三和第四两个级别的评估。数据收集方法有培训后跟踪问卷调查、行动计划/改进计划、岗位观察等。表 8-18 列出了常用的方法及其适用的评估级别，其中跟踪问卷调查和行动/改进计划比较常用。

表8-18　培训后数据收集方法

数据收集方法	第三级	第四级
1. 跟踪调查表	√	√
2. 跟踪问卷调查	√	
3. 岗位观察	√	
4. 跟踪访谈	√	

续表

数据收集方法	第三级	第四级
5. 跟踪座谈会	√	
6. 行动计划/改进计划	√	√
7. 与培训有关的课外任务	√	√
8. 绩效合同	√	√
9. 培训项目的后续课程	√	√
10. 绩效监控	√	√

（一）跟踪问卷调查表的设计

表 8-19 提供了一个用于设计培训跟踪问卷调查的一览表，可供实际操作中设计和修改问卷调查表时参考。

表8-19　跟踪问卷调查表设计

调 查 项 目	调查问题设计
1. 目标完成情况	在多大程度上达到目标
2. 行动计划的实施情况	如果落实了行动计划，它是否已经完成
3. 培训项目的相关性	培训项目的相关性有多大
4. 材料的使用情况	在工作中，材料在多大程度上是有用的
5. 知识/技能的强化情况	哪些技能被证明是培训所带来的
6. 技能的运用情况	哪些技能得到了最有效的运用
7. 工作变化	哪些变化是因为技能的运用所带来的
8. 改进/成果	带来了哪些业务改进成果
9. 所带来的经济效益（可选项）	改进带来的货币价值是多少
10. 置信水平（可选项）	估测的误差可能是多少
11. 与培训项目相关的改进情况（可选项）	培训项目所引起的改进比率是多少
12. 投资的预期（可选项）	培训的项目是否值得投资
13. 与产出指标的联系	哪些重要的指标受到影响
14. 其他收益	项目带来的其他收益是什么
15. 阻碍	在工作环境中阻碍绩效改进的因素是什么
16. 驱动因素	是什么推动了绩效改进成功
17. 管理层的支持	还需要哪些管理层的支持
18. 其他解决方案	还有哪些方法也可以达到相同的结果
19. 潜在学员的建议	还有哪些人可以从该培训中受益
20. 对改进的建议	在培训项目中应该对哪些内容进行改进
21. 其他评论	其他意见或者建议

（二）跟踪问卷调查表举例

表8-20是针对领导力开发课程的问卷调查举例。

表8-20 跟踪问卷调查表举例

针对领导力开发课程之影响的问卷调查

你目前是否承担着主管或者经理职务？ 是 □ 否 □

1. 下面列出了领导力开发课程的培训目标，请回忆你所完成的培训，并说明你在多大程度上达到了学习目标。请在适当的答案上画勾。

技能/行为	都没达到	很少达到	部分达到	总体达到	完全达到
A. 运用目标设定流程的11个步骤	□	□	□	□	□
B. 运用领导力计划流程的12个步骤	□	□	□	□	□
C. 认同卓越领导人的12项核心能力	□	□	□	□	□
D. 确信提高员工敬业度的10种方法	□	□	□	□	□
E. 在5种情况下运用“滞后判断”的概念	□	□	□	□	□
F. 将创造性解决问题的流程运用到具体项目中	□	□	□	□	□
G. 认同建立良好关系的7种最佳方式	□	□	□	□	□
H. 在给定的工作环境下，运用四步法处理失误	□	□	□	□	□
I. 操练提高沟通效率的6种方法	□	□	□	□	□

2. 你是否已经将在岗行动计划作为领导力开发培训的一部分来实施？ 是 □ 否 □

如果是，请完成你的行动计划并与该问卷调查表一同提交。如果不是，请解释你没有完成该行动计划的原因____________________

____

3. 请按照1～5的等级进行打分，对于那些与你的工作相关的每个培训项目来讲，“1”代表没有相关性，“5”代表具有很高的相关性。

培训项目	没有相关性		有些相关		非常相关
小组（课堂）讨论	1	2	3	4	5
团队任务	1	2	3	4	5
技能训练（情景模拟、角色扮演等）	1	2	3	4	5
培训内容	1	2	3	4	5
指导与建议	1	2	3	4	5
特殊项目（领导力计划、工作描述、时间规划等）	1	2	3	4	5

4. 你在培训之后是否用到了发放的书面材料？ 是 □ 否 □

请详细说明____________________

____

5. 针对下面各种类别的结果，请指出过去几个月里由于参加了领导力开发培训，你的改进达到了怎样的程度。请在适当的答案旁画勾。

续表

结　果	没有机会运用	没有任何变化	稍有变化	中等变化	很大变化	非常显著变化
A. 组织						
（1）将日常工作进行优先排序	□	□	□	□	□	□
（2）运用创造性技巧	□	□	□	□	□	□
（3）组织日常活动	□	□	□	□	□	□
（4）在所负责的领域提高绩效标准水平	□	□	□	□	□	□
B. 工作氛围						
（1）运用指导技巧	□	□	□	□	□	□
（2）运用促进激励氛围的技巧	□	□	□	□	□	□
（3）执行人才保留计划	□	□	□	□	□	□
（4）为有价值的员工提供丰富其工作的机会	□	□	□	□	□	□
（5）实施更有效的监控和监督体系	□	□	□	□	□	□
（6）运用促进团队协作的技巧	□	□	□	□	□	□
C. 个人成果						
（1）实现了书面沟通的改进	□	□	□	□	□	□
（2）实现了口头沟通的改进	□	□	□	□	□	□
（3）获得了更大的自信	□	□	□	□	□	□
（4）执行了个人领导力计划	□	□	□	□	□	□

6. 请从上面的列表中选出经过培训之后你最常表现出来的三种行为或三项技能。

A. ________________

B. ________________

C. ________________

7. 参加本次培训之后，你或者你的工作发生了什么样的变化？（具体的行为变化，包括对员工授权的增加，与员工沟通的改进，员工参与决策的程度、解决问题能力的提高等）________________

____

8. 参加本次培训之后，你的组织获得了哪些收益？请确定你认为是由于参加了培训而获得的具体业务提升或改进。（请思考一下，这些改进实际上对业务指标产生了怎样的影响，这些指标包括收益的增加、出货量的增加、客户满意度的提高、员工就业率的提高、成本的降低、时间的节省等）________________

____

9. 请回忆上面所提到的具体业务成果或改进，考虑一下可以将你的成绩转化为货币价值的具体方法。请说明计算货币价值的基本原则。

预计的货币值（单位）________________

请说明以上数据是按周、月、季度还是按年来计算的。

周 □　　月 □　　季度 □　　年 □

续表

你做预测时的基础是什么？（哪些因素对收益与节省产生了影响，你是如何得到以上数值的？）

____

____

____

10. 对于上面的估测，你的置信水平是多少？

______% 置信度（0%=不可信，100%=确定）

11. 上面的改进或成果是由于运用了领导力培训项目中所学的知识与技能而带来的，这种因素所占的比例是多少？

______% 程度（0%=没有，100%=全部）

12. 你是否认为领导力开发培训项目是公司一项很好的投资？

□ 是　　□ 否

请解释为什么：

____

____

13. 请说明你认为领导力开发培训中所学的知识、技能和行为的运用在多大程度上对下列与你或你的工作单位中的业务指标产生积极的影响。请在适当的答案旁画勾。

业务指标	不适用	适用但无影响	稍有影响	中等影响	重大影响	非常重大影响
A. 工作结果	□	□	□	□	□	□
B. 成本控制	□	□	□	□	□	□
C. 生产率	□	□	□	□	□	□
D. 客户响应速度	□	□	□	□	□	□
E. 生产周期	□	□	□	□	□	□
F. 销售收入	□	□	□	□	□	□
G. 员工流失率	□	□	□	□	□	□
H. 员工缺勤率	□	□	□	□	□	□
I. 员工敬业度	□	□	□	□	□	□
J. 员工投诉率	□	□	□	□	□	□
K. 客户满意度	□	□	□	□	□	□
L. 其他（请具体说明）	□	□	□	□	□	□

请引用具体的例子，或提供详细的说明：

____

____

14. 该培训带来的其他好处是什么？

____

____

15. 有哪些因素阻碍了你运用领导力开发培训中所学习的技能/行为？请选择所有合适的内容：

□ 我没有运用这些技能的机会

□ 我没有运用这些技能的时间

续表

□ 我的工作环境不支持我运用这些技能/行为 □ 我的主管不支持这类培训项目 □ 这样的材料不适合我的工作环境 □ 其他（请具体说明）______
如果你选择了上面的内容，如有可能，请给予说明：______
16. 哪些因素有助于你运用从领导力开发培训中所学习的知识或技能？请解释说明：______
17. 如果你想更好地运用从领导力开发培训中所学习的知识或技能，你还需要管理人员提供怎样的支持？______
18. 你还能提出哪些方案也能够像领导力开发培训项目那样带来同样的业务结果？______
19. 你是否愿意将领导力开发培训推荐给其他人？　　是 □　　否 □ 如果不愿意，请说明为什么？如果愿意，请说明要推荐给哪一类人或从事哪些工作的人，为什么？______
20. 为改进该培训项目，你有什么具体的建议：______
21. 其他意见和建议：______
最后一次培训时间：______

（三）行动计划/改进计划举例

行动计划/改进计划用来确定学员在工作中将如何运用培训中学到的知识和技能来改变他/她们的行为，使培训获得真正的成功，这是一种直截了当、简单易行的方法。表 8-21 是行动计划用于领导力开发培训的例子。

表8-21　行动/改进计划工作表举例

针对＿领导力开发＿培训项目的行动计划

姓名：×××　　培训师：×××　　评估日期：10月13日

目标：使团队在下一个90天内持续改进　　评估期：7月13日—10月13日

改进测量指标：时间节约　当前业绩：每月出现32小时停工　目标业绩：将停工时间降低到8小时

第一部分：一般信息

具体计划：我要做的事	最终结果：我要达成的成果
1. 让团队中的人员相信我对于持续改进的态度是严肃的 2. 让我的团队弄明白问题所在和相应的改进需求，并且要将重点放在这些问题的改进上 3. 为团队成员提供指导，帮助他们打破思维定式 4. 持续采用滞后判断的原则 5. 运用处理错误的5步法则 6. 指导我的团队在做出决定之前要了解情况并做出诊断 7. 寻求各种方法激发团队成员的责任感和参与意识 8. 观察团队成员对我的行为与做法所做出的反应。记录时间节约、质量改进、产量提高、成本节约和其他方面的改进情况。对结果进行客观的衡量，为团队成员提供信息反馈，并认可他们的贡献	1. 团队成员了解我的期望和意图 2. 团队成员感觉到他们有责任并已经得到充分的授权来工作 3. 团队成员可以看到新的方法、可能性和解决方案 4. 要充分听取建议，要争取团队成员的支持，并且要想方设法证明这些建议的可能性 5. 对于承担风险、主动学习的做法给予支持 6. 团队成员要通过解决问题而不是补救过失的方式来减少错误和返工的机会 7. 要让团队成员对自己的成就感到欢欣鼓舞 8. 我可以了解哪些措施是行之有效的，哪些是行不通的。我要使信息反馈形成闭环，这样一来，团队成员就会意识到他们取得成就可以得到奖励。我可以将自己的努力用货币价值来衡量

所期望的无形收益

团队成员会强烈意识到我希望他们取得成就。我会对自己的成就更加满意，我的团队会运作得更像一个团队。我的团队会为达到公司的目标做出更大的贡献。团队成员会变得更有团队意识。这也将带来员工敬业度的提高和客户服务的改善

第二部分：结果和分析

A. 衡量的单位是什么？团队每月节约的小时数

这个衡量指标是否只反映了你的业绩情况？是 □　否 □

如果不是，这个指标代表了多少员工的情况？＿8＿

B. 每个单位价值（成本）是多少？＿每节约一小时52＿美元

C. 你是如何得出这个价值的？

团队成员的每小时薪水为40美元，再加上30%的奖金

40×30%＝12（美元），40+12＝52（美元）

D. 与培训之前的平均水平相比较，在评估期的最后一个月内该衡量指标发生了怎样的变化？（按月计算的价值）

对于整个团队来讲，将每个月停工的时间由原来的32小时减少到8小时

请解释发生这种变化的基本原因，以及为了促成这样的变化，你或你的团队都采取了怎样的措施。

续表

停工时间的减少让我的团队能够参与到确定关键的成果领域及其改进需求的工作中来。在他们获得成功的过程中，我的倾听能力起到了关键的作用。由于生产效率的提高（停工时间的减少）而节约的每个小时都归功于培训项目。所节约的时间 100%都得到了利用，我用来达到这些目的的知识和技能都是从培训课程中获得的 E. 对于上面的信息来讲，置信度是都少？（0%=不可信，100%=完全确定）　95% F. 这种变化在多大程度上是由于运用了培训课程中所学到的技能所引起的？（0%～100%）　75% G. 如果衡量指标是时间节约的话，所节约的时间有多少被用在了有效的工作上？（0%～100%）　100%

实际的无形收益
由于我们在团队中采用了新的方法，团队成员能够更为积极主动地工作，并且齐心协力地为达到目标而工作。随着我将培训中所学到的知识和技能运用到实践中去，我的自信心得到加强，我将获得更大的成就，并对自己更有信心

五、培训效果鉴别

（一）综合考虑影响绩效的因素

带来绩效结果改进的因素是多方面的，培训只是其中一个重要因素，但不可能是全部，因此在进行培训效果评估时，要主动地提出并强调这一点，才能使效果评价具有客观性，赢得管理层和所有利益相关者对培训效果评估的认可和尊重。图 8-5 说明了其他因素对绩效结果的影响。

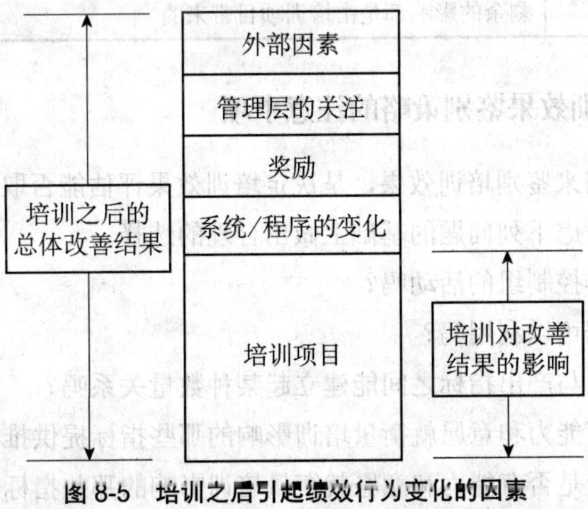

图 8-5　培训之后引起绩效行为变化的因素

（二）鉴别培训效果的策略

鉴别培训效果主要有 10 种策略（见表 8-22）。

表8-22　鉴别培训效果的策略

鉴 别 策 略	描述和说明
1. 控制组	控制组是一个有效的鉴别方法，如果计划实施投资回报率研究的话，应该考虑此策略。如果要获得精确度很高的效果鉴别，而且这一点又非常重要的话，必须采用控制组策略
2. 趋势线分析	用历史数据画出趋势线并延伸到未来，在实施了培训项目之后，绘制出实际绩效线，与趋势线进行比较，超出的部分就可以合理地归结为培训项目实施的结果
3. 预测方法	在趋势线分析时，如果出现另一变量对培训效果产生影响并且呈现线性关系时，就不能直接画出一条直线，而是用线性模型（y=ax+b）来计算绩效的改进数值，剔除该因素对绩效影响的部分，就能得到培训项目带来的收益
4. 学员提供的评价	简单而直接地从学员的推测获得绩效的改进多大程度上是由培训项目引起的，因为学员是行为变化和绩效改进的主体，他们的评价往往能够更好地得到管理层的信任
5. 主管提供的评价	学员的主管对学员的绩效目标改进以及学员的行为变化具有直接的观察，对这些改变的影响因素非常清楚
6. 管理层提供的评价	高级管理层可以就培训项目所引起的改进情况做出估计
7. 客户的意见	向客户询问他们对那些与使用了具体的知识和技能（培训项目的目标）的有关产品或服务有什么反应，直接关注培训项目所计划改进的那些知识和行为
8. 专家的评价	内外部专家对培训产生的影响进行评估，它的可信度取决于专家的声誉
9. 下属的意见	主要用于管理培训项目的效果评估，向参加培训的经理人员的下属就培训后经理人员的行为变化提供反馈意见
10. 计算其他因素的影响	有些情况下，可以先考虑其他因素对绩效改进的影响，然后得出结论说剩余的影响都是由培训项目带来的

（三）选择培训效果鉴别策略的注意事项

选择恰当的策略来鉴别培训效果，是决定培训效果评估能否取得成功的一个关键性步骤，必须在慎重考虑下列问题的基础上做出合理的选择。

（1）有可能安排控制组的活动吗？

（2）有历史数据可以利用吗？

（3）在投入因素与产出指标之间能建立起某种数量关系吗？

（4）学员是否有能力和意愿就衡量培训影响的那些指标提供推测信息？

（5）学员的主管是否有能力和意愿就衡量培训影响的那些指标提供估测信息？

（6）高层管理者是否有能力和意愿就衡量培训影响的那些指标提供估测信息？

（7）供应商或者专家是否可以就培训的影响提供实际的估测？

（8）学员的下属是否有能力就学员在工作环境中可能发生的潜在变化提供意见反馈？

（9）是否可以确定非培训因素对绩效改进的影响？

（10）内部或外部的客户是否能够就培训对客户决策和客户满意度的影响提供信息？

（11）在使用数据收集工具的过程中是否存在阻力？

六、将数据转换成货币价值

（一）将数据区分为硬数据和软数据

详细内容如表 8-7 和表 8-8 所示。

（二）数据转换成货币价值的策略

有 10 种策略可将数据转换成货币价值（见表 8-23）。

表8-23　数据转换成货币价值的策略

转 换 策 略	数 据 举 例
1. 将结果转换为贡献	增加的生产单位或服务单位所带来的边际利润贡献，如每天多生产汽车的辆数，每天接待顾客的人数等
2. 转换质量的成本	次品率降低所带来的成本降低
3. 转换学员的时间	员工完成工作所需时间的减少所带来的每小时劳动力成本降低
4. 使用历史成本	参照历史数据记录作为衡量指标与当前状况进行比较，如安全培训使事故率下降带来的成本降低
5. 使用内部和外部专家	没有历史数据参照比较时，专家能够根据经验和假设提出可信度较高的估计
6. 使用来自外部数据库的数据	行业研究报告和竞争对手资料，如员工离职率及成本、新员工的培训成本及收益等
7. 使用学员提供的估计数据	主要是软数据的估计，如自信心的增强、与主管沟通次数的增加
8. 使用替代衡量指标	在无法取得衡量指标时，可采用替代指标，如在工作满意度和员工离职率之间存在相关性，离职成本相对比较容易得到，工作满意度的变化就可以据此转换成货币价值（近似值）
9. 使用主管和经理提供的数据	绩效合同和绩效考评的数据
10. 使用培训人员提供的估计数据	培训人员的经验数据或估计

（三）数据转换成货币价值的步骤

以表 8-24 举例说明员工保留率提高所带来的货币价值。

表8-24 员工保留率提高带来的货币价值

转换步骤	转换内容
1. 改进的衡量单位	离职人数
2. 每个衡量单位的价值（V）	140 000 元（70 000 元年薪×200%离职成本）
3. 绩效水平变化（ΔP）	20 个，培训使得每年可以留住 20 个工程师
4. 改进的价值（$V\times\Delta P$）	2 800 000 元（140 000 元×20）

七、确定培训成本

确定培训成本是计算投资回报率的最重要因素，有关成本的数据必须做到全面、精确和现实。

有关成本统计的详细内容参见本书第五章第四节“培训与开发预算制定”。

八、计算投资回报率（第五级评估）

（一）收益成本比率（BCR）

收益成本比率的计算公式为

$$\mathrm{BCR}=\frac{收益}{成本}$$

例如，如果某个培训项目的总收益为 800 000 人民币，总成本为 250 000 人民币，那么收益成本比率的计算过程为

$$\mathrm{BCR}=\frac{800\ 000}{250\ 000}=3.2$$

表示为 3.2 : 1，或者说每投入 1 元钱用于培训，得到的收益是 3.2 元。

（二）投资回报率（ROI）

投资回报率的计算公式为

$$\mathrm{ROI}=\frac{净收益}{成本}\times 100\%$$

例如，如果某个培训项目的总收益为 800 000 人民币，总成本为 250 000 人民币，那么投资回报率计算过程为

$$\mathrm{ROI}=\frac{800\ 000-250\ 000}{250\ 000}\times 100\%=220\%$$

表示每投入 1 元钱用于培训，在收回投资的同时，还得到了 2.2 元的净收益。

九、确定无形收益

表现为行为改变或业务影响因素的无形收益虽然无法用货币的价值表示出来，却是培训项目收益的另一重要组成部分，它所包含的范围超过了货币收益，只不过无法转换成货币形式或转换的成本太高而得不偿失。无形收益通常是作为培训项目评估必要的补充数据，离开无形收益的评估是不完整的。常见的无形收益形式见表 8-25。

表8-25　常见的无形收益形式

行为变化（第三级评估）	业务影响（第四级评估）
• 组织承诺的加强 • 沟通的加强 • 员工自信心的增强 • 团队协作的改善 • 冲突的减少 • 合作的加强 • 决断力的提高 • 工作氛围的改进 • 客户忠诚度的提高	• 创新的增加 • 客户满意度的提高 • 社区形象的提升 • 投资人形象的提升 • 更快的客户反应时间 • 员工工作年限的延长 • 员工缺勤或迟到现象的减少 • 员工流失的减少 • 工作满意度的提高 • 不公平待遇的减少

十、评估结果的沟通

（一）评估结果的沟通对象和沟通内容

对培训项目的不同利益相关者来说，他们所关注的培训结果不可能是完全相同的，因此在沟通评估结果时应有一定的针对性。表 8-26 列出了针对不同对象时沟通的内容。

表8-26　沟通对象及内容

沟 通 对 象	沟 通 内 容
高层管理者	• 培训项目的背景、结果和建议 • 最好有投资回报率数据（第五级评估结果） • 至少提供业务影响因素数据（第四级评估结果）
一线经理	• 培训项目的目标、项目大纲和目标达成率 • 最好有对业务影响的数据（第四级评估结果） • 至少提供培训实施/应用的数据（第三级评估结果）
学员	• 最好提供学员培训后行为改变（实施和应用）的数据（第三级评估结果） • 至少提供对培训知识和技能掌握程度的数据（第二级评估结果）
培训人员	• 全部评估内容和细节

（二）撰写培训与开发评估报告

具体内容见本章第四节“培训与开发项目效果评估报告”。

第四节　培训与开发项目效果评估报告

评估报告的结构和核心内容如表8-27所示。

表8-27　培训与开发项目效果评估报告的结构和核心内容

项　目	核心内容	描　述
一般信息	背景信息	通过对项目需求分析的概括来说明评估的基础以及重要的结论和意义；提供培训项目的大纲
	评估目的	对照预先设定的目标，评价培训项目所带来的贡献大小，而不是判断培训投资是否合理或培训是否有必要继续存在
评估方法	评估的级别	根据培训的需求和目的，确定哪一级评估适合需要评估的项目，争取进行第五级评估。在无法将培训成果转化成货币价值时，至少应提供第四级业务影响因素的改进作为无形收益
	投资回报率流程	系统和严谨的5个步骤，要求能将业务影响因素转换成货币价值，同时项目成本要包括所有的成本
	数据收集	数据的分类：硬数据和软数据。培训前、培训期间和培训后数据的收集
	鉴别培训效果	至少采用两种方法对培训效果做出鉴别
	将数据转化为货币价值	从最精确的转换策略向最不精确的策略依次进行选择，可选择多个策略，并考虑数据的可获得性和便利性
数据转换及分析	财务数据	由硬性数据转换而来的货币价值的有形收益
	非财务数据	无法转换成货币价值的无形收益
项目成本	成本阶段和分类矩阵	• 四个阶段：需求分析、项目设计、项目实施和项目评估 • 成本矩阵：两个大类16个小类
结果	一般信息	• 总体反馈 • 目标的实现状况
	结果1：反应/满意度，行动计划	数据来源、数据统计和分析、结论
结果	结果2：学习成果	数据来源、数据统计和分析、结论
	结果3：应用与实施	数据来源、数据统计和分析、结论
	结果4：对业务的影响	数据来源、数据统计和分析、结论
	结果5：投资回报率	数据来源、数据统计和分析、结论
	结果6：无形收益	数据来源、数据统计和分析、结论

续表

项　目	核心内容	描　述
障碍与促进因素	障碍	对培训项目产生负面影响的因素
	促进因素	对培训项目产生积极影响的因素
结论与建议	结论	提供基于所有结果的结论，简要说明每个结果得到的方法
	建议	就培训项目提供一个建议清单，并就每一条建议给予简要解释
附录	补充资料	原始资料及相关图表，如调查问卷、访谈记录、绩效档案、行业标准、技术模型等

案例学习

保健公司（Healthcare Company）销售培训效果评估报告

——斯旺森–霍尔顿“结果评价体系”模型应用举例

项目：“传达（公司）优势”

时间：1～9 月

参与者：180 名保健公司销售助理和销售经理，分成 24 个小组

项目目的

当公司员工在接触潜在客户或现有客户时，能够给客户以专业的印象，与客户之间建立相互信赖的关系，将公司的价值传递给客户，并且直接强调公司的医疗管理能力。

项目描述

“传达（公司）优势”是一个为期两天的培训项目，主要培训倾听、提问和表达技巧，旨在提高销售助理向客户传达公司医疗管理能力的水平，从而帮助其提升销售绩效。在为期两天的培训项目中，销售经理也会协助开展项目，他们不仅提供技术性指导，而且担任沟通教练。销售经理除了要和销售助理一起经历整个项目外，在项目结束后，他们还要在实际工作中指导和评估销售助理的表现。

评价总结

总的来说，“传达（公司）优势”培训项目取得了显著的效果。在第一期项目结束后的 10 个月内，在评估的所有领域中，培训项目都超额完成既定目标。表 8-28 详细介绍了各方面通过培训所取得的成果。如果还需要了解其他信息，请与公司培训部门联系。

表8-28 培训项目目标完成情况

评估项目	目标完成状况
绩效 财务效果	409%
学习 技能	117%
认知 ·参与者的认知 ·发起人的认知	149% 147%
批准人 销售绩效副总裁	日期：年/ 月/ 日
抄送名单 ·总裁 ·人力资源部高级副总裁 ·人力资源开发部副总裁 ·财务部副总裁 ·区域运营主管	

以下是培训项目在绩效、学习和认知三方面取得的成果的详细报告。

绩效结果

本项目的总目的是通过提高沟通和表达技巧，提高销售绩效。表8-29列出了由该绩效提升项目直接带来的销售额的情况。

表8-29 销售额

单位：元

销售类型	销售收入
2个“X”市场业务	57 620 000
18个“Y”市场业务	5 500 000
2个PPO公司业务	2 000 000
1个牙齿保健业务	290 000
1个内部财务核算业务	13 000 000
24笔销售总计	78 410 000

表8-29中的结果只是从48份归因于该培训项目的销售反馈中总结得来的，并不是从所有的销售数据得来的，因为有些销售数据并没有上报。

项目的总收益按如下方式计算

总收益=78 410 000元（总销售收入）×3.0%（净收益率）=2 352 300（元）

每组销售培训的成本是12 000元，24组的总培训成本是288 000元。投资回报率按下列方式计算

$$\text{投资回报率(ROI)}=\frac{2\,352\,300-288\,000}{288\,000}\times 100\%=717\%$$

以项目的预期投资回报率200%为计划目标，该培训项目的实际投资回报率超出目标的百分比为

$$\frac{717\%-200\%}{200\%}\times 100\%=259\%$$

学习结果（略）

认知结果（略）

资料来源：理查德·斯旺森，埃尔伍德·霍尔顿. 人力资源开发效果评估. 陶娟，译. 北京：中国人民大学出版社，2008.

参考文献

1. RANDY L DESIMONE，JOHN M WERNER，DAVID M HARRIS. Human Resource Development. 3rd ed. Beijing：Tsinghua University Press，2003.

2. 理查德·斯旺森，埃尔伍德·霍尔顿. 人力资源开发. 王晓晖，译. 北京：清华大学出版社，2008.

3. 理查德·斯旺森，埃尔伍德·霍尔顿. 人力资源开发效果评估. 陶娟，译. 北京：中国人民大学出版社，2008.

4. 杰克·J. 菲利普斯，罗恩·德鲁·斯通. 如何评估培训效果. 张少林，等，译. 北京：北京大学出版社，2007.

5. 赖尔·约克斯. 战略人力资源开发. 大连：东北财经大学出版社，2007.

6. 萧鸣政. 人力资源开发学. 北京：高等教育出版社，2002.

7. 徐芳. 培训与开发理论及技术. 上海：复旦大学出版社，2010.

8. 谢晋宇. 企业培训管理. 成都：四川人民出版社，2008.

9. 甘斌. 员工培训与塑造. 北京：电子工业出版社，2008.

10. 孙宗虎，邹晓春. 人力资源管理工作细化执行与模板. 北京：人民邮电出版社，2008.

11. 李德伟. 人力资源培训与开发技术. 北京：科学技术文献出版社，2006.

12. 罗辉，张俊娟. 培训课程开发实务手册. 北京：人民邮电出版社，2009.

13. 郭京生，张立兴，潘立. 人员培训实务手册. 北京：机械工业出版社，2003.

14. 凌文辁，方俐洛. 组织培训. 北京：中国纺织出版社，2003.